LES CAMPAGNES

DE LA

PREMIÈRE RÉPUBLIQUE

BATAILLE DE JEMMAPES.

BIBLIOTHÈQUE
DES ÉCOLES ET DES FAMILLES

LES CAMPAGNES

DE LA

PREMIÈRE RÉPUBLIQUE

PAR

PAUL GAFFAREL

DOYEN DE LA FACULTÉ DES LETTRES DE DIJON

PARIS
LIBRAIRIE HACHETTE ET CIE
79, BOULEVARD SAINT-GERMAIN, 79
1883

Droits de propriété et de traduction réservés

PRÉFACE

De toutes les guerres que la France a soutenues contre les divers États européens, il en est peu dont les péripéties soient aussi mal connues que les guerres de la première République. En est-il cependant de plus glorieuses? Les graves évènements qui, à cette époque, se sont déroulés à l'intérieur ont détourné l'attention des historiens de ceux dont la frontière était le théâtre. On connaît sans doute les noms de Wattignies, de Fleurus, de Rivoli, mais on ignore généralement l'ensemble des opérations militaires de ces héroïques campagnes. Nous avons cherché à en présenter un tableau résumé. Nous croirions n'avoir perdu ni notre temps ni notre peine, si cet ouvrage inspirait à nos lecteurs le respect des vertus de nos grands-pères, et le désir de les imiter dans leur constance et leur intrépidité.

Paul Gaffarel.

LES CAMPAGNES
DE LA
PREMIÈRE RÉPUBLIQUE

CHAPITRE PREMIER

LA CAMPAGNE DE 1792

I

Absorbée par la Révolution qu'elle accomplissait, la nation française ne désirait que la paix à l'extérieur; pourtant, dès les premiers mois de 1792, la guerre était imminente. Louis XVI, devenu malgré lui souverain constitutionnel, n'attendait qu'une occasion pour rétablir l'ancien régime; la reine Marie-Antoinette et la cour l'y poussaient, et une foule d'émigrés cherchaient à l'étranger des ennemis à la France nouvelle. Les souverains de l'Europe, de leur côté, sentaient bien que la chute de la royauté française ébranlerait leur propre pouvoir. Ils craignaient que les idées nouvelles, si elles n'étaient étouffées en France, n'envahissent leurs propres États. L'empereur Léopold, frère de Marie-Antoinette, se posait comme le champion de l'ancien régime : il voyait les Pays-Bas disposés à secouer le joug autrichien, et il était en même temps sollicité par les princes allemands qui avaient des domaines en Alsace et revendiquaient les prérogatives féodales dont les réformes de l'Assemblée constituante les avaient dépouillés : aussi appuya-t-il leurs réclamations. Il sut gagner contre la France l'alliance du roi de Prusse, Frédéric-Guillaume, prince irrésolu et sans énergie, en lui montrant les dangers dont la Révolution française menaçait toutes les couronnes. La czarine Catherine II leur promit son concours. Elle voulait, en effet, pousser ces deux puissances à la guerre, afin d'avoir le champ libre pour exécuter ses sinistres desseins contre la Pologne et la Turquie. Le roi de Suède, Gustave III, entra dans la coalition par conviction; il se regardait comme le défenseur-né de l'absolutisme. Le roi de Sardaigne, Victor-Amédée III, était aussi un adversaire déclaré des idées nouvelles. Il recevait de nombreux émigrés dans ses États et se préparait à envahir la France. Les rois d'Espagne et de Naples, ainsi que le duc de Parme, qui appartenaient à la dynastie des Bourbons, haïssaient les révolutionnaires par esprit de famille. L'Angleterre avait d'abord accueilli favorablement les idées nouvelles; mais, comme cette nation a toujours mis ses intérêts au-dessus de ses sympathies, et qu'elle avait à venger ses défaites de la guerre d'Amérique, elle espérait profiter de la confusion générale pour ruiner notre marine et s'emparer de nos dernières colonies. Restaient Gênes et Venise, mais en pleine décadence; la Suisse, mais elle craignait de se compromettre; la Hollande, mais elle était gouvernée par un stathouder peu disposé à se déclarer l'adversaire des principes monarchiques; le Portugal et le Danemark, mais ils gardaient la neutralité. La France avait donc pour ennemis tous les rois de l'Europe : elle ne pouvait compter que sur les peuples qui saluaient dans notre Révolution l'aurore de la liberté, et elle n'était même pas sûre de tous ses enfants.

En mai 1791, à Mantoue, Calonne, ancien ministre de Louis XVI, et le comte d'Artois, son frère, s'étaient déjà rencontrés avec l'Empereur, et avaient dressé un plan d'attaque contre la France. Trois mois plus tard, le 27 août 1791, une seconde entrevue eut lieu à Pilnitz, en Saxe. L'Empereur et le roi de Prusse y invitèrent tous les souverains à se coaliser pour rétablir Louis XVI dans son ancien pouvoir, et se dirent prêts à entrer en campagne. Cette déclaration souleva en France une profonde indignation. Le gouvernement constitutionnel de Louis XVI ne pouvait, en effet, tolérer plus longtemps les provocations de l'étranger. Les ambassadeurs du roi demandèrent des explications aux puissances. On affecta de considérer le roi

LOUIS XVI.

de France comme prisonnier de ses sujets, et ses représentants comme des intrus. On répondit à leurs réclamations en refusant de disperser les rassemblements d'émigrés, et en redoublant d'insultes et de provocations. La guerre devenait inévitable.

L'armée française était alors en très mauvais état. Sous prétexte de la réformer, on n'avait réussi qu'à la désorganiser. Les soldats, auxquels les déclamations de Marat et autres énergumènes avaient tourné la tête, refusaient d'obéir, et même, en plusieurs endroits, entraient en révolte ouverte. Les chefs ne savaient plus ou ne voulaient plus commander. Les décisions les plus contradictoires augmentaient le désordre. Le ministre de la guerre, Narbonne, essaya pourtant d'organiser la défense nationale. Quatre armées furent équipées : celle du Nord, forte de 50 000 hommes, et commandée par Rochambeau, s'étendit de Dunkerque à Philippeville; celle du Centre, sous Lafayette, forte de 52 000 hommes, occupa la frontière entre Philippeville et Lauterbourg; la troisième, celle d'Alsace, de 42 000 hommes, défendit le Rhin, sous les ordres de Luckner; Montesquiou fut chargé de diriger celle des Alpes, encore en formation. Mais, de ces quatre généraux, Lafayette avait seul le sincère désir de bien faire; Rochambeau était mécontent, Montesquiou inconnu, et Luckner affaibli par l'âge. De plus, nos places fortes étaient en mauvais état, les arsenaux vides, les provisions épuisées, et on avait à lutter en première ligne contre trois armées excellentes, les Autrichiens de Saxe-Teschen, Clerfayt et Beaulieu, dans les Pays-Bas, les Prussiens de Brunswick, en Champagne, les Piémontais dans la vallée du Rhône. Enfin, en seconde ligne, le reste de l'Europe s'armait contre nous.

Bien que certains historiens aient prétendu que la France eut les torts de la première agression, bien qu'ils aient accusé nos fureurs et nos convoitises, nous ne songions alors qu'à fonder notre liberté, et nullement à prendre celle des autres. Sans doute, nous avons déclaré la guerre, mais poussés à bout, et provoqués par ces ténébreux conciliabules de souverains et d'émigrés, par ces outrages quotidiens dont on abreuvait nos représentants. D'ailleurs, le nouvel Empereur, François, qui venait de succéder à Léopold II, nous adressa un véritable ultimatum sous la forme d'une note réclamant le rétablissement de la monarchie française sur les bases de l'ancien régime, la restauration des privilèges féodaux, la restitution des biens du clergé et même celle du comtat Venaissin au pape. A cette insolente ingérence dans nos affaires intérieures, on ne pouvait répondre que par la guerre. Aussi, lorsque le roi Louis XVI, aux termes de la Constitution, proposa à l'Assemblée législative de déclarer la guerre à l'Autriche, sa voix fut-elle couverte d'applaudissements et sa proposition ratifiée par un vote de l'Assemblée (20 avril 1792). La France n'était pas encore prête à soutenir la guerre. De là les surprises et les défaillances de la première heure. De là les provinces envahies et les villes bombardées. De là l'invasion de 1792!

II

Ce fut en Belgique que s'engagèrent les hostilités. Dumouriez avait formé le projet de profiter de la rancune et des mauvaises dispositions des Belges contre la maison d'Autriche pour envahir leur pays. Les généraux Rochambeau et Lafayette avaient été chargés de conduire cette opération. L'attaque de Rochambeau ne devait être qu'une feinte. Pendant qu'il attaquerait à la fois Mons, Tournai et Furnes pour faire croire à une invasion en règle de toute la Belgique, Lafayette remonterait la Meuse jusqu'à Liège, et de là se rabattrait sur Bruxelles. Il entra en effet en campagne, et, malgré le mauvais état des routes, réussit à descendre la vallée du fleuve jusqu'à Givet. Mais de déplorables nouvelles l'arrêtèrent : l'armée de Rochambeau venait en effet de subir de graves échecs, et ce n'étaient pas les Pays-Bas autrichiens, mais bien la France qui était envahie. D'offensive qu'elle était, la guerre devenait subitement défensive.

L'armée de Rochambeau avait été divisée en trois colonnes. Biron avait marché sur Mons, Dillon sur Tournai, et une troisième colonne s'était dirigée sur Furnes. Biron s'empara de Quiévrain. Il approchait de Mons, quand deux régiments de dragons se débandèrent à la vue de l'ennemi, en criant : Trahison! Sauve qui peut! Ils entraînèrent toute l'armée dans leur fuite. Au même moment, les troupes de Dillon se débandaient près de Tournai, en poussant les mêmes cris. Cette double déroute força la troisième colonne à battre en retraite, sans avoir seulement vu l'ennemi.

On avait fui sans combattre : donc on avait trahi! Les soldats le crurent ainsi et se disposèrent à punir les traîtres. Dillon, revenu à Lille, fut massacré par ses propres soldats et par la populace furieuse. Le double échec de Quiévrain et de Tournai n'en était pas moins fort grave. Il pouvait démoraliser nos troupes, et il donnait confiance aux ennemis. Heureusement, les Autrichiens ne profitèrent pas de notre désarroi. Le duc Albert de Saxe-Teschen, scrupuleusement attaché à la tactique officielle, n'osait pas s'aventurer au milieu des forteresses qui hérissaient la Flandre. Il attendait l'entrée en ligne des Prussiens, et ceux-ci ne commencèrent leurs opérations que le 20 juillet 1792. Les Autrichiens restèrent donc dans leurs cantonnements et se contentèrent d'inquiéter nos avant-postes. Ce retard nous sauva. L'indiscipline, en effet, augmentait dans l'armée française; les nouvelles recrues, volontaires pour la plupart, apportaient au camp de la bonne volonté, mais un esprit de défiance contre leurs chefs et un sentiment si exagéré de leur valeur, que les Autrichiens n'avaient, pour ainsi dire, qu'à prendre l'offensive pour disperser nos soldats.

Pendant ce temps, la grande armée des coalisés, commandée par le feld-maréchal de Brunswick, achevait ses préparatifs, et, lentement, lourdement, se dirigeait vers la frontière. Elle comptait 83 000 hommes de bonnes troupes (42 000 Prussiens, 30 000 Autrichiens, 5500 Hessois, 4500 émigrés), mais le général en chef n'avait pas confiance dans le succès de l'entreprise. Il se défiait des exagérations des émigrés, et des illusions des coalisés. « Nul ne peut prévoir les chances de la guerre, disait-il avec amertume, et ceux qui dirigent les choses en France sont capables de tout. » De plus, il n'avait signé que malgré lui et très à contre-cœur un manifeste, auquel l'histoire vengeresse a très injustement attaché son nom. Ce ramassis de folles déclamations, d'insultes et de sanglantes menaces à l'adresse de la nation française était en effet l'œuvre d'un exalté, le marquis de Linion. Brunswick, prévoyant le déplorable effet de l'excitation que produiraient en France ces injures gratuites, avait d'abord refusé de le signer, mais il céda à la haute pression de ses maîtres, et consentit à donner sa signature.

Au moins le feld-maréchal espérait-il qu'on accepterait son plan. Il voulait envahir la frontière à son point le plus vulnérable, c'est-

DUC DE BRUNSWICK.

à-dire à l'endroit où la Moselle sort du territoire, pénétrer dans le bassin de la Meuse, franchir l'Argonne et de là marcher sur Paris soit par l'Aisne, soit par l'Oise, soit par la Marne. Des cinq places qui défendaient la frontière, il négligerait Mézières et Sedan, neutraliserait par de fausses attaques Montmédy et Thionville, puis avec le gros de ses forces tomberait sur Longwy. Au même moment, les Autrichiens entreraient en Flandre, et, de leur côté, marcheraient sur Paris. Certes, ce plan était ingénieux, et tout semblait en assurer le succès.

Le 20 août 1792, les coalisés passaient la frontière et se présentaient devant Longwy. La place ne tint que quinze heures, et ouvrit ses portes à l'ennemi. Ce premier succès était d'un bon augure.

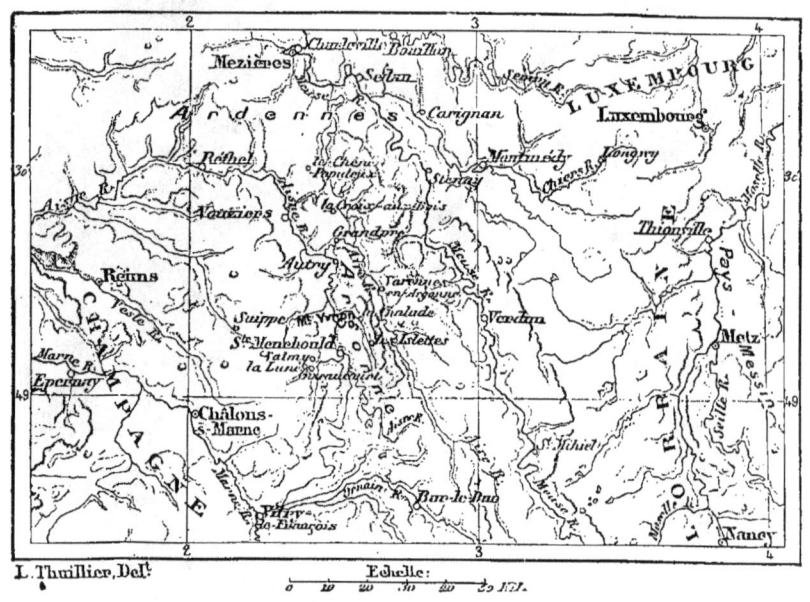

CARTE DE L'ARGONNE.

Le roi de Prusse, Frédéric-Guillaume, aurait voulu précipiter la marche en avant sur Paris, et, de fait, c'était la seule tactique à suivre, car nulle force n'était alors capable de tenir tête aux vainqueurs. Brunswick, fidèle aux traditions, ne voulut pas s'avancer en laissant des places fortes sur ses derrières, et déclara qu'il fallait avant tout s'assurer une ligne de retraite sur la Meuse en prenant Verdun. Pas plus que Longwy, Verdun ne résista. Les bourgeois affolés voulurent se rendre. Le commandant de place, Beaurepaire, se fit sauter la cervelle pour échapper au déshonneur, et un de ses grenadiers déchargea son arme sur les Prussiens qui entraient en ville et se noya dans la Meuse. Ce double suicide effraya Brunswick. Malgré la réception enthousiaste des riches Verdunois, la masse du peuple restait silencieuse. Aucune des défections annoncées par les émigrés n'avait eu lieu. On obéissait, mais parce qu'on y était contraint, et déjà s'organisaient les masses de la défense nationale. Écrasé par le sentiment de sa responsabilité, le feld-maréchal ne sut pas tirer parti de ses avantages. Au lieu de s'emparer des dé-

VERDUN. — PONT SUR LA MEUSE.

filés de l'Argonne, qui lui auraient donné l'entrée du bassin de la Seine, il perdit plusieurs jours à rallier ses divisions le long de la Meuse. Pendant ce temps, un nouveau général et une nouvelle armée entraient en scène. A la période de l'invasion succédait celle de la résistance.

L'armée qui aurait dû arrêter l'invasion avait été abandonnée par son chef. Lafayette n'avait plus voulu servir le gouvernement après le 10 août. Il avait laissé le commandement à Luckner, et avait passé aux Autrichiens, qui le récompensèrent de sa confiance en le détenant en captivité. A Luckner succéda bientôt l'ancien ministre girondin, Dumouriez, qui eut le grand mérite de rendre confiance aux soldats, l'heureuse inspiration de trouver le seul plan de campagne dont l'exécution fût possible, et le mérite incontestable de le mener à bonne fin.

Du plateau de Langres aux Ardennes s'étend une chaîne de 60 kilomètres de longueur sur 8 à 10 de largeur; on l'appelle la forêt de l'Argonne. Ce sont des hauteurs boisées, entrecoupées de ravins et de marécages. Le sol est glaiseux, boueux, difficile pour les manœuvres d'une armée en campagne, d'autant plus que des torrents de pluie, qui ne cessaient de tomber depuis une semaine, l'avaient rendu à peu près impraticable. Dumouriez espéra qu'en occupant les cinq défilés de la forêt, Chêne-Populeux, Croix-aux-Bois, Grand-Pré, La Chalade, les Islettes, il pourrait en faire « les Thermopyles de la France ». Le difficile était de s'y établir, avec des troupes inexpérimentées et par une marche de flanc en face d'une armée victorieuse, qui n'avait pour ainsi dire qu'à étendre la main pour s'en emparer. Cette manœuvre désespérée réussit pourtant. Du 4 au 7 septembre, les cinq défilés étaient occupés, et aussitôt mis en état de défense.

La France respira. Dumouriez venait d'improviser un immense camp retranché, où, de jour en jour, d'heure en heure, accouraient des troupes nouvelles et des masses de volontaires. Le ciel s'était déclaré en notre faveur. La pluie ne cessait de tomber, les vivres manquaient, les paysans s'enhardissaient et massacraient traînards ou fourrageurs. A leur tour, les coalisés étaient vaincus avant d'avoir combattu.

Brunswick, qui voyait l'armée fondre entre ses mains, tenta une attaque générale des défilés (10 septembre). Elle ne réussit pas. Il la renouvela le lendemain, et fut encore repoussé. Plus heureux ou mieux renseigné, il emporta la Croix-aux-Bois (13 septembre) et le Chêne populeux (15 septembre.) Tout semblait perdu. L'Argonne était franchie, la route de Paris libre, et l'armée de Dumouriez coupée en deux. Dans cette situation désespérée, Dumouriez conserva un admirable sang-froid. Il résolut de se replier sur Sainte-Menehould, mais en faisant face à l'ennemi, et en se maintenant dans un pays déjà connu, au centre de fortes positions qui lui permettraient de donner la main aux corps dispersés, et surtout de temporiser. Sans doute, il laissait ouverte aux Prussiens la route de Châlons à Paris, mais il était peu probable que les Prussiens s'y aventureraient avant d'avoir livré une bataille. Or cette bataille, Dumouriez la désirait également, mais il entendait ne la livrer que sur un terrain choisi par lui, et seulement après avoir réuni tous ses hommes.

Le 17 septembre, les Français arrivaient en effet à Sainte-Menehould et occupaient les hauteurs de Valmy et d'Yvron. Le 18, Beurnonville arrivait avec 16 000 hommes de renfort ; le 19, Kellermann

CANONNADE DE VALMY.

en amenait 25 000 autres. Près de 60 000 Français étaient désormais concentrés. Brunswick eut un instant la pensée de les laisser sur leurs positions et de marcher droit à Paris ; mais il n'avait pas assez de confiance en lui-même. Mieux valait livrer bataille à Dumouriez et à Kellermann, les écraser et se porter ensuite sur Paris. Seulement il lui fallait une victoire. L'obtiendrait-il ?

Le 20 septembre, les Prussiens se portèrent tout à coup sur les hauteurs de Gizeaucourt et de la Lune, que Kellermann n'avait pas suffisamment garnies de troupes, et croisèrent contre nos soldats, confusément entassés à Valmy, le feu de leurs nombreuses batteries. C'était une redoutable épreuve pour nos jeunes soldats, mais

Kellermann soutint leur courage. A midi, Brunswick lança trois colonnes sur Valmy : elles furent repoussées aux cris de Vive la nation! Le roi Frédéric-Guillaume ordonna un nouvel assaut, mais il fut également inutile. Certes, ce n'était pas une défaite pour l'ennemi, puisqu'il reprenait ses positions du matin, mais la France était sauvée. Les Prussiens avaient compris que notre jeune armée était composée de vrais soldats, commandés par des généraux sérieux, et Gœthe, qui suivait l'état-major des coalisés, en qualité d'attaché à la personne du duc de Saxe-Weimar, ne put s'empêcher de proclamer au bivouac, le soir même de la bataille, « que, de ce lieu, et de ce jour, datait une ère nouvelle dans l'histoire du monde. »

Brunswick ne savait plus à quel parti s'arrêter. Risquerait-il une seconde bataille, ou se contenterait-il d'assiéger les places faiblement gardées de la frontière, Thionville, Sedan, Montmédy? En attendant, le nombre des soldats français grossissait, et les coalisés, énervés par la température, décimés par la maladie, commençaient à perdre courage. Des pourparlers s'ouvrirent. Dumouriez aurait pu prendre l'offensive et rejeter l'armée d'invasion sur le Rhin; mais à ce moment les Autrichiens venaient d'envahir la Flandre et menaçaient ses derrières. Il préféra ménager l'amour-propre de Brunswick et ne pas le réduire au désespoir. Peut-être avait-il le secret espoir de le détacher de la coalition. Un armistice fut donc tacitement conclu, et les Prussiens repassèrent la frontière sans être inquiétés, pendant que Dumouriez marchait contre les Autrichiens.

Ainsi se termina, piteusement, la première invasion prussienne. C'était pour ces fanfarons de gloire une gigantesque déconvenue. Ils ne nous l'ont jamais pardonnée. Dans les représailles de 1870, il y avait comme la rancœur des déceptions de 1792!

Les Autrichiens ne devaient pas être plus heureux que les Prussiens. Le duc Albert de Saxe-Teschen ne s'était mis en mouvement qu'à la fin de septembre. Le 24, il arrivait devant Lille et sommait la place de se rendre. Il espérait que les Lillois ne se défendraient pas plus que les habitants de Longwy et de Verdun, et que quelques coups de canon lui ouvriraient les portes de la ville. Il n'y avait pas à Lille de soldats réguliers, mais les Lillois s'étaient constitués en garde nationale et étaient résolus à se défendre. Le duc Albert

ÉPISODE DU SIÈGE DE LILLE.

n'avait pas assez de soldats pour investir la ville, mais il crut que la terreur, à défaut de trahison, ferait tomber cette orgueilleuse cité, et il ordonna de la bombarder. Le feu fut terrible, mais pas un Lillois ne songea à se rendre. La ville fut défendue avec une admirable énergie. Dès qu'un incendie se déclarait, il était éteint, avec des quolibets et des railleries. Les femmes couraient après les boulets rouges, les saisissaient avec des pincettes, et, honteusement, les éteignaient dans des seaux. On connaît ce barbier qui, ramassant un éclat de bombe, en fit un plat à barbe et rasa les bourgeois au beau milieu de la Grande-Place. Pendant ce temps, le feu des remparts décimait les Autrichiens. Le duc Albert se lassa bientôt de ces sauvages et inutiles exécutions. D'ailleurs Dumouriez accourait au secours de la place avec l'armée de Valmy. Le 10 octobre, les Autrichiens levèrent le siège et rentrèrent dans les Pays-Bas, couverts de honte et de ridicule, car ils avaient été battus par de simples bourgeois.

La résistance de Lille avait arrêté l'invasion au nord; mais il fallait venger cet affront et profiter de l'ardeur provoquée par la double expulsion des Prussiens et des Autrichiens pour conquérir le Rhin sur les uns, les Pays-Bas sur les autres.

Ce fut Dumouriez qu'on chargea de la conquête des Pays-Bas. Le moment paraissait propice. Les Autrichiens étaient démoralisés par leur échec, et se sentaient entourés de populations hostiles. L'armée française, au contraire, n'avait qu'à marcher en avant. Elle se composait surtout de volontaires, redoutables par leur élan, mais indisciplinés et désordonnés. Au début, ils donnèrent plus d'embarras qu'ils ne rendirent de services; quelques-uns même, surtout les Parisiens, montrèrent de la mauvaise volonté. Dumouriez comprit qu'avec de telles troupes il fallait agir par grandes masses et frapper des coups retentissants. Il divisa donc son armée en trois corps. La droite, commandée par Valence, et forte de 18000 hommes, devait marcher sur Namur et empêcher la jonction de Saxe-Teschen avec Clerfayt, qui lui amenait de Champagne un renfort de 12000 soldats; à gauche, La Bourdonnaye avec 20000 hommes marcherait sur Anvers et Maestricht, où Valence le rejoindrait, de façon à fermer toute retraite aux Autrichiens, que Dumouriez, au centre, avec ses 40000 hommes, se chargeait de refouler sur ses lieutenants.

Valence, retenu par le manque de vivres, ne put empêcher la jonction de Saxe-Teschen et de Clerfayt; La Bourdonnaye, de son côté, marcha trop lentement pour empêcher la concentration de toutes les forces autrichiennes, en sorte que Dumouriez eut en tête le gros des forces ennemies. Les Autrichiens s'étaient postés en avant de Mons, sur des hauteurs boisées, disposées en cercle et garnies de trois villages, Jemmapes, Cuesmes et Berthaimont. Clerfayt, à droite, occupait Cuesmes et Jemmapes; Beaulieu, à gauche, était à Berthaimont. Au centre, Saxe-Teschen avait massé ses réserves. Sa cavalerie occupait la trouée entre Jemmapes et Cuesmes. Le duc Albert espérait que la furie française se briserait contre ces obstacles accumulés. Le 5 novembre, les Français arrivaient en vue de Jemmapes, impatients d'aborder l'ennemi. Dumouriez plaça à l'extrême droite Harville, avec ordre de tourner Beaulieu, et d'occuper les hauteurs derrière Mons, sur la ligne de retraite des Autrichiens; Beurnonville devait enlever Cuesmes; le jeune duc de Chartres, au centre, marcherait contre Jemmapes et la trouée de Cuesmes; à gauche, Ferrand tenterait une attaque sur le flanc de Jemmapes.

La bataille s'engagea au chant de la Marseillaise. Les deux ailes dessinèrent leur attaque, et le centre attendit le succès de l'une d'elles pour prononcer son mouvement. A droite, Beurnonville se heurta contre une résistance presque insurmontable; à gauche, Ferrand n'avançait pas. Dumouriez lui envoie un de ses aides de camp, Thouvenot, qui enlève les soldats au pas de charge, gravit à leur tête les hauteurs de Jemmapes, et tombe sur le flanc droit des Autrichiens. Aussitôt le centre entre en ligne, mais il reçoit le choc de toute la cavalerie autrichienne et deux brigades se débandent : le duc de Chartres, aidé par un valet de chambre de Dumouriez, Renard, les rallie et les ramène à l'ennemi. Les redoutes sont enlevées, et le drapeau tricolore est glorieusement planté sur les hauteurs conquises. Beurnonville, à droite, ne faisait aucun progrès. Dumouriez accourt : « A votre tour, mes enfants, » s'écrie-t-il, et il les entraîne au chant de la Marseillaise. Dans leur élan furieux, les Français enlèvent les redoutes, escaladent les hauteurs et culbutent les Autrichiens. La victoire est gagnée! Les Autrichiens, humiliés et furieux, battent en retraite dans la direction de Mons.

Si le général d'Harville avait exécuté les ordres de Dumouriez et coupé la ligne de retraite des vaincus, l'armée autrichienne était cernée et capitulait, mais les ennemis trouvèrent la route libre et se réfugièrent sous le canon de Mons. Ils avaient perdu 4500 hommes tués ou blessés, et 1500 prisonniers, avec beaucoup de canons. Les pertes des Français étaient à peu près égales, mais leur victoire produisit une impression extraordinaire. Elle exalta le courage de nos jeunes troupes, et les releva dans l'opinion de l'Europe. On exagéra même le péril et la victoire, et on reconnut de nouveau aux Français la capacité de gagner des batailles rangées.

Jemmapes nous donna la Belgique. Les Autrichiens, rompus et démoralisés, ne pouvaient en effet songer à la défendre. Ils reprirent le chemin de l'Allemagne, mollement poursuivis, car l'armée victorieuse était dans le dénuement le plus absolu. Valence prit Charleroi et Namur. La Bourdonnaye s'empara de Tournay, Ostende, Bruges, Gand et Anvers. Dumouriez entra le 11 novembre à Mons, le 14 à Bruxelles, le 20 à Louvain, le 22 à Tirlemont, où il remporta un brillant succès. Le 28, il occupa Liège, et les Autrichiens s'arrêtèrent sur la Roër pour y attendre des renforts. La Belgique avait déclaré rompus ses liens avec l'Autriche et voulait se constituer en République. Partout les Français étaient reçus avec des acclamations. L'Europe fut comme atterrée par ces succès; en France, au contraire, l'enthousiasme ne connut plus de bornes. La Convention, qui venait de succéder à l'Assemblée législative, avait déclaré, dès le 19 octobre, qu'elle soutiendrait tous les peuples qui voudraient conquérir leur liberté. C'était une déclaration de guerre à tous les souverains, mais dans cette lutte la France allait avoir tous les peuples pour elle. Dans cette même année (1792), au moment où la Belgique se donnait à nous, sur trois autres points, en Savoie, à Nice et sur le Rhin, grâce à la complicité de peuples qui ne demandaient qu'à être conquis, nous nous emparions sans effort de ces frontières naturelles, qui doivent être l'objet constant de nos préoccupations et de nos revendications.

III

Sur les Alpes, nous avions pour adversaire le roi de Sardaigne, Victor-Amédée III. La Convention avait résolu de le punir de son intervention maladroite et intempestive dans nos affaires, en lui enlevant la Savoie et le comté de Nice. La Savoie est un véritable chaos de montagnes, qu'une poignée d'hommes pourrait suffire à défendre. Le Rhône et le lac de Genève forment au nord-ouest comme le premier fossé de cette citadelle naturelle; par derrière, se dressent les montagnes des Bauges; enfin l'Isère constitue une troisième ligne de défense. Quant au comté de Nice, il était couvert du côté de la France par le Var, dont les crues subites sont parfois dangereuses. Au nord se dressent les Alpes Maritimes, et à l'est coule le torrent de la Roya, qui sépare le comté de l'Italie.

Montesquiou, qui commandait l'armée des Alpes, disséminée de Genève à la Méditerrannée, n'avait que 10 à 12 000 hommes de troupes régulières. Il devait recevoir des volontaires du Midi, mais la plupart lui firent défaut, et ceux qui vinrent étaient animés des mêmes sentiments d'indiscipline que leurs camarades des armées du Nord. Cependant Montesquiou n'hésita pas à prendre l'offensive. Il comptait sur les sympathies des Savoisiens pour la France. La Savoie, en effet, était française par sa position géographique, par ses relations, par ses mœurs. Les montagnards savoisiens n'aimaient pas les Piémontais de la plaine; les anciens ducs de Savoie, en devenant rois de Sardaigne, et en établissant leur résidence à Turin, avaient perdu l'affection de leurs sujets d'en deçà les monts, pour lesquels les Italiens n'étaient que des étrangers. De plus, Victor-Amédée III mettait en pratique, dans toute leur rigueur, les principes de la monarchie absolue, et se montrait l'adversaire acharné des idées nouvelles. Désireux d'avoir une belle armée, et sacrifiant tout à son désir, il avait établi un régime militaire qui devint promptement odieux au peuple, surtout en Savoie et à Nice.

En outre, ces provinces, avec des apparences de liberté, étaient chargées de lourds impôts. L'industrie nationale était comprimée, et l'ignorance systématiquement maintenue. Aussi, quand parurent les Français, la Révolution était-elle déjà accomplie dans l'esprit de tous. Elle l'était surtout dans les villes, et spécialement à Chambéry, que le roi de Sardaigne voulait déposséder de ses privilèges. Quelques troubles, réprimés avec trop de rigueur, avaient mécontenté la population. De violents pamphlets excitaient les esprits contre le gouvernement du roi. Le docteur Doppet avait fondé à Paris, de concert avec d'autres Savoisiens, le club de propagande des Alpes, dont les membres ne cachèrent bientôt plus leur intention de soulever la Savoie contre ce qu'ils appelaient la tyrannie piémontaise. Ils formèrent même à Grenoble une légion, dite des Allobroges, forte de 2559 hommes, qui fut bientôt en état d'entrer en campagne et se joignit à l'armée de Montesquiou.

Les Piémontais ne tinrent tête nulle part. Leur général, Lazari, avait mis en état de défense la forteresse de Montmélian et construit trois redoutes aux abîmes de Myans. Le 22 septembre 1792, 1200 Français s'emparaient de ces redoutes, qui n'étaient pas encore achevées. Alors les Piémontais et leurs chefs perdent la tête, ne songent plus à résister, évacuent précipitamment Montmélian et Chambéry, et s'enfuient à la hâte, à travers les Alpes, abandonnant tous leurs bagages. Cette fuite ridicule les couvrit de honte. On accusa même de trahison le malheureux général : « La marche de mon armée est un triomphe, écrivait Montesquiou; le peuple des campagnes et celui des villes accourent devant nous; la cocarde tricolore est arborée partout; les applaudissements et les cris de joie accompagnent nos pas. »

La Savoie était délivrée du joug du roi de Sardaigne. Restait à décider quel serait le sort de cette province. Serait-elle réunie à la France ou constituée en république indépendante? La Convention, avec un désintéressement dont l'histoire offre peu d'exemples, laissa les Savoisiens libres de se donner le gouvernement qui leur conviendrait. Les députés des communes, réunis à Chambéry, se constituèrent en assemblée nationale. Leur premier acte fut de voter la déchéance de la maison de Savoie, et de remplacer leur nom de Savoisiens par celui d'Allobroges. Les fonctionnaires prêtèrent un nouveau serment de fidélité à la patrie. Magistrats, clergé, noblesse, montrèrent une égale ardeur patriotique. Les nobles renoncèrent à leurs privilèges, les villes à leurs propriétés, les corporations à leurs monopoles. L'annexion à la France fut votée à l'unanimité, et, le 27 novembre 1792, sur la proposition de Grégoire, la Convention décréta que la Savoie formerait un quatre-vingt-quatrième département, celui du Mont-Blanc. Quand cette nouvelle arriva à Chambéry, l'enthousiasme fut à son comble; on improvisa une fête, et toutes les classes de la société firent éclater une égale joie.

La conquête de Nice ne fut pas plus difficile. Bien qu'agrandie et embellie par Victor-Amédée III, cette ville détestait les Piémon-

CHATEAU DE CHAMBÉRY.

tais et avait bien accueilli les idées françaises. Une réforme de la constitution municipale dans le sens aristocratique avait achevé de mécontenter les Niçois. Aussi attendaient-ils les Français avec impatience. Deux généraux avaient été chargés des opérations militaires dans cette direction. Anselme commandait l'armée de terre, et Truguet la flotte. L'ennemi avait en ligne 8000 soldats réguliers et 10 à 12 000 militaires, commandés par Saint-André. Le 28 septembre, Truguet parut dans la rade de Nice et réclama le consul de France, que les Piémontais voulaient garder comme otage. Il se disposait à bombarder la ville, mais Saint-André, effrayé, l'évacua sans résistance. Seuls les émigrés voulaient combattre, mais le peuple se souleva et appela Anselme, qui fut accueilli avec le même enthousiasme que Montesquiou à Chambéry. Tout le comté fut occupé sans coup férir. La forte citadelle de Montalban se rendit, à la première sommation, à un détachement français. A Villefranche, Anselme n'eut qu'à paraître avec 14 dragons pour que le commandant se rendît avec 300 soldats, 19 officiers, 100 canons, toutes ses munitions, une frégate et une corvette armées. Victor-Amédée III ne possédait plus sur la côte qu'Oneglia, qui assurait ses

VILLEFRANCHE.

communications avec la Sardaigne : Truguet fit sommer la place, ses habitants tirèrent sur le canot parlementaire. La ville fut aussitôt bombardée, puis pillée.

Quelques semaines plus tard, sur le vœu unanime de la population, le comté de Nice était réuni à la France et formait le nouveau département des Alpes-Maritimes.

En même temps que la France arrêtait l'invasion, et étendait sa frontière jusqu'aux Alpes, elle portait la terreur en Allemagne par une pointe hardie. Là aussi les peuples appelaient de leurs vœux les Français. Toute la partie de l'Allemagne située sur la rive gauche du Rhin appartenait à une foule de tyranneaux, qui opprimaient leurs peuples, et dont quelques-uns même, comme le duc de Deux-Ponts, rappelaient par leurs cruautés l'époque la plus barbare du moyen âge. Les plus importants de ces princes étaient l'électeur Palatin, les ducs de Hesse-Darmstadt, de Nassau, de Deux-Ponts, et les archevêques de Trèves, Mayence et Cologne. Quelques villes étaient libres, mais en proie à l'anarchie et à tous les abus du moyen âge. Dans ces contrées, la Révolution française fut donc accueillie avec empressement, surtout par les classes moyennes. Les pauvres passèrent même tout de suite de la théorie à la pratique. Sur bien des points éclatèrent des insurrections. Les paysans se soulevèrent contre les officiers des princes-évêques; les moines furent chassés de leurs abbayes; l'évêque de Liège fut contraint de s'enfuir. Comme le mouvement menaçait de s'étendre, les princes effrayés s'unirent pour combattre la Révolution. Ils poussèrent l'Autriche à la guerre et reçurent les émigrés français dans leurs villes. Coblentz devint un autre Versailles. Une armée fut formée avec les contingents de 97 États. C'était une troupe manquant d'unité, de discipline et d'expérience. Dix-sept généraux les commandaient, mais les soldats étaient peu disposés à se battre contre les Français dans l'intérêt des nobles qui les opprimaient, et les officiers n'aspiraient qu'au repos et entraient en campagne à contre-cœur. La vallée du Rhin n'était défendue que par ce ramassis de troupes et par quelques places en mauvais état. Il était donc facile de descendre le fleuve jusqu'à Mayence et de jeter l'épouvante dans toute l'Allemagne, en châtiant l'insolence de ces petits princes. C'est ce que comprit un général audacieux, et son plan d'attaque fut si bien combiné, qu'en moins d'un mois non seulement il s'empara du Rhin, mais encore pénétra jusque dans la vieille capitale de l'Empire, à Francfort-sur-le-Mein.

Malgré sa noblesse, le marquis de Custine était un républicain ardent, passionné pour les idées nouvelles. Il était fort brave, mais ce ne fut jamais qu'un tacticien de second ordre. Au début de la campagne de 1792, il commandait une division de l'armée de l'Est, sous les ordres de Biron, le successeur de Luckner, et s'était emparé de Porentruy, au sud de l'Alsace. Il établit ensuite son quartier général à Landau. Il savait maintenir parmi ses hommes une sévère discipline et cependant croyait pouvoir compter sur leur dévouement. Ne voyant devant lui que les troupes mal organisées et mal commandées des petits princes allemands, il résolut de prendre hardiment l'offensive, de s'emparer des magasins, de mettre des contributions sur les nobles et les prêtres, et d'opérer sur les derrières de l'armée d'invasion ce que nos troupes d'Afrique ont depuis nommé une *razzia*. Le 30 septembre, il sortit donc de Landau à la tête de 13 000 fantassins, 4000 cavaliers et 40 canons. Les hommes étaient à peine armés et mal vêtus, mais pleins d'enthousiasme. Il marcha d'abord contre Spire, rencontra et dispersa en avant de la place quelques milliers d'Allemands, et, à leur suite, entra dans la ville. Les ennemis auraient voulu traverser le Rhin, mais ils ne trouvèrent pas de bateaux et furent obligés de capituler (2 octobre). Custine imposa à Spire une contribution de 500 000 francs, mais en spécifiant que les nobles et les prêtres devaient seuls la payer. Aussi la peur que ressentaient les bourgeois se changea-t-elle soudain en joie.

On croyait que Custine se contenterait de ce coup hardi et n'oserait pas s'aventurer plus loin; mais bientôt de nouveaux succès jetèrent la terreur dans toute l'Allemagne. Le 4 octobre, deux de ses lieutenants, Houchard et Neuwinger, paraissaient devant Worms, et, trouvant les portes ouvertes, entraient sans résistance. La ville fut frappée d'une contribution de 1 200 000 francs, toujours payée par les classes privilégiées. Le peuple, vengé de l'oppression qu'il avait si longtemps subie, faisait bon accueil à nos soldats, auxquels Custine avait d'ailleurs défendu tout excès.

Profitant de l'épouvante où la prise de Spire et de Worms avait jeté les ennemis, Custine résolut de frapper un coup plus retentissant encore, en occupant Mayence. C'était la clef de l'Allemagne. D'imposantes fortifications l'entouraient, mais en mauvais état. Les fossés étaient en partie comblés et les remparts nivelés. A l'approche des Français, archevêque, prêtres, nobles, tous ceux qui nous redoutaient, s'enfuirent en toute hâte. On essaya pourtant de mettre la place en état de défense. On réquisitionna les paysans pour relever les remparts, qui furent armés de canons. Aux 2282 soldats qui formaient la garnison, on adjoignit 2600 bourgeois et paysans, mais mal disposés à se battre pour défendre leurs oppresseurs. Il y eut des défections avant même qu'on eût tiré un coup de fusil. Sur vingt-six princes allemands, auxquels l'archevêque, dans sa détresse, avait demandé des secours, vingt ne répondirent rien, cinq dirent qu'ils étaient neutres, et le landgrave de Hesse-Darmstadt, un des ennemis les plus déterminés de la Révolution, eut l'imprudence de proclamer qu'il aimait trop la France

LE GÉNÉRAL DE CUSTINE.

pour se brouiller avec elle. La peur avait affolé tous ces princes, qui, quelques semaines auparavant, se promettaient le sac et le pillage de Paris. Avec un peu de sang-froid, il eût été cependant facile de défendre la place. Custine n'avait pas de matériel de siège, et son armée eût été insuffisante pour prendre la ville d'assaut; mais il comptait sur la terreur des Mayençais. Il envoya Houchard sommer la ville, en la menaçant d'une prompte destruction, si elle ne se rendait pas. Pour dissimuler la faiblesse de son armée, il l'avait divisée en corps nombreux, et faisait faire de fréquentes décharges dans la campagne. Les Mayençais prirent ses menaces au sérieux. Dans le conseil, une seule voix se prononça pour la résistance. Le gouverneur, qui s'était rendu ridicule par ses fanfaronnades, consentit à signer, sans même tenter un simulacre de résistance, une honteuse capitulation. La garnison put se retirer avec ses armes, mais à condition de ne pas servir d'un an contre la République.

Custine, entré dans la ville le 21 octobre, promit au peuple qu'on respecterait son indépendance. Son discours fut couvert

MAYENCE.

d'applaudissements. Le lendemain, l'armée fit son entrée. La stupeur des Mayençais égala leur admiration, quand ils virent le petit nombre des vainqueurs et leur extrême dénuement. Custine maintint avec rigueur la discipline et ne permit aucun excès.

La nouvelle de la prise de Mayence fut accueillie avec enthousiasme, et on porta Custine jusqu'aux nues. On le nomma tout de suite général en chef de l'armée du Rhin. Il n'avait pourtant remporté aucune bataille, ni vaincu aucun ennemi sérieux S'il eût été le grand général qu'on croyait, une magnifique occasion s'offrait à lui de prouver ses talents militaires. Les Prussiens, après Valmy, battaient péniblement en retraite. Custine aurait dû descendre le Rhin et couper leurs communications. Cette manœuvre décisive était si bien indiquée, que les princes allemands s'attendaient à la voir exécuter d'un instant à l'autre. S'il avait continué sa marche sur le Nord, il prenait Cologne, Trèves, Bonn, Coblentz, barrait la route aux Prussiens, et les forçait à se frayer un passage, ou à reculer jusqu'à l'extrémité des pays rhénans. En un mot, il conquérait la rive gauche du fleuve et il avait l'heureuse chance de se présenter en libérateur, les mains pleines de promesses, et dans un pays dont les maîtres nous avaient provoqués à plaisir, et que nous étions en droit de punir de leur intervention dans nos affaires. Il le pouvait d'autant plus facilement qu'il aurait donné la main à l'armée victorieuse à Jemmapes et que les deux généraux vainqueurs, Dumouriez et lui, n'avaient pour ainsi dire qu'à marcher au-devant l'un de l'autre pour concentrer leurs forces.

A la gloire de restaurateur de notre fortune militaire, Custine préféra celle de coureur d'aventures. Il crut qu'en s'enfonçant en Allemagne il réussirait à dicter les conditions de la paix. Il ne réussit, dans sa naïve infatuation, qu'à provoquer contre nous un redoublement de haine, et qu'à intéresser les peuples aux querelles de leurs princes. Ce fut un malheur et une faute. Nous en fûmes punis dès 1793, et nous subissons encore aujourd'hui les conséquences de cette déplorable politique.

Nous n'en étions pas moins vainqueurs sur tous les points. La jeune République n'a que quelques semaines d'existence, et elle a déjà rompu le redoutable faisceau d'alliances formé contre elle. Il semble qu'un avenir radieux lui soit réservé. Et pourtant, que de traverses encore, que de péripéties tragiques, que de gloire et que de désastres, avant que soit consolidé le nouveau gouvernement que la France vient de se donner !

CHAPITRE II

LA GRANDE COALITION DE 1793

I

A la fin de 1792, la situation militaire de la France était bonne. A Nice, en Savoie, sur le Rhin, en Belgique, nous étions partout vainqueurs; nous avions conquis nos frontières naturelles, et nous avions eu la bonne fortune de ne rencontrer en face de nous que ceux de nos ennemis qui nous avaient provoqués par leurs bravades et leurs insolences préméditées. Le droit était pour nous, les peuples se déclaraient en notre faveur, et les souverains, terrifiés par cette révolution dont ils riaient au début, se demandaient avec anxiété s'ils ne seraient pas obligés de s'incliner devant le fait accompli et de reconnaître la République française.

Les fautes et les imprudences de la Convention compromirent cette situation et provoquèrent les souverains jusqu'alors restés neutres. Aux Autrichiens, aux Prussiens, aux Allemands et aux Piémontais se joignirent les Anglais, les Hollandais, les Portugais, les Napolitains, les Romains, les Espagnols et les Russes. Seuls contre l'Europe entière, nous fûmes sur le point de succomber malgré la bravoure de nos soldats et les talents de quelques-uns de nos généraux.

La première de ces mesures imprudentes qui provoquèrent contre la France une coalition européenne, fut le décret du 19 novembre 1792, par lequel la Convention promettait son concours à tous les peuples qui voudraient recouvrer leur liberté. C'était un appel direct à la révolte, et les souverains n'étaient que médiocrement disposés à goûter ces théories.

La seconde de ces imprudences fut de rouvrir l'Escaut au commerce. Les Hollandais et les Anglais, jaloux de la prospérité commerciale d'Anvers, avaient frappé d'interdit ce port magnifique et obtenu que les navires venant de l'Océan ne remonteraient pas l'Escaut jusqu'à cette ville. Les Belges avaient toujours protesté contre cette inqualifiable tyrannie, mais l'Autriche n'avait pas osé prendre sur elle d'abolir cette servitude, dont elle était la première à souffrir. Dumouriez, après Jemmapes, s'empressa de rouvrir le fleuve au commerce du monde entier. L'Angleterre et la Hollande, neutres jusqu'alors, se sentirent directement atteintes par cette tardive réparation, et, comme la Convention approuva le décret de Dumouriez, l'une et l'autre se préparèrent à la guerre.

Une troisième imprudence, toute gratuite, fut commise par Custine, et la Convention, au lieu de le désavouer, commit la lourde faute de lui voter des remerciements publics. Custine, maître de Mayence, pouvait à son gré couper la retraite aux Prussiens et s'emparer de la rive gauche du Rhin, ou bien poursuivre en Allemagne des conquêtes plus brillantes que solides. Au lieu d'anéantir les Prussiens en donnant la main à Kellermann, il préféra courir les aventures en Allemagne et provoquer à plaisir des populations jusqu'alors indifférentes, qui ne virent plus dans nos compatriotes que des brigands armés et nullement les propagateurs des principes modernes. Francfort-sur-le-Mein l'attirait. C'était déjà la ville des banquiers, un des principaux marchés financiers et commerciaux du monde. S'il était facile de la prendre, puisqu'elle n'était pas défendue, il était plus difficile de la garder. Cette occupation de Francfort était une faute stratégique, puisque Custine s'exposait, par cette pointe aventureuse, à perdre ses communications; c'était plus encore une faute politique, car les Allemands allaient désormais épouser les querelles et les ressentiments de leurs princes.

La Convention, en Italie, sanctionna d'autres abus et se fit de nouveaux ennemis. Le roi de Naples, en sa qualité de Bourbon et de souverain absolu, ne voulait pas reconnaître la République. L'amiral Truguet fut envoyé à Naples, insulta le roi, et le força à se parjurer en reconnaissant la République, mais il ne réussit qu'à augmenter sa haine contre la France. Le pape, dépouillé d'Avignon et du Comtat Venaissin, menacé jusque dans l'exercice de ses pouvoirs spirituels par la constitution civile du clergé, ne songeait qu'à se venger. Trop faibles pour se déclarer, ces deux souverains n'attendaient qu'une occasion favorable, et cette occasion, la Convention prit soin de la faire naître par le jugement et l'exécution de Louis XVI.

La mort de Louis XVI fut en effet la dernière de ces fautes politiques par lesquelles la Convention réussit à déchaîner contre elle l'Europe entière. Tant que la France n'avait humilié ou rançonné que leurs voisins, les autres souverains s'étaient tenus tranquilles, mais la tête de Louis XVI était, suivant l'expression d'un montagnard, un défi sanglant jeté à la vieille Europe. La France entrait en hostilité directe avec les principes sur lesquels reposait encore la société. Dès lors la lutte s'engageait entre l'ancien régime et la démocratie moderne. Une nouvelle coalition devenait inévitable. C'est la grande coalition de 1793, dont le principal instigateur fut William Pitt.

La grande idée qui absorba la vie tout entière de Pitt fut la haine de la France, et, pour assouvir cette haine, il ne recula devant rien. Machines infernales, trahisons, perfidies, massacres, il se crut tout permis contre la France. Il est vrai que sa diplomatie fut habile. Il eut le talent de rendre la guerre populaire en Angleterre, réussit à se la faire déclarer par la France, et lança l'Europe entière contre nous.

L'aristocratie anglaise était déjà toute disposée à entrer en lutte. Elle détestait la France, qui osait parler de droits et de devoirs, qui introduisait l'égalité dans les lois, qui proclamait l'admissibilité de tous aux emplois publics et abolissait le droit d'aînesse. Un autre motif l'excitait encore, l'ouverture de l'Escaut et la concurrence d'Anvers, qui pouvait devenir dangereuse pour Londres. Il fallait à tout prix fermer de nouveau ce port et ne pas reculer devant une guerre pour soutenir le monopole anglais. Sans doute, quelques citoyens éclairés auraient désiré que l'Angleterre secondât la France au lieu de l'attaquer, mais leurs protestations étaient couvertes par les clameurs furibondes de Pitt : aussi l'aristocratie, qui partageait ses rancunes et ses convoitises, le seconda-t-elle de tout son pouvoir. Il était plus difficile de décider le peuple anglais; car il n'avait eu d'abord que des sympathies pour la Révolution

PITT.

française. Les clubs de Londres correspondaient avec ceux de Paris, et sur les deux rives de la Manche s'organisait au grand jour une révolution démocratique. A Birmingham, en 1791, l'anniversaire de la prise de la Bastille excitait un effroyable tumulte. Les paysans irlandais, mécontents de l'oppression qui pesait sur eux, s'apprêtaient à réclamer à main armée l'extension de leurs droits. Il semblait donc que Pitt ne réussirait jamais à convertir en haine nationale ces sympathies avouées; mais il travailla l'opinion publique avec un art infini. Il fit croire au peuple, fort attaché à sa vieille constitution et à sa religion, que la Révolution était antisociale et athée. Il spécula sur son amour-propre en le flattant de l'espoir de prendre une éclatante revanche de la guerre d'Amérique, et fit appel à ses convoitises mercantiles en lui promettant la ruine de la marine française et la destruction de nos dernières colonies. Servi par une presse mercenaire, mais habile, soutenu au parlement par des orateurs sans conscience, mais non sans éloquence, Pitt réussit à ameuter contre nous les préjugés et les rancunes; il y réussit si bien que le peuple anglais, pendant vingt-cinq années, se lança avec passion dans une guerre qui d'abord lui répugnait.

Dès qu'il sentit le terrain solide, Pitt n'hésita plus. Il obtient des lois contre la presse, dénonce les sociétés secrètes formées contre le gouvernement, réveille l'amour des Anglais pour leur constitution menacée par le décret du 19 novembre, excite les craintes de la cité de Londres en lui montrant Anvers ouvert au commerce du monde, se répand en plaintes hypocrites contre l'exubérance de langage et l'audace impie de la Convention; puis, se sentant soutenu par l'opinion, prend contre la France une série de mesures hostiles. La Convention tenait à conserver, sinon l'alliance, au moins la neutralité anglaise : elle avait tout supporté; mais, quand on apprit à Paris que, sans déclaration de guerre, deux vaisseaux anglais avaient capturé une de nos frégates dans la mer des Indes, des explications furent demandées. Le 21 janvier survint : Pitt exploita l'horreur excitée par la mort de Louis XVI, et donna ses passeports à notre ambassadeur, mais sans déclarer la guerre. Il fit écrire à Paris, par de prétendus amis de la France, que l'Angleterre n'attendait, pour se soulever, qu'une déclaration de guerre.

Les Girondins, qui dominaient encore à la Convention, tombèrent dans le piège. Ils croyaient sincèrement que la révolution anglaise était imminente. Brissot, au nom du comité diplomatique, proposa de déclarer la guerre à l'Angleterre, et, le 8 février 1793, sa proposition fut admise à l'unanimité.

Pitt avait donc réussi à rendre la guerre nationale dans son pays et à donner à la France le tort de la dénonciation des hostilités. Pour conduire ce premier succès à ses dernières conséquences, il lui fallait encore soulever l'Europe contre nous : il ne devait que trop bien y réussir.

Il commença par exciter les princes qui étaient déjà en lutte contre la France, et, sans grande peine, inspira une ardeur nouvelle à ce premier ban de coalisés. Au roi de Piémont, il promit un subside et la restitution de ses provinces perdues; à la Diète germanique, il persuada que l'occupation de Francfort était le prélude d'une guerre de conquêtes, et, pour forcer dans leurs derniers retranchements les princes qui hésitaient encore, il les prit à sa solde; à la Prusse, il permit de démembrer à son aise la Pologne; à l'Autriche, il promit de lui rendre les Pays-Bas et de lui donner la Flandre et l'Artois : puis il s'adressa aux autres États de l'Europe, et, du jour au lendemain, décida la Hollande, le Portugal, Naples et Rome à se joindre aux coalisés.

La Hollande, depuis longues années, suivait fidèlement la politique anglaise. On disait que l'Angleterre était le vaisseau et la Hollande la chaloupe, mais que vaisseau et chaloupe voguaient de conserve. Le stathouder Guillaume V continuait la politique de sa famille. Éprouvé par une première révolution, et se défiant toujours de son peuple, ce prince n'aimait pas la France, qu'il accusait de ses malheurs. La conquête de la Belgique par Dumouriez et l'ouverture de l'Escaut augmentèrent sa haine. Excité par Pitt, il défend à ses sujets de fournir des vivres à l'armée française, il interdit Anvers aux négociants hollandais, il accable nos envoyés d'insolences et de mauvais traitements, enfin il refuse de reconnaître la République. La Convention sortit brusquement de cet état douteux en déclarant la guerre à la Hollande (8 février 1793).

Le Portugal était une véritable colonie anglaise, depuis que lord Methwen, ambassadeur anglais à Lisbonne, en 1703, avait imposé au roi Pedro II un traité de commerce qui ruina l'industrie nationale au profit des négociants anglais. Aussi, bien que la France et le Portugal n'eussent aucun motif d'hostilité, la reine Maria Ire, poussée par Pitt, déclara la guerre à la France, sous prétexte de l'indignation soulevée par la mort de Louis XVI.

L'action de l'Angleterre fut aussi directe en Italie. Le roi de Naples, Ferdinand, n'avait pas oublié l'humiliation que lui avait infligée l'amiral Truguet. De plus, il était Bourbon, et l'exécution de son beau-frère Louis XVI l'indignait. Dominé par sa femme, Marie-Caroline, la sœur de Marie-Antoinette, il jura haine à mort à la Révolution. Marie-Caroline était à son tour gouvernée par une aventurière anglaise, Emma Hamilton, et par l'Irlandais Acton. Lady Hamilton et Acton, espions attitrés de Pitt, n'eurent pas de peine à décider la reine et son faible époux à se jeter dans les bras de l'Angleterre. Une escadre anglaise parut dans les eaux de Naples, et le roi, rassuré par ce renfort, se joignit à la coalition.

Le pape Pie VI, dirigé par deux émigrés français, le cardinal de Bernis et l'abbé Maury, conseillé par une des filles de Louis XV, la princesse Adélaïde, réfugiée à sa cour, nous suscitait embarras sur embarras. Le peuple romain, égaré par la passion, assassinait notre envoyé Basville, et le pape se lavait les mains du sang de la victime, bien que tout le monde à Rome connût l'assassin. Aussi, quand Pitt lui demanda de faire partie de la coalition, il n'hésita pas, et nous déclara la guerre.

Pitt avait entraîné facilement ces quatre souverains. Il fut moins heureux en Espagne. Charles IV régnait dans ce pays depuis 1788. Bon et loyal, mais pauvre d'esprit et faible de caractère, il avait en quelque sorte abdiqué entre les mains de sa femme, Marie-Louise de Parme, mais il avait eu la sagesse de nommer premier ministre le comte d'Aranda, partisan déclaré de l'alliance française, qui jusqu'alors avait résisté aux grands d'Espagne, aux émigrés français et aux suggestions intéressées de l'Angleterre. Forcé d'intervenir lors du procès de Louis XVI, Aranda avait proposé, si le roi était épargné, la reconnaissance immédiate de la République et sa médiation auprès des autres puissances. Pitt, qui voulait à tout prix joindre les vaisseaux espagnols aux flottes anglaises et attaquer la France sur toutes ses frontières, réussit à faire tomber Aranda, et le remplaça par le trop fameux Godoï. Aussitôt la Catalogne et la Navarre se remplissent de troupes, les ports espagnols arment avec activité, et la guerre est déclarée.

Pitt réussit encore à obtenir l'accession de la Russie à la coalition. Catherine II régnait toujours en Russie ; elle venait de battre les Turcs et de partager la Pologne. Ce dernier triomphe lui paraissait incomplet : elle aurait encore voulu la rayer du nombre des nations. Or le consentement de l'Angleterre était indispensable. Il y eut accord tacite entre la czarine et Pitt. L'Angleterre abandonna la Pologne à la Russie, qui nous déclara la guerre.

Pitt aurait désiré joindre à la coalition les autres puissances européennes, mais ses efforts furent stériles auprès de la Suède, enfin délivrée de son présomptueux souverain Gustave IV ; du Danemark, conduit par un habile ministre ; de Gênes, de Venise, de la Suisse, républiques modérées dans leur ambition ; et de la Turquie, qui eut la sagesse de ne pas guerroyer contre son alliée séculaire. A l'exception de ces six États, toutes les autres puissances de l'Europe étaient liguées contre la France : union bizarre, dans laquelle les intérêts étaient méconnus et les alliances renversées. Ainsi la Hollande et l'Espagne s'unissaient à l'Angleterre, qui ne rêvait que leur ruine. La Prusse et l'Autriche, deux rivales nécessaires, combinaient leurs attaques ; la Russie démembrait la Pologne et les royaumes qui auraient dû la défendre assistaient impassibles à cette spoliation. Il n'y avait plus qu'un ennemi commun, la France, ou plutôt la République Française.

La France pourtant ne perdit pas courage, car elle était comme exaltée par ses premières victoires ; elle se voyait pour ressources de nombreux combattants, plusieurs milliards de biens nationaux à vendre, et tous les peuples à révolutionner. Sur la proposition de Dubois-Crancé, la Convention décrète en effet que tous les gardes nationaux sont en réquisition permanente, et qu'il en sera levé sur le champ 300 000. Sur la proposition de Cambon, elle ordonne une émission de 800, puis de 1200 millions en assignats. Enfin, les journaux prêchent la guerre aux rois et l'indépendance des peuples.

Le moment est solennel. Aux monarques coalisés, la France répond en appelant leurs sujets à la liberté. C'est une lutte tragique. D'un côté, le vieux droit monarchique ; de l'autre, le nouveau régime.

Il est vrai que le début de la lutte fut désastreux pour nous. Une grande bataille fut perdue, et notre général en chef passa à l'ennemi.

II

Après la victoire de Jemmapes et la conquête de la Belgique, Dumouriez avait essayé d'organiser ce pays et de préparer son annexion à la France; mais de nombreux jacobins étaient arrivés en qualité de commissaires du pouvoir exécutif et avaient introduit sans transition les mœurs politiques nouvelles. Les Belges, un moment étonnés, s'étaient bientôt soulevés. Leur indignation se convertit en fureur quand on profana leurs églises et qu'on les dépouilla de leurs vases sacrés. Nos soldats furent aussitôt traités en étrangers. Ni souliers, ni vêtements, presque pas de vivres, et on était en plein hiver. Comme ils n'avaient pas d'autre moyen de vivre que le pillage, les volontaires désertaient. L'armée était réduite du tiers, et les soldats qui restaient, fort mal disposés.

Dumouriez, furieux de la conduite des commissaires jacobins, courut à Paris pour se plaindre et obtenir des pouvoirs plus étendus. Il fut très mal reçu. On l'accusa même d'avoir laissé échapper les Autrichiens, comme autrefois les Prussiens. Dégoûté de ces calomnies, il retourna en Belgique, décidé à frapper un grand coup et à détruire, après une victoire sur l'ennemi, le régime qu'il méprisait et détestait. Laissant deux de ses lieutenants, Miranda et Valence, en observation le long de la Meuse et de la Roër pour contenir les Autrichiens, il forma le hardi projet de s'emparer de la Hollande et de détacher cet État de la coalition, par une pointe aventureuse. Le début des opérations fut brillant. Bréda, Gertruydenberg et Willemstadt, avec d'énormes approvisionnements, se rendirent sans résistance. Dumouriez se disposait déjà à marcher sur Amsterdam, quand il fut tout à coup rappelé en arrière par d'accablantes nouvelles. L'armée autrichienne venait de déborder nos lignes, de reprendre le cours de la Meuse, de battre à plusieurs

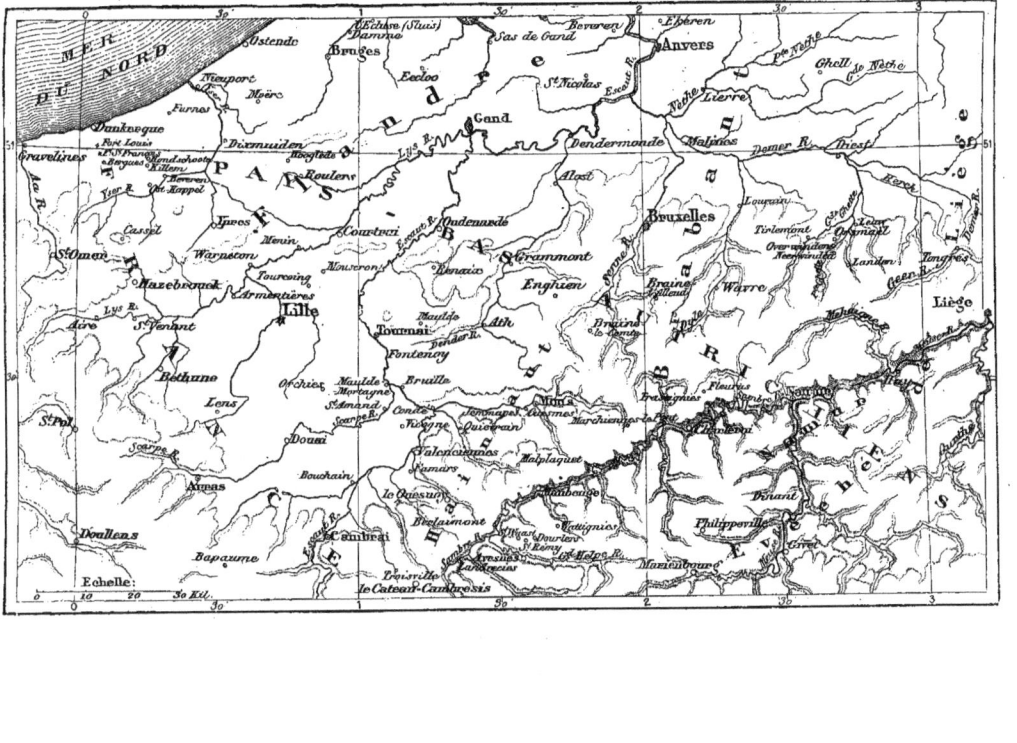

reprises ses lieutenants, et menaçait de le prendre lui-même entre deux feux.

Le nouveau généralissime autrichien, prince de Saxe-Cobourg, était un tacticien froid, méthodique, peu brillant, mais qui aimait son métier et savait qu'à la guerre la rectitude du jugement et l'obstination l'emportent souvent sur le génie ou la témérité. Il avait, de plus, à protéger les débuts d'un prince autrichien destiné à une grande célébrité, l'archiduc Charles, et était bien résolu à n'avancer qu'avec circonspection; mais il trouva les divisions françaises dans un tel désarroi, que, malgré sa prudence, il résolut de prendre l'offensive. Il chassa donc les Français d'Aix-la-Chapelle, de Liège, et les poursuivit jusqu'à Tirlemont. L'effet moral de cette déroute fut terrible. La Belgique était prête à se soulever. Dumouriez seul pouvait encore tout sauver.

Brusquement interrompu dans le cours de ses succès, Dumouriez n'avait quitté la Hollande que bien résolu à prendre une véritable dictature militaire. Accueilli par les cris de joie d'une armée démoralisée, il se crut plus fort qu'il ne l'était en réalité, et ne parla plus qu'avec mépris de la Convention et des jacobins. Son état-major exagérait ses intentions, tournait en ridicule les « imbéciles » et les « brigands » qui terrorisaient la France. Le mot de monarchie constitutionnelle était dans toutes les bouches, et on désignait même le futur monarque, Louis-Philippe d'Orléans, qui s'était distingué dans la dernière campagne et s'était concilié les sympathies de l'armée.

Ces projets réactionnaires soulevèrent à Paris de vives rumeurs. L'indignation fut portée à son comble quand on apprit que Dumouriez avait lancé contre la Convention, sous forme de lettre, un véritable acte d'accusation (12 mars 1793). La Convention envoya sur-le-champ deux commissaires, Lacroix et Danton, au général mécontent, avec ordre de le destituer et au besoin de l'arrêter, s'il n'obéissait pas; mais, avant qu'ils fussent arrivés, Dumouriez avait livré et perdu une grande bataille.

Les Autrichiens occupaient la rive droite de la petite Ghette, bordée par des hauteurs considérables et couronnée par les villages de Landen, Overwinden, Neerwinden, Laër, Orsmael et Leuw. Le général Clerfayt commandait l'aile gauche, l'archiduc Charles l'aile droite, et Cobourg le centre. Comme à Jemmapes, Dumouriez avait donné le centre à Égalité; Valence avait la droite et Miranda la gauche. Miranda avait reçu l'ordre d'occuper Leuw et Orsmael et de s'y maintenir. Valence, à droite, devait prendre Overwinden, Neerwinden, et déborder l'ennemi. Égalité, au centre, déciderait la victoire par l'occupation définitive de Neerwinden. Ce plan était audacieux, car il s'agissait de débusquer l'ennemi de hauteurs fortifiées et sur un front de deux lieues; mais l'ardeur des Français était extrême, et d'ailleurs il fallait ou livrer bataille, ou obéir à la Convention.

Le 18 mars, au matin, l'armée força sur tous les points le passage de la Ghette, et s'empara des positions qu'on lui avait assignées; mais Valence commit la faute de ne pas déborder l'ennemi à l'extrême droite, et Égalité conduisit ses troupes trop au delà de Neerwinden. Cobourg profita de cette double faute pour rejeter les Français dans la Ghette. Dumouriez arrive avec des renforts, lance de nouveau Égalité sur Neerwinden, et le reprend après un combat acharné. La bataille semblait gagnée, car les villages étaient en notre pouvoir, et le lendemain on pourrait achever le mouvement tournant si bien commencé.

Dumouriez n'avait reçu aucune nouvelle de sa gauche : il savait seulement que Miranda avait pris Leuw et Orsmael. Comme la nuit approchait et que le canon se taisait, il conçut des doutes et partit en reconnaissance. Arrivé à Leuw, il apprend que sa gauche est battue, rejetée jusqu'à Tirlemont, et que les Autrichiens menacent de couper en deux tronçons l'armée française. En effet, Miranda avait été accablé par des forces supérieures, et obligé, malgré ses efforts, de battre en retraite. Dumouriez avait des qualités militaires incontestables, et surtout du sang-froid. Comprenant que l'ennemi, après avoir détruit la gauche, reviendra contre le centre et la droite, il se décide à la retraite et opère son mouvement de concentration. La retraite faillit se convertir en déroute, car un boulet emporta le cheval du général et couvrit de terre le cavalier renversé. Les soldats se débandaient déjà, mais il se releva avant que la panique fût devenue générale. Le 19 mars, l'armée se retrouvait sur ses positions de l'avant-veille, mais 4000 hommes étaient restés sur le champ de bataille, 10000 fuyards répandaient l'alarme dans le pays, et on avait le découragement d'une bataille perdue.

Dumouriez ne savait plus quel parti prendre. Se battre à outrance contre les Autrichiens, ou négocier avec eux? Tantôt il ordonnait de prolonger la lutte, tantôt il déclamait contre les jacobins, et voulait s'entendre avec l'ennemi pour rétablir la monarchie constitutionnelle. Peu à peu ces derniers sentiments l'envahirent. Il n'était plus jeune; il avait vieilli dans la pratique des cours et des roueries diplomatiques; il ne croyait pas à la persistance des mouvements populaires. Des négociations s'ouvrirent entre lui et un envoyé de Cobourg, le colonel Mack, et bientôt une convention fut signée.

Assurément, la situation militaire était précaire, et la défaite de Neerwinden entraînait l'évacuation de la Belgique; mais on pouvait se défendre derrière les forteresses flamandes, et c'était un premier crime que de renoncer aux avantages de la défensive. Sans doute, le gouvernement était défectueux, mais depuis quand un général, quels que soient ses mérites ou ses services, a-t-il le droit de négocier sans autorisation avec l'ennemi victorieux? Or Dumouriez avait promis d'évacuer la Belgique, de livrer Condé, et de recevoir dans les places flamandes des garnisons moitié autrichiennes, moitié françaises. Les Autrichiens, de leur côté, s'engageaient à ne pas marcher sur Paris. En effet, Dumouriez quitte la Belgique, arrive à la frontière, et cantonne son armée dans les camps de Maulde et de Bruille. Cette conduite est inexcusable. Vainqueur de Jemmapes, on admire Dumouriez; vaincu de Neerwinden, on l'excuse; ami de Mack et de Cobourg, on ne peut que le condamner.

On soupçonnait à Paris les intrigues de Dumouriez. Danton et Lacroix, bien que disposés en sa faveur, n'avaient pas dissimulé leur étonnement quand ils l'avaient rejoint (22 mars), et ils n'avaient obtenu de lui que de violentes invectives contre Paris et la Convention. Trois envoyés jacobins, Proly, Pereira et Dubuisson, parvinrent à lui arracher son secret. Dumouriez eut l'imprudence de leur avouer qu'il comptait marcher sur Paris à la tête de son armée, « de ses Mamelucks ». Il se vantait. Les troupes de ligne et quelques généraux lui étaient peut-être dévoués, mais les volontaires l'observaient avec méfiance; Miranda, Dampierre et d'autres généraux ne cachaient pas leur mécontentement. Dumouriez, inquiet de leur attitude, voulut brusquer la situation, et s'emparer, pour s'en faire un point d'appui, de quelques places fortes. On avait deviné ses projets. Lille, Valenciennes et Condé fermèrent leurs portes à ses soldats. Ils n'étaient déjà plus l'armée de la France, mais l'armée d'un général infidèle.

On était arrivé au 2 avril. Ce fut à ce moment qu'on lui amena quatre commissaires de la Convention et le ministre de la guerre,

DUMOURIEZ.

Beurnonville. Ils furent introduits au milieu d'un état-major menaçant. L'un d'eux, Camus, sans se troubler, lui donne lecture d'un décret le citant à la barre de la Convention, pour rendre compte de sa conduite. La discussion s'engage; elle s'échauffe. Camus finit par annoncer au général qu'il est destitué, et va être arrêté; mais il est arrêté lui-même, avec ses collègues, par les hussards de Dumouriez. Cette démarche livrait sans retour Dumouriez aux Autrichiens, et ceux-ci ne lui avaient encore donné aucune assurance positive. Cobourg ne l'avait même pas vu, et il était libre de désavouer Mack.

Aussi Dumouriez comprit qu'il fallait donner à ses nouveaux amis des gages non équivoques de sa trahison. Il commença par leur livrer les quatre conventionnels et le ministre de la guerre, puis demanda une entrevue à Cobourg. Son projet était d'enlever l'armée qui lui obéissait encore, bien qu'hésitante, et de la conduire à Condé. Le 4 avril, de grand matin, il gagnait le lieu du rendez-vous, quand il rencontra sur son chemin trois bataillons de volontaires qui, sans ordre, couraient à Condé pour fermer la place aux Autrichiens. Le général, étonné, leur ordonne de rebrousser chemin. Reçu par des huées, puis par des coups de fusil, il s'échappe à travers champs, trouve à grand peine un bac et se jette dans les bras des ennemis.

Le lendemain, 5 avril, Dumouriez eut l'audace de retourner à son quartier général. Les troupes de ligne hésitaient, car elles croyaient à une négociation et non à une trahison. Les volontaires attendaient, sombres et silencieux. Le général parcourut le front de bandière des régiments, annonçant que la paix était faite, mais il était escorté par des cavaliers autrichiens. Aussitôt le mot de trahison court sur toute la ligne. Dumouriez essaye de rallier quelques troupes. Il est partout accueilli par les mêmes cris. L'artillerie attelle sur-le-champ et se dirige sur Valenciennes. Le reste de l'armée la suit. Un seul régiment, les hussards de Berchini, et la plupart des généraux restèrent fidèles à Dumouriez.

L'Autriche avait encore besoin de ses services : il fut traité avec assez d'égards; mais, depuis le connétable de Bourbon jusqu'à Dumouriez, tous les généraux français traîtres à leur patrie n'ont récolté, même à l'étranger, que du mépris. Dumouriez vécut trente ans encore, mais inconnu, presque oublié. C'était un faiseur de projets, dont on exploitait la fécondité, un aventurier, dont on se servait, mais qu'on n'estimait pas. Le jour où il passa à l'ennemi, il disparut de l'histoire.

La situation n'en était pas moins désespérée. La France semblait alors perdue. L'armée du Nord, découragée et démoralisée, s'était réfugiée sous les canons de Dunkerque, Lille, Valenciennes et Condé, mais les Autrichiens s'ébranlaient déjà, et derrière eux se préparait une seconde armée d'invasion, composée d'Anglais et de Hollandais. Sur la frontière de l'est, 200000 Prussiens, Allemands et Autrichiens s'apprêtaient à fondre sur l'Alsace et la Lorraine, 40 000 Piémontais menaçaient le Dauphiné et la Provence, et 50 000 Espagnols le Roussillon et le Béarn. Nos côtes étaient bloquées. Une formidable insurrection mettait en feu vingt départements de l'Ouest. On eût dit une marée humaine, dont les flots montaient toujours. De tous les côtés à la fois, la coalition nous déborde, démantèle nos frontières et semble à la veille du triomphe définitif.

CHAPITRE III

LES DÉSASTRES DE 1793

Les coalisés de 1793 avaient formé le projet de démembrer la France, en l'attaquant à la fois sur toutes les frontières. S'ils avaient mieux combiné leur plan d'invasion, si surtout ils avaient renoncé à leurs intérêts dynastiques, pour ne s'occuper que de la question militaire, nous étions perdus; car l'Europe entière marchait alors contre la France, et les Français n'étaient même pas unanimes. Les royalistes à l'ouest, les fédéralistes au midi et au centre étaient en lutte ouverte contre la Convention. Pourtant nous n'avons pas succombé. L'année 1793 n'était pas achevée que nous avions repris l'offensive sur tous les points, que les révoltés étaient rentrés dans le devoir, et qu'une ère nouvelle de gloire et de liberté s'ouvrait pour nos pères. Mais combien furent douloureuses les heures d'angoisses de l'été de 1793!

I

Ce qui nous sauva, ce fut d'abord et avant tout le féroce égoïsme des coalisés. Jamais, ou du moins rarement, coalisés n'agissent de concert. Les uns avancent, les autres reculent; ceux-ci veulent livrer bataille, ceux-là ne songent qu'à épargner le sang de leurs soldats. Sous Louis XII, comme sous François Ier et Louis XIV, nos ennemis n'ont jamais su s'entendre pour exécuter leurs plans, ni surtout pour partager nos dépouilles. En 1793, ils ne songeaient qu'à leurs intérêts particuliers. Les Anglais voulaient Dunkerque et Toulon; les Autrichiens l'Alsace et la Flandre; les Prussiens convoitaient Mayence, Landau et la Lorraine; les Espagnols songeaient à leurs vieilles prétentions sur le Roussillon; les Piémontais voulaient reprendre Nice et la Savoie. Pour unique plan de guerre, chacun d'eux chercha à s'emparer des places à sa convenance. Réunis, leur choc eût été irrésistible. Séparés, nous pûmes leur résister d'abord, les vaincre ensuite.

L'incapacité, ou du moins l'obstination des généraux alliés dans les vieilles et routinières pratiques de la stratégie, contribua également à notre salut. La guerre était alors un véritable jeu d'échecs, chaque position était soigneusement défendue. On ne savait pas encore former une masse, la porter au point décisif et frapper un coup retentissant. On ignorait l'art de sacrifier les attaques secondaires et de risquer le tout pour le tout. Aussi les guerres s'éternisaient. On sait leurs noms : guerre de Trente Ans! guerre de Sept Ans! Les généraux de la coalition, imbus de ces antiques principes, ne se décidaient qu'à contre-cœur à une grande bataille. Brunswick et Cobourg auraient eu pour instructions secrètes d'exercer et d'aguerrir nos soldats, par des escarmouches et des manœuvres quotidiennes, qu'ils n'auraient pas autrement agi. Ces délais et ces retards inévitables raffermirent le moral de nos jeunes troupes, qui adoptèrent une tactique nouvelle, et déroutèrent, par leurs impétueuses attaques, les savantes combinaisons des généraux alliés.

Aussi bien reconnaissons que nos soldats furent héroïques. Les troupes de ligne n'existaient pour ainsi dire plus et les états-majors étaient désorganisés, mais les volontaires et les gardes nationaux coururent au feu. Ils ne furent pas heureux au début, mais ils acquirent bientôt la précision dans les manœuvres et la rapidité dans le tir, qui forment le soldat accompli, et c'était en face de l'ennemi qu'ils apprenaient ce dur métier. Arrivés aux corps, ils oubliaient leurs différences d'opinion, de fortune, de naissance. Contre l'Autrichien ou l'Anglais, on n'était plus girondin ni royaliste, ni jacobin, mais Français. Alors que l'anarchie et la proscription régnaient à l'intérieur, nos régiments devenaient un modèle de désintéressement et d'honneur. Ces fortes et grandes légions, ces demi-brigades héroïques ont sauvé la patrie.

Après Neerwinden et la défection de Dumouriez, les coalisés auraient pu détruire l'armée du Nord divisée et trahie, et marcher sur Paris. Rien ne les eût arrêtés. Comme ils se croyaient sûrs de la victoire, ils ne songèrent qu'au partage des dépouilles. Un conseil de guerre se tint à Anvers. Il y fut résolu que les Autrichiens, les Anglais et les Hollandais envahiraient la Flandre, que les Allemands et les Prussiens marcheraient contre l'Alsace ; au sud-est et au sud-ouest, les Italiens et les Espagnols diviseraient nos forces en attaquant les Alpes et les Pyrénées : c'est-à-dire que les hostilités allaient s'engager sur quatre théâtres différents, en Flandre, sur les bords du Rhin, aux Alpes et aux Pyrénées.

La Flandre est un pays très ouvert. Dans cette vaste plaine, que sillonnent à peine quelques ondulations de terrain, aucune position n'est assez forte pour permettre à une faible armée de tenir la campagne contre un ennemi supérieur en forces. Aussi tout l'effort de nos ingénieurs s'était-il porté dans cette direction, et la province était comme hérissée de forteresses. Dunkerque était une de ces forteresses. Ses habitants, corsaires redoutables, avaient fait subir au commerce anglais des torts irréparables. La haineuse l'Angleterre avait juré la destruction de cette place, et ce fut contre elle qu'elle dirigea tous ses efforts. Lille venait ensuite. Les Autrichiens en convoitaient ardemment la possession ; mais ils venaient d'être battus sous ses murs et ils ne voulaient pas s'exposer à un second échec. Ils résolurent donc de se tourner d'abord contre les deux places de l'Escaut, que Dumouriez avaient promis de leur livrer, Condé et Valenciennes, et Cobourg marcha contre ces deux forteresses, à la tête de 100 000 hommes.

L'armée française du Nord, après Neerwinden, avait jeté des garnisons dans Condé et Valenciennes et s'était ralliée en arrière sous Bouchain. Elle était commandée par Dampierre, un des généraux que les dernières campagnes avaient le plus mis en relief. Il réorganisa ses troupes, fort découragées par leurs derniers insuccès, et, quand il les crut suffisamment raffermies, il les conduisit à la délivrance de Condé et de Valenciennes. Au lieu de former de ses 40 000 hommes une seule masse, il eut le tort d'attaquer les Autrichiens sur tous les points qu'ils occupaient. Une foule de petits combats furent livrés, du 1ᵉʳ au 9 mai, à Saint-Amand, à Vicogne, à Famars, mais sans résultat sérieux. Le 9 mai, à la tête d'un détachement d'élite, il s'élançait contre une batterie autrichienne : « Où courez-vous ? lui cria son fils, vous marchez à une mort certaine ! » — « Je la préfère à la guillotine, » répondit-il. A peine avait-il prononcé ces paroles, qu'il fut atteint d'un boulet de canon à la cuisse.

Ses soldats se débandaient. Le général Lamarche, son successeur provisoire, parvint à les rallier et à les conduire au camp de Famars, qui couvre Valenciennes et se relie aux défenses de la

VALENCIENNES.

place. Les Autrichiens essayèrent de les débusquer de cette nouvelle position, mais ils n'y parvinrent qu'après quinze jours de combats acharnés, et, avec des pertes énormes. Nos soldats opérèrent leur retraite en bon ordre, et, quelques lieues plus loin, au camp de César qui couvre Bouchain, ils firent de nouveau face à l'ennemi. Au lieu de profiter de leurs premiers succès, les Autrichiens se divisèrent. Une partie de leur armée resta en observation devant le camp de César, et l'autre commença le siège de Condé et de Valenciennes, cette fois définitivement bloquées.

Valenciennes, sur la rive droite de l'Escaut, était défendue par une enceinte bastionnée, et, sur la rive gauche, par une forte citadelle. Elle avait une garnison de 9500 hommes, commandée par le général Ferrand, un des héros de Valmy et de Jemmapes. Ses habitants, fort disposés à imiter leurs voisins de Lille, contritribuaient à la défense de la place. Afin de les réduire plus vite, les Autrichiens usèrent tout de suite des moyens extrêmes, et résolurent de battre les ouvrages pendant le jour et de bombarder pendant la nuit. Deux parallèles furent tracées dans les nuits du 14 et du 19 juin. Dès la fin du mois, la place était aux dernières extrémités. Le courage de ses défenseurs fut à la hauteur de l'épreuve; mais, malgré quelques heureuses sorties, le feu de l'assiégeant ne diminuait pas d'intensité. 180 bouches à feu étaient arrivées de Vienne. 100 autres avaient été achetées en Hollande. 93 mortiers tiraient nuit et jour. Bientôt Valenciennes ne présenta plus qu'un monceau de décombres. Depuis longtemps, femmes et enfants étaient renfermés dans les caves, et les hommes faisaient le service des remparts à côté de nos soldats : quelques défaillances se produisirent. On commença à parler de capitulation. Ferrand réussit d'abord à maintenir les mécontents, mais les Autrichiens avançaient chaque jour, et annonçaient hautement qu'ils ne feraient aucun quartier. Trois brèches étaient ouvertes, dont l'une offrait un passage facile à quarante hommes de front; l'ennemi occupait tous les postes avancés, la place avait essuyé quarante et un jours de bombardement et reçu 84 000 boulets, 20 000 obus et 48 000 bombes. Près de 5000 soldats étaient hors de combat. Pendant deux mois, Ferrand avait retenu, sous les murs de Valenciennes, toute l'armée de Cobourg. Il avait donc fait son devoir, et bien mérité de la patrie. Il capitula le 28 juillet, mais avec tous les honneurs de la guerre; on ne lui imposa pour toute condition de ne pas servir d'un an contre les coalisés.

Dès le 14 juin, Chancel, le commandant de Condé, avait été réduit par la famine à capituler. Maître de ces deux forteresses, et disposant d'une armée de 100 000 combattants, Cobourg n'avait plus qu'à marcher sur Paris. Il le pouvait d'autant plus facilement que Kilmaine, le successeur de Lamarche, comprenant l'inutilité de la résistance, avait évacué le camp de César, et s'était reporté en arrière sur la Scarpe, appuyé sur les deux villes fortes d'Arras et de Douai, c'est-à-dire qu'il menaçait le flanc des Autrichiens, mais laissait ouvert le chemin de Paris. Un général plus audacieux que Cobourg n'aurait pas hésité, mais c'était l'homme des plans circonspects et des opérations prudentes. Au lieu de pousser une pointe hardie sur la capitale, qui ne pouvait lui résister, il vint assiéger Cambrai.

Au même moment, Pitt, dévoilant tout à coup la politique anglaise, ordonnait aux Anglais et aux Hollandais qui servaient dans l'armée de Cobourg de se porter sur Dunkerque. L'ordre était absurde, car il donnait aux opérations une direction excentrique et empêchait Cobourg de profiter de sa supériorité numérique. En effet, les coalisés ne s'avancèrent pas plus loin. Pendant que le duc d'York commençait le siège de Dunkerque, Cobourg restait en observation devant Cambrai et l'armée de Kilmaine, et détachait une de ses divisions pour occuper la petite place du Quesnoy, qui, n'ayant que de faibles moyens de résistance, capitula bientôt. Ce fut son dernier succès en Flandre.

La frontière du Nord est donc en partie démantelée, puisque les coalisés ont pris Condé, Valenciennes et le Quesnoy, et menacent Cambrai et Dunkerque. Rien pourtant n'est encore désespéré, grâces aux fautes et aux jalousies de nos ennemis.

II

Dans le bassin du Rhin, notre situation militaire fut également désastreuse, et les fautes de nos ennemis seules nous sauvèrent. Custine, au commencement de 1793, se trouvait à Francfort, très aventuré en pleine Allemagne. Quand il s'aperçut que des masses allemandes convergeaient sur lui, il se décida, malgré sa présomption, à battre en retraite et vint se réfugier dans Mayence. Il pouvait, dans cette admirable position défensive, braver les efforts de la coalition et donner à la France le temps de respirer; mais il perdit la tête lorsque l'armée allemande, commandée par le roi de Prusse, franchit le Rhin et dépassa ses avant-postes. Il crut avoir 150 000 hommes sur les bras. Prêtant aux ennemis des projets qui pourtant ne convenaient pas à leur caractère, ils se figura qu'ils allaient couper ses communications avec l'Alsace. Sans même essayer de combattre, il se replie précipitamment en arrière, abandonne ses éphémères conquêtes, et ne s'arrête que sous Landau et Wissembourg. Il envoie même ses bagages jusqu'à Strasbourg. Le Palatinat était perdu, et pas un coup de fusil n'avait été tiré.

Restait Mayence, avec une forte garnison de 20 000 hommes, presque une armée. Les Allemands ne pouvaient pousser en avant avec une place aussi considérable sur leurs derrières. Ils se décidèrent à l'assiéger.

Mayence, au confluent du Rhin et du Mein, est bâtie sur la rive gauche du fleuve. D'imposantes fortifications la protégeaient du côté de la terre. Le fort du Haupstein, au nord, était relié par une double enceinte bastionnée à la citadelle, au sud. Une petite rivière, le Zalbach, coulait dans les fossés. Un pont de bateaux reliait Mayence au faubourg de Cassel, sur la rive droite, défendu également par une enceinte bastionnée. La garnison de Mayence était composée surtout de volontaires, qui n'avaient pas encore vu le feu, mais allaient devenir les premiers soldats du monde. Deux généraux, Aubert-Dubayet et Kléber, les commandaient, l'un et l'autre connus par l'énergie de leurs convictions républicaines et leur valeur héroïque. Le général Doyré dirigeait les travaux de défense de la place, et le savant ingénieur Meunier ceux de Cassel. Deux membres de la Convention, Rewbel et Merlin de Thionville, donnaient à la garnison l'exemple du courage; enfin, bon nombre de Mayençais, plutôt que de retomber entre les mains de leur archevêque, avaient promis de prendre part à la résistance. Par malheur, on n'avait pas assez de vivres. Des juifs en avaient proposé, mais à condition qu'on leur payerait même les convois enlevés par l'ennemi, et on avait refusé ce marché astucieux. Les fourrages étaient aussi insuffisants, mais on avait de la poudre, et deux cent soixante-dix canons garnissaient les remparts. On savait que Mayence était une position stratégique de première importance : aussi était-on disposé à tout supporter avant de capituler.

L'investissement commença en avril. Comme les convois de

grosse artillerie n'étaient pas encore arrivés, les assiégeants se bornèrent à surveiller les abords de la place, et à repousser les sorties de la garnison. 10 000 Hessois commandés par Schœnfeld bloquaient Cassel. 10 000 Autrichiens menaçaient la citadelle, et 10 000 Prussiens le Haupstein. Au centre, à Mariembourg, 15 000 Prussiens avaient pour objectif la double enceinte. 45 000 hommes

KLÉBER.

étaient donc réunis autour de Mayence, sous le commandement immédiat du roi de Prusse, et une armée d'observation, à peu près d'égale force, commandée par Brunswick et par Wurmser, campait en face de Custine, et protégeait cette grande opération.

Le 16 avril, les alliés essayèrent d'enlever le poste avancé de Weisenau, qui gênait leur attaque de droite; mais les Français, soutenus par Merlin, s'y maintinrent. Le 3 et le 8 mai, grandes démonstrations contre Kostein, poste avancé de Cassel; Meunier repousse les Hessois avec de grandes pertes. Le 30 mai, sortie générale de la garnison : 6000 Français pénètrent jusqu'à Mariembourg, et surprennent le roi de Prusse dans son quartier général. Le même jour, Meunier essayait de s'emparer des îles du Rhin, mais recevait une blessure mortelle. La garnison tout entière lui rendit les honneurs militaires, et le roi de Prusse s'associa au deuil de la France, en saluant le héros d'une salve d'artillerie. Ces procédés chevaleresques ne sont plus de mode, paraît-il.

Le vrai siège ne commença qu'en juin, lorsque arrivèrent, des arsenaux hollandais, les lourdes pièces de siège qu'on leur avait empruntées, comme les Autrichiens l'avaient déjà fait pour le siège de Valenciennes. La tranchée fut aussitôt ouverte. Le 16 juin, fut tracée la première parallèle; le 25, les alliés n'étaient plus qu'à 800 mètres de la place; le 19 juillet, ils avaient deux cents grosses pièces en position et couvraient la ville de feux; ils avaient installé des batteries dans les îles du Rhin et incendiaient Mayence par son côté le plus ouvert; ils avaient même établi sur le fleuve des batteries flottantes. « J'ai vécu quatre mois sous une voûte de feu, » racontait plus tard Kléber. La détresse de la garnison fut bientôt portée à son comble. Les moulins avaient été brûlés, on ne se servait plus que de moulins à bras, et encore les ouvriers refusaient-ils de se livrer à ce travail, car l'ennemi, averti par ses espions, dirigeait des obus sur l'emplacement qu'ils occupaient. La viande de cheval avait disparu. Les soldats chassaient les rats et autres animaux immondes. Ils pêchaient dans le Rhin les cadavres des chevaux et trouvaient des amateurs pour cette rebutante nourriture. Plus encore peut-être que par le manque de vivres, cette malheureuse garnison était accablée par le manque de nouvelles. L'investissement était si complet, que depuis trois mois on ne connaissait rien que les mauvaises nouvelles. Les Prussiens avaient même fait imprimer et distribuaient aux avant-postes de faux *Moniteurs,* qui contenaient les bruits les plus absurdes, chute de la Convention, règne de Louis XVII et démembrement de la France. Pourtant nos généraux tinrent bon, car ils ne pouvaient pas croire qu'on n'essayerait pas de les délivrer.

Que devenait, en effet, Custine? Pourquoi ne tentait-il pas de refouler l'armée d'observation, qui s'étendait en face de lui? Ce malheureux général était comme halluciné. Après un retour offensif, qui dégénéra en déroute, il donna sa démission (17 mai). Envoyé à l'armée du Nord, il y commit de nouvelles fautes, qui le conduisirent à l'échafaud. Mais à Mayence on ne comprenait rien à son inaction. On croyait toujours voir poindre à l'horizon l'armée libératrice. Une nuit même, on entendit au loin une forte canonnade, et la garnison courut aux remparts, mais ce n'était qu'une fausse alerte.

Prolonger davantage la résistance, c'était s'exposer à ne pas obtenir de bonnes conditions. Les représentants et les généraux entamèrent donc des négociations. Le roi de Prusse se montra généreux. Il accorda à la garnison les honneurs militaires, à condition de ne pas servir d'un an contre les coalisés. Les Français s'étaient si bien attachés aux murailles de la ville, qu'ils ne voulaient pas obéir. Ils cédèrent, mais à contre-cœur, et le 25 juillet défilèrent devant le roi, fiers, menaçants, et aux accents de la Marseillaise. Frédéric-Guillaume complimenta les officiers avec courtoisie, et s'empressa de mettre à leur disposition les vivres et les vêtements qui leur manquaient. Merlin fut l'objet de prévenances particulières. Les Allemands, stupéfaits de son audace, l'avaient surnommé le *Diable de feu*. Quand les Mayençais qui s'étaient compromis pour la France, et craignaient la vengeance de leur ancien maître, sortirent de la ville avec les colonnes françaises, ils furent insultés par cette partie de la population qui est toujours disposée à tomber sur les vaincus. Merlin n'eut qu'à se montrer pour imposer silence : « Prenez garde! dit-il aux plus acharnés, vous nous reverrez bientôt ».

La prédiction de Merlin devait promptement se réaliser, plus vite qu'il ne le croyait lui-même. Pourtant, après la prise de Mayence, notre situation était comme désespérée. Nous n'avions à opposer aux ennemis victorieux que 50 000 soldats désorganisés, découragés, qui changeaient chaque jour de généraux, aujourd'hui Custine ou Beauharnais, demain Landremont ou Carles. Aussi l'armée battait-elle en retraite, lentement il est vrai, car nous avions à l'arrière-garde des officiers encore inconnus, Gouvion-Saint-Cyr, Desaix, qui chaque jour donnaient au gros de l'armée quelques heures de répit. Par malheur, en reculant, nos troupes ne rencontraient pas un terrain solide. Le pays ne les soutenait pas. La trahison était à l'ordre du jour en Alsace. Les autorités et les conseils municipaux conspiraient pour livrer les places à l'ennemi. En face, un ennemi ardent, fier de ses succès ; derrière, et à ses côtés, un pays mal disposé ; l'armée du Rhin semblait perdue.

Si Wurmser et Brunswick s'étaient entendus, la question était résolue : mais ils se jalousaient comme généraux, et se détestaient comme Prussien et Autrichien. Après la prise de Mayence, ils perdirent deux mois en simulacres de combats sans but, sans concert et sans résultat, et donnèrent ainsi à nos troupes le temps de se remettre. Ce fut en octobre seulement que commencèrent les opérations sérieuses, et elles furent désastreuses pour la France. Brunswick nous battit à Pirmasens et menaça la ligne de la Sarre (13 octobre). Wurmser nous battit à Wissembourg et força la ligne de la Lauter (14 octobre). Cette double victoire permit aux alliés d'entrer à leur guise en Lorraine et en Alsace. Haguenau leur ouvre ses portes (29 octobre). Fort-Vauban, le bastion avancé de Strasbourg est pris (9 novembre). Strasbourg n'attend, pour se rendre, que l'arrivée de Wurmser. L'Alsace est perdue ! Quant aux Prussiens, ils commencent le siège de la place forte de Landau, et s'apprêtent à envahir la Lorraine qu'ils revendiquent comme une terre allemande.

Perte de Mayence et des bords du Rhin, l'Alsace envahie, Landau bloqué, la Lorraine menacée, telle est notre situation militaire en novembre 1793. Là encore tout semble perdu.

III

Sur les Alpes, même désorganisation et mêmes dangers. Nous avions en face les Piémontais; les Anglais, es Napolitains et les Espagnols bloquaient nos côtes de la Méditerranée ; les deux grandes villes du Midi, Marseille et Lyon, s'étaient soulevées, et avaient forcé à un mouvement en arrière les deux armées qui gardaient la Savoie et Nice. Les Piémontais en profitèrent pour occuper de nouveau ces deux provinces, et là encore nos frontières furent désemparées. Enfin, une honteuse trahison livra aux Anglais notre grand arsenal de la Méditerranée, Toulon.

Toulon avait rapidement passé du jacobinisme à la réaction. La fréquentation des officiers de la flotte, presque tous royalistes, la domination des prêtres, tout-puissants sur les imaginations méridionales, l'indignation contre les excès révolutionnaires commis à

RADE DE TOULON

Marseille et aux environs, tout provoquait Toulon à la révolte. 8000 Marseillais fugitifs augmentaient encore l'horreur des Toulonnais pour la Révolution. Des deux amiraux qui commandaient la flotte, l'un, Trogoff, était royaliste et conspirait au grand jour; l'autre, Saint-Julien, essayait au contraire de raffermir ses équipages dans les principes républicains, mais il était neutralisé par son collègue. A l'approche de l'armée républicaine, les Toulonnais entrent en pleine insurrection, ils ferment le club des Jacobins, forcent deux représentants en mission dans leurs murs,

Bayle et Beauvais, à une sorte d'amende honorable, de rue en rue, un cierge à la main, puis ils font signe aux ennemis qui croisaient devant la rade et appellent à leur aide Anglais, Espagnols et Napolitains.

Les Anglais assiégeaient déjà Dunkerque, au Nord. S'ils réussissaient à prendre Toulon, au Midi, la France était comme emprisonnée par eux. De plus, Louis XVI avait accumulé des trésors à Toulon. L'arsenal était rempli de bois et de chanvre. Les canons et les munitions de tout genre y avaient été entassés. Près de trente navires de guerre attendaient dans la rade une occasion pour sortir. Aussi les Anglais guettaient-ils cette proie magnifique. Ils accoururent au premier appel, sans épargner les promesses. L'amiral Hood, qui était de connivence avec les principaux fonctionnaires, s'engagea à garder la ville, le port, l'arsenal et la flotte comme un dépôt qu'il remettrait au successeur de Louis XVI, aussitôt que la France aurait retrouvé ses maîtres légitimes. Les royalistes acceptèrent, et la flotte alliée débarqua sur-le-champ 15 000 hommes, qui armèrent les forts contre les troupes françaises. Le drapeau blanc fut arboré sur la flotte, malgré les efforts désespérés de Saint-Julien. Toulon était perdu (27 août).

La France recevait ainsi comme un coup de poignard par derrière. Désormais les alliés avaient à Toulon un pied-à-terre. Ils pouvaient à leur aise ravager le Midi et remonter la vallée du Rhône. Jamais on ne flétrira assez énergiquement l'odieuse conduite de ces prétendus Français, qui, sous couleur d'opinion politique, livrèrent à l'ennemi notre rempart du Midi. En face de l'adversaire national, il ne doit y avoir qu'une opinion, la haine; qu'une conduite à suivre, se battre.

Sur les Pyrénées, nous étions également malheureux. La guerre avec l'Espagne avait commencé tard. Mal administrée, lente, misérable, l'Espagne ne pouvait se hâter davantage, et la France, qui avait sur les bras des ennemis autrement redoutables, n'avait prêté qu'une attention médiocre à cette attaque. On sait que les Pyrénées, qui séparent les deux pays, s'abaissent brusquement à leurs extrémités orientale et occidentale, et permettent par conséquent à une armée d'invasion venant d'Espagne d'entrer en France en se portant sur Perpignan ou sur Bayonne. Par Bayonne, les Espagnols avaient la chance de donner la main aux Vendéens, mais il leur fallait traverser les Landes, et ils nous croyaient sur ce point plus forts que nous ne l'étions en réalité. Ils préférèrent envahir le Roussillon, car ils n'avaient pas oublié leurs prétentions sur cette province. Un simple corps d'observation fut donc envoyé du côté de Bayonne et le général Ricardos reçut l'ordre de marcher sur Perpignan. Nous ne pouvions lui opposer que des bandes sans cohésion, sans discipline et mal commandées. Il disperse ces détachements (18 avril) et s'ouvre le passage. Avec un peu plus d'audace, il s'emparait de la province tout entière. Mais Ricardos était de la vieille école : il donna à nos troupes le temps de se reconnaître. Un mois plus tard, le 19 mai, nouveau combat au Mas d'Eu : cette fois, le terrain fut vivement disputé, mais, sur le soir, une terreur panique nous chassa du champ de bataille. Au lieu de fondre sur Perpignan, Ricardos hésite encore et perd son temps à assiéger les petites forteresses qu'il avait laissées en arrière, Bellegarde, Fort-les-Bains, etc. C'est seulement après les avoir prises qu'il se décide à marcher en avant. Un combat malheureux pouvait donc nous enlever le Roussillon et Perpignan, notre unique rempart à l'extrême Midi.

En résumé, la situation était déplorable. Au nord, la grande armée autrichienne menace Cambrai. Les Anglais et les Hollandais assiègent Dunkerque, et déjà la brillante cavalerie des émigrés court sur le chemin de Paris. A l'est, les Allemands ont pénétré en Alsace et en Lorraine. Au sud-est, les Piémontais n'attendent qu'un signal pour entrer à Lyon, et les Anglais, déjà maîtres de Toulon, songent à prendre possession de Marseille. Les Espagnols, d'abord entraînés à la guerre malgré eux, prennent goût à la curée. Les Anglais sont partout. Comme si les horreurs de la guerre étrangère ne suffisaient pas, les Vendées sont en insurrection à l'ouest, les Girondins soulèvent contre la Convention toutes les grandes villes, et la Convention se déchire elle-même.

La France pourtant n'a pas succombé, mais au prix de quels sacrifices! Elle semblait réservée au sort de l'infortunée Pologne. Un sombre découragement s'empare alors des esprits; les âmes les plus fortement trempées s'affaissent; les caractères les plus fiers se détendent. Patience! **La patrie** n'est pas morte. De nouvelles légions vont sortir de terre, des généraux improvisés vont remporter des victoires inespérées. Tout semblait perdu, mais le vaisseau de la République, comme l'a dit un grand poète,

> Tout mutilé des coups de la tempête,
> Se dressa sur sa quille en relevant la tête,
> Hérissa ses sabords d'un peuple de héros,
> Et rallumant soudain ses foudres désarmées,
> Comme un coup de canon lâcha quatorze armées,
> Et l'Europe à l'instant rentra dans son repos.

CHAPITRE IV

HONDSCHOOTE ET WATTIGNIES

I

A la fin de 1793, la France courait de graves dangers. Nos armées étaient battues sur toutes les frontières; plusieurs de nos provinces étaient occupées; de cinq côtés à la fois les alliés marchaient sur Paris, et ne cachaient plus leurs projets de démembrement. Jamais la France n'avait été dans une situation si désespérée. L'année pourtant ne s'écoulera pas sans que les alliés soient refoulés, sans que nous ayons recouvré nos frontières entamées, sans que de nouveau la France républicaine se soit rendue redoutable à l'Europe monarchique.

Ces merveilleux résultats sont dus, en grande partie, à un homme dont on a trop volontiers rabaissé le mérite, à l'illustre Carnot. On se contente de l'appeler l'organisateur de la victoire, et tout est dit. Carnot ne s'est pas contenté d'organiser, il a préparé et créé la victoire. Avant lui, le chaos et la défaite; avec lui, l'ordre et le succès. Il était né à Nolay (Côte-d'Or), en 1753. Dès sa jeunesse, il avait montré beaucoup de goût pour les mathématiques. Après de bonnes études, terminées à Paris, il passa de brillants examens et fut nommé, à vingt ans, lieutenant du génie. Il avait, lorsque éclata la Révolution, publié un mémoire fort remarqué sur la nécessité de conserver les places fortes du Nord. Député par le Pas-de-Calais à l'Assemblée législative, en 1791, il se distingua par des motions belliqueuses. Réélu à la Convention, il vota la mort du roi, mais ne se mêla jamais aux partis qui la divisaient. Il avait été envoyé plusieurs fois en mission aux armées et y avait déployé autant de bravoure que d'habileté. Nommé membre du Comité de Salut public, il accepta sans faiblir cette écrasante responsabilité, et, grâce à une puissance de travail extraordinaire, bien secondé d'ailleurs par d'éminents auxiliaires, il sut, en quelques mois, inventer une tactique nouvelle, improvisa des généraux et créa de nombreuses armées.

La tactique, pendant tout le xviii° siècle, avait été l'art des ménagements et de la circonspection. On combattait pour l'attaque ou la défense d'une ligne, d'une position, d'une place. On calculait jusqu'à la minutie les moindres avantages d'un terrain, et on savait y adapter chaque espèce d'armes; mais les guerres s'éternisaient et les pertes étaient cruelles, car les combats étaient pour ainsi dire quotidiens et sans résultats. Carnot résolut d'agir par masses, c'est-à-dire de former une armée compacte qu'on porterait rapidement sur un point déterminé et qui accablerait l'ennemi par une grande victoire. Sans doute, cette tactique n'était pas nouvelle, car elle était en quelque sorte imposée par la nécessité. Frédéric II l'avait déjà appliquée dans la guerre de Sept Ans. Il avait porté çà et là, brusquement, des masses rapides et fait face successivement à tous ses ennemis. Un général de Louis XVI, grand ami de Dumouriez, et qui même passait pour avoir tracé le plan de la campagne de 1792, Grimoard, avait aussi émis la doctrine d'agir de la sorte, mais n'avait pas eu le temps de mettre en application ses principes. Le mérite de Carnot fut justement de faire passer ces théories dans la pratique. C'est lui qui concentra les masses sur un point décisif, au risque d'affaiblir certains points de la ligne de défense; lui qui écrasa l'ennemi par des coups d'éclat; lui, surtout, qui imprima aux opérations une direction unique et força les généraux à lui obéir aveuglément. Placé au centre, en communication quotidienne avec toutes les armées par le télégraphe aérien, que Chappe venait d'inventer en le mettant au service du pays envahi, Carnot, calculant sur l'ensemble et négligeant les détails, sut prescrire des mouvements coordonnés entre eux et tendant au même but. Sans doute, ses plans présentaient parfois l'inconvénient des plans formés dans les bureaux, mais les généraux chargés de les exécuter étaient libres, pourvu qu'ils obéissent à l'esprit général de leurs instructions, de se conformer aux temps et aux circonstances. La perfection de l'ensemble rachetait l'imperfection des détails.

Ce n'était rien que de décréter une stratégie nouvelle : il fallait aussi l'exécuter. Or presque tous nos généraux appartenaient à l'ancien régime. Tous étaient nobles : duc de Chartres, marquis de Lafayette, marquis de Custine, de Dampierre, de Montesquiou, duc de Biron, comte de Beauharnais. Scrupuleusement ils avaient

CARNOT.

conservé les vieilles routines, et nos soldats, exaspérés par leurs défaites, en rejetaient la cause sur leurs chefs et les accusaient de trahison. Une guerre nouvelle réclamait des hommes nouveaux ; mais ce n'était pas une tâche médiocre que de remplacer les états-majors sortis de l'ancien régime par des plébéiens jeunes, audacieux et intelligents. Carnot espéra pourtant qu'il rencontrerait de vrais généraux parmi les officiers révélés par les dernières batailles, et, en effet, par une divination merveilleuse, il trouva les génies hardis qui convenaient aux circonstances. C'est lui et lui seul qui sortit de leur obscurité, pour les jeter en pleine lumière et leur confier la mission de sauver le pays, tous les futurs vainqueurs de la coalition, Jourdan, Pichegru, Hoche et Bonaparte.

Jourdan, en 1793, avait trente et un ans. Il était né à Limoges en 1762. A l'âge de seize ans, il était parti comme volontaire pour la guerre d'Amérique. Il s'était battu avec Dumouriez à Valmy, à Jemmapes et à Neerwinden. C'était un homme follement intrépide, que les soldats appréciaient pour son héroïque bravoure; mais il n'était que chef de brigade, et comme perdu dans l'armée du Nord, lorsque Carnot lui confia le commandement en chef.

Pichegru, né à Arbois, en 1761, n'avait qu'un an de plus que Jourdan. Envoyé à l'âge de dix-huit ans comme répétiteur au collège militaire de Brienne, il s'était engagé dans le 1er régiment d'artillerie. Quand éclata la Révolution, il en adopta les principes, et bientôt on le vit présider le club démocratique de Besançon et partir pour l'armée du Rhin à la tête d'un bataillon de volontaires du Gard, qui le choisit pour commandant. Il fut employé à l'état-major de cette armée, aguerrit par des combats continuels ses troupes encore inexpérimentées, et bientôt sa réputation le désigna au choix de Carnot.

En 1793, Hoche était encore moins connu que Jourdan ou Pichegru : plus jeune il est vrai, car il n'avait que vingt-cinq ans, étant né en 1768. Il était fils d'un garde du chenil de Louis XV, et s'était engagé à l'âge de seize ans. Rien de plus touchant que ses premières années, sa vie modeste et recueillie, son ardeur à l'étude et la difficulté de ses débuts. Lorsque éclata la Révolution, il était sergent aux gardes françaises. Il se distingua devant Thionville et à Neerwinden. Il n'était que chef de bataillon en 1793, et, enfermé à Dunkerque, contribuait à la défense de la place contre les Anglais.

Quant à Bonaparte, plus jeune encore que Hoche, puisqu'il était né en 1769, il s'était jusqu'alors occupé presque exclusivement des affaires corses. Obligé de quitter avec sa famille son île natale, il n'avait pris part qu'à des affaires sans importance, lorsque le siège de Toulon le mit tout à coup en évidence, et commença sa fortune militaire.

Sans Carnot, ces jeunes officiers n'auraient rendu que des services sans éclat. Ce fut lui qui les devina, qui les soutint contre ses collègues, et leur confia de grands commandements. Il avait improvisé une tactique et des généraux. Il improvisa également des armées.

Il n'y avait plus d'armées! plus de matériel! Ni subsistances, ni équipements, ni habillements, ni charrois, ni munitions. Toute administration avait péri. Les soldats étaient démoralisés et découragés. Tout était à refaire. C'est là surtout que Carnot rendit les plus grands services; mais il ne faudrait pas oublier ses deux principaux collaborateurs, Robert Lindet et Prieur de la Côte-d'Or. Carnot s'était réservé la direction des armées; Lindet fut chargé de leur trouver des ressources; Prieur reçut la mission de les armer. A eux trois, à force d'énergie et de constance, ces admirables travailleurs mirent sur pied, en quelques mois, quatorze armées, et sauvèrent la France.

Divers moyens se présentaient pour recruter les armées : d'abord, imposer à chaque localité un contingent déterminé; mais c'eût été douter des sentiments patriotiques qui animaient alors la majorité des Français. En second lieu, tirage au sort; mais, alors qu'on établissait partout l'égalité, n'était-ce pas créer la plus choquante des inégalités, celle du hasard? Restait la levée en masse, la *réquisition* comme on disait alors. La population tout entière fut à la disposition du gouvernement, mais on la divisa par générations, et il fut décidé que ces générations partiraient d'âge en âge, au fur et à mesure des besoins. Le décret fut rendu le 23 août 1793. Barrère le rédigea dans le style emphatique, mais saisissant de l'époque : « Dès ce moment jusqu'à celui où les ennemis auront été chassés du territoire de la République, tous les Français seront en réquisition permanente pour le service des armées. Les jeunes gens iront au combat; les hommes mariés forgeront les armes et transporteront les subsistances; les femmes feront des tentes, des habits, et serviront dans les hôpitaux; les enfants mettront du vieux linge en charpie; les vieillards se feront porter sur les places publiques pour exciter le courage des guerriers, prêcher la haine des rois et l'amour de la République. »

Ces décrets furent exécutés. La population tout entière fut récllement réquisitionnée. Les jeunes gens non mariés ou veufs sans enfants, de dix-huit à vingt-cinq ans, formaient la première levée. La génération de vingt-cinq à trente forma la seconde. Le reste, depuis trente jusqu'à soixante, était disponible, au gré des représentants envoyés pour régulariser ces levées. La première levée, destinée au service extérieur, reçut l'ordre de partir dès qu'elle serait suffisamment exercée, et tout de suite, à chaque chef-lieu de canton, commencèrent les exercices. La seconde levée dut se tenir prête à partir au premier signal, et, provisoirement, fut chargée du service intérieur. La troisième levée attendit des ordres ultérieurs. Ce qu'il y eut d'extraordinaire, c'est que ces décrets impitoyables furent exécutés sans résistance. On eut de la sorte jusqu'à quatorze armées. Partout les réquisitionnaires marchèrent à l'ennemi sans ardeur, mais avec une froide conviction. La nation tout entière se montra également héroïque.

On avait les hommes, mais il fallait les nourrir, les habiller, les faire marcher. Ce fut l'œuvre de Robert Lindet. Rien n'existait quand on le chargea des trois administrations des subsistances, de l'équipement et des charrois. Il essaya d'abord de se procurer dans les pays neutres ce qui nous manquait, mais les neutres évitaient nos côtes, et les agents de Lindet étaient soupçonnés d'accaparement. Il songea ensuite à créer des compagnies privilégiées, mais aucune de ces compagnies n'aurait répondu à l'immensité des besoins. Dans cette extrême nécessité, Lindet recourut aux grands remèdes. Pour l'habillement, il fit décréter que chaque district équiperait un bataillon ou un escadron. Pour les subsistances, le grain fut réquisitionné et versé de proche en proche. Pour les charrois, on requit le vingt-cinquième cheval et le douzième mulet, ce qui donna tout de suite près de soixante mille bêtes de somme. Ces mesures violentes furent adoucies dans l'exécution, et bientôt, au lieu de les redouter, on admira la ferme douceur de cette tyrannie nécessaire. Bientôt nos soldats furent équipés; bientôt ils ne furent plus menacés par la famine et la confiance reparut.

Pendant que Lindet veillait aux besoins matériels des réquisitionnaires, Prieur s'occupait de leurs besoins militaires : ordre de livrer aux soldats toutes les armes de calibre, — de construire dans les départements des manufactures d'armes. — Création à Paris d'un gigantesque atelier où entrèrent les ouvriers armuriers et horlogers, dont on utilisait l'adresse pour divers mécanismes délicats. — Création au Luxembourg de forges immenses. — Installation sur les bords de la Seine de machines à forer les canons. — Ordre de descendre les cloches des églises et de les fondre pour en fabriquer des canons. — Le salpêtre manquait : on songea à l'extraire du sol des caves, et chaque particulier dut s'astreindre à des visites domiciliaires pour la visite et la fouille de ses caves. Enfin les églises ou certains hôtels appartenant à des émigrés furent convertis en casernes et de nombreuses ambulances organisées.

Le mot de Barrère devenait vrai : la France n'était plus qu'une immense place assiégée. Carnot surveillait les travaux généraux de la défense, Lindet et Pricur la rendaient possible en nourrissant, en habillant et en armant les défenseurs de la place ; et tous, généraux improvisés ou soldats réquisitionnaires, luttaient sur les champs de bataille de ténacité et d'héroïsme.

II

La conséquence immédiate de ces mesures sans précédents dans l'histoire fut la délivrance de nos frontières. Deux grands coups furent frappés : le premier, non loin de Dunkerque, à Hondschoote, contre les Anglais et les Hollandais ; le second, près de Maubeuge, à Wattignies, contre les Autrichiens. Hondschoote ne fut qu'un demi succès, mais qui sauva Dunkerque et dégagea la Flandre. Wattignies fut une vraie victoire qui nous rendit notre frontière du Nord.

Dunkerque, défendue du côté de l'Océan par d'imposantes fortifications, protégée au nord par des dunes mouvantes et par les marécages de la grande et de la petite Moëre, reliée à la place forte de Bergues par les forts Louis et François, présentait un ensemble satisfaisant de défense. Depuis Neerwinden une bonne garnison s'était jetée dans la place. Elle était commandée par le général Souham, que secondaient le chef de bataillon Hoche et le lieutenant de vaisseau Castagnier. Les Anglais voulaient à tout prix s'emparer de Dunkerque, non seulement pour détruire à tout jamais un nid de corsaires, mais encore pour avoir à leur disposition comme une clef de la France. Pitt, dévoilant tout à coup la politique égoïste du cabinet anglais, avait ordonné au duc d'York, qui jusqu'alors avait servi sous les ordres de Cobourg, de quitter les Autrichiens, de prendre avec lui les Hollandais et de commencer le siège de Dunkerque. C'était une politique étroite et mesquine! Les alliés en se séparant diminuaient de moitié leurs chances de succès; et, de plus, les Anglais, en assiégeant Dunkerque, montraient à l'Europe entière qu'ils avaient envahi la France non pas au nom d'un principe, mais par convoitise.

Le duc d'York avait attaqué Dunkerque par la langue de terre située entre la Moëre et l'Océan, que Furnes borne au nord et Dunkerque au sud. Il n'avait pas osé l'attaquer directement par Bergues, pour ne pas donner à son armée un front trop étendu. Il avait sous ses ordres environ 30000 Anglais et Hanovriens. Deux corps d'observation protégeaient les assiégeants : le maréchal Freytag s'était porté à Ost-Kappel entre l'Yser et la grande Moëre avec environ 16000 hommes et le prince d'Orange plus au sud à Menin avec 15000 Hollandais. Plus de 60000 ennemis étaient donc retenus sous les murs ou aux environs de Dunkerque.

L'attaque fut menée avec vigueur, mais les assiégés se défendirent avec obstination. Plusieurs sorties heureuses bouleversèrent les tranchées : aussi bien, ces tranchées n'avançaient que lentement dans un sol mouvant, qui se dérobait pour ainsi dire, et au fond duquel on trouvait l'eau en creusant seulement à trois pieds. Cependant le cercle d'investissement se resserrait peu à peu. On était arrivé aux derniers jours d'août, et Pitt annonçait qu'il ne reculerait devant aucun sacrifice pour triompher de cette résistance.

L'honneur des deux pays était engagé à ce siège. Pitt avait besoin d'un succès pour se maintenir au ministère, et, si le nord de la France était ouvert à l'ennemi par la chute de cette place, la Convention était perdue. Aussi, de part et d'autre, était-on résolu à ne pas céder. Une grande bataille pouvait seule déterminer la chute de Dunkerque ou la levée du siège. Carnot le comprit et se prépara à cette bataille. Avec une hardiesse extrême, que pouvait seule justifier le succès, il enleva 35000 hommes à l'armée du Rhin et les porta en Flandre. Avec les troupes éparses dans les divers camps, les Français auraient pu former une masse de 60 000 hommes, et profiter de la dispersion des ennemis pour frapper sur eux des coups irrésistibles. Les uns après les autres, Freytag, York et Orange auraient pu être surpris et anéantis à Ost-Kappel, à Dunkerque et à Menin. C'était le plan de Carnot : une masse unique, des mouvements rapides, et l'ennemi était perdu. Par malheur, le commandant en chef de l'armée du Nord, Houchard, vieux soldat trop ha-

DUNKERQUE.

bitué à la tactique méthodique de ses contemporains, ne comprit pas l'héroïque simplicité de ce plan. Il voulut agir d'après les règles et n'obtint qu'un demi-succès.

Au lieu de concentrer ses 60 000 hommes et de les jeter tous à la fois, d'abord entre Orange et Freytag, puis entre Freytag et York, il ne prit avec lui que 30 000 soldats et laissa les autres dans les divers camps. C'était une première faute. Puis il se crut obligé de faire à Menin, contre Orange, une sanglante et inutile démonstration. Ce fut une seconde faute, car l'alarme fut donnée sur toute la ligne, et Freytag attendit de pied ferme l'attaque des Français. Houchard en commit une troisième en l'attaquant (6 septembre). Sans doute, l'affaire fut brillante, et l'ennemi fut débusqué de toutes les positions qu'il occupait sur l'Yser, mais le plan de Carnot était manqué, puisque Freytag était rejeté sur York et par conséquent que deux des armées ennemies avaient opéré leur jonction. Une grande bataille devenait inévitable, non plus contre un corps isolé, mais contre les forces réunies de Freytag et d'York.

Le 8 septembre, l'action décisive fut résolue. Il s'agissait d'enlever de front Hondschoote, Killem, Beveren et d'autres villages fortifiés. Hondschoote fut plusieurs fois pris et repris. Un moment, nous eûmes entre les mains un fils du roi d'Angleterre. Le représentant Levasseur eut un cheval tué sous lui. On le croyait mort, mais il se releva et courut aux retranchements. Houchard hésitait et n'avançait qu'avec lenteur. Levasseur entraîne les autres généraux, Jourdan, Vandamme, Leclerc, et bientôt les Anglais, débusqués de tous les villages, se replient sur Furnes et nous cèdent le champ de bataille. Au même moment, la garnison de Dunkerque, conduite par Hoche, opérait une brillante sortie et battait le corps du duc d'York.

Cette double bataille s'appelle dans l'histoire la victoire de Hondschoote. Freytag et York, réunis après leur défaite, pouvaient encore tenir la campagne, mais ils se sentaient menacés sur leurs derrières; ils ne voyaient pas arriver la flotte qui devaient les aider à bombarder Dunkerque; ils se décidèrent à battre en retraite et levèrent le siège de la place. Cette victoire produisit en France et en Europe un grand effet. Elle rompait la chaîne de nos revers au Nord, elle infligeait aux Anglais et à Pitt un échec personnel, elle sauvait la République d'un malheur dont les conséquences eussent été irréparables. En Europe, on fut saisi de voir un pays que l'on croyait pour toujours dans l'impuissance, frapper un coup si fort et si sûr. En France, on espéra de nouveau. Quelques semaines plus tard, le succès final ne fut plus une espérance, mais une certitude. Hondschoote en effet annonce et Wattignies commence nos grandes victoires.

III

La grande armée autrichienne de Cobourg avançait en Flandre lentement, mais sûrement. Elle avait pris d'abord la grande artère du Nord, l'Escaut, avec Condé et Valenciennes. Elle venait de s'emparer, au Quesnoy, d'une position formidable. Elle assiégeait Maubeuge, sur la Sambre. Une fois maîtres de cette place, les Autrichiens auraient eu, pour la campagne prochaine, une excellente base d'opérations. Flanqués par l'Escaut et la Sambre, défendus par les places fortes de Condé, Valenciennes, le Quesnoy et Maubeuge, ils

MAUBEUGE.

auraient été comme dans un immense camp retranché. Or Maubeuge était sérieusement menacé. Les 20 000 hommes qui la défendaient, commandés par les généraux Mayer et Desjardins, n'avaient plus de vivres. Dès la première semaine de l'investissement, ils avaient été forcés de manger leurs chevaux. Aussi les Autrichiens n'avaient que faire de dresser leurs batteries contre la place. La famine allait bientôt leur jeter entre les bras une armée prisonnière et leur donner avec Maubeuge les chefs de nos provinces du nord.

Carnot n'hésita pas. Il fallait à tout prix débloquer Maubeuge, et on n'avait ni armée, ni général! Carnot accourt. Il triomphe des scrupules de Jourdan, qui, n'ayant jamais commandé en chef, n'osait prendre sur lui cette terrible responsabilité. Il appelle à lui tous les réquisitionnaires du Nord, tristes recrues en vestes et en sabots, mais pleins d'énergie. Avec une hardiesse que justifiaient les circonstances, il joint à ces recrues tout le corps d'armée qui gardait les Ardennes. 45 000 hommes sont de la sorte réunis, et tout aussitôt Jourdan les mène à l'ennemi.

Le prince de Cobourg disposait d'au moins 80 000 hommes, admirablement exercés, et encouragés par leurs victoires. Les Anglais et les Hollandais étaient dans le voisinage. S'il les avait appelés à lui, et s'il eût marché à la tête des coalisés contre Jourdan, il le battait à coup sûr, car à la supériorité du nombre il eût joint l'avantage de l'offensive. Cette tactique hardie ne convenait pas à cet esprit médiocre. Il laissa les Anglais et les Hollandais dans leurs cantonnements, il ordonna à 30 000 de ses soldats de garder les affamés de Maubeuge, et lui-même, avec le reste de ses troupes, vint se porter en avant de la place assiégée, sur une série de hauteurs couronnées par les villages de Saint-Vaast, Saint-Rémy, Dourlers et Wattignies. Sur ces hauteurs sont aussitôt installées de nombreuses batteries : au pied, la ferme infanterie hongroise ; par derrière, les les réserves croates et autrichiennes ; sur les flancs une magnifique cavalerie qui s'apprête à sabrer les bataillons qu'aura ébranlés le feu de l'artillerie. On rapporte que Cobourg, visitant ces belles positions, fut tellement émerveillé de cette redoutable accumulation d'obstacles et de feux croisés qu'il se crut sûr de la victoire. « S'ils viennent ici, aurait-il dit en souriant, je me fais sans-culotte ! » Le mot fut répété aux sans-culottes qui se rassemblaient à Guise, et il excita en eux une fureur indicible. Carnot et Jourdan profitèrent de cet enthousiasme, et les menèrent à l'assaut de ce second Jemmapes. C'était le 15 octobre 1793.

Jourdan divisa son armée en quatre corps. Il confia sa gauche au général Fromentin, avec ordre de marcher sur Saint-Vaast ; au centre, le général Balland dut prendre Dourlers ; à la droite et à l'extrême droite, les généraux Duquesnoy et Beauregard attaqueront Wattignies. Jourdan et Carnot surveillèrent cette grande manœuvre. La première attaque fut malheureuse : Fromentin est rejeté dans le vallon de Saint-Rémy, Balland est repoussé de Dourlers ;

seul, Duquesnoy se rapproche de Wattignies, mais par un furieux effort. Carnot, sans se décourager, fait recommencer l'attaque. Les nôtres, emportés par leur ardeur, arrivent au pied des hauteurs. Un tambour de quinze ans réussit à passer par un trou et bat la charge derrière les Autrichiens, qui sont un moment décontenancés. Cinquante ans plus tard, on retrouva le cadavre de cet héroïque enfant, couché à côté de sept colosses Hongrois. Mais les volées de mitraille emportent des rangs entiers; la cavalerie autrichienne arrive en flanc, et l'infanterie descend des hauteurs. Nous sommes rejetés sur Avesnes. Une troisième fois, Jourdan reprend l'attaque, mais la nuit descendait sur le champ de bataille et suspendit cet affreux carnage. Cobourg se croyait victorieux, et tout autre général l'eût cru comme lui. Pourtant les Français, malgré leurs pertes énormes, ne se tenaient pas pour vaincus et ne l'étaient pas, en effet.

Carnot venait de recevoir de mauvaises nouvelles : si les lignes autrichiennes n'étaient pas forcées le lendemain, la France était perdue. Surexcités par le désespoir, lui et Jourdan osèrent laisser à gauche et au centre un rideau de troupes, et porter la masse de leur armée à droite. Par bonheur, un épais brouillard d'octobre facilita cette dangereuse manœuvre. Cobourg s'imagina que l'armée française n'avait pas bougé. Il ne soupçonna même pas que ses adversaires auraient l'audace d'exécuter, en sa présence, une marche de flanc suivie d'une concentration. Un rayon de soleil, un simple coup d'œil jeté par un officier, et tout était perdu.

A midi le soleil se leva, et les Autrichiens aperçurent tout à coup, au bas de Wattignies, une masse énorme d'infanterie qui montait à l'assaut. Qui l'aurait cru? Ces vaincus de la veille osaient recommencer la bataille! Ces généraux de rencontre et ces recrues à peine exercées se ruaient aux redoutes et gravissaient les pentes escarpées. Était-ce de la folie? Était-ce de l'héroïsme? Les Autrichiens inquiets, étonnés, les attendirent; mais plus d'un parmi eux songeait déjà à la retraite!

La colonne française a passé les ravins; elle monte sur la colline. Les décharges commencent, mais la colonne monte toujours. Chaque bataillon traîne avec lui quelques pièces de légère artillerie, et, tour à tour, les rangs des soldats s'ouvrent et laissent échapper la foudre. Trois régiments autrichiens sont exterminés, anéantis. La cavalerie s'élance à son tour; nos fantassins la fusillent à bout portant. Les réserves autrichiennes sont lancées du haut de la colline; on les reçoit à la baïonnette, on les massacre, on monte avec les fuyards, et voici qu'on arrive au sommet. Les artilleurs ennemis sont cloués sur leurs canons. Ces énormes pièces sont aussitôt retournées, et vomissent la mort dans les rangs pressés des Autrichiens. La victoire est gagnée.

La bataille avait duré deux jours. Si l'armée renfermée à Maubeuge avait couru au canon et pris Cobourg entre deux feux, il courait grand risque d'être enveloppé; mais les généraux Mayer et Desjardins croyaient à quelque surprise, et ils restèrent dans leurs cantonnements. Wattignies n'en fut pas moins une victoire éclatante. Cobourg le comprit si bien qu'il rallia le corps d'observation qu'il avait laissé en avant de Maubeuge, leva le siège de cette ville, et marcha au-devant des Anglais et des Hollandais qui couraient à son aide, mais arrivèrent trop tard.

Quelles furent les conséquences de cette victoire? Résultat immédiat : délivrance de Maubeuge et sécurité pour notre frontière du Nord. Résultat indirect : faculté de diriger sur le Rhin les masses disponibles, et espoir de réparer sur ce point nos défaites. Résultat moral : Carnot et ses généraux improvisés ont compris qu'avec les réquisitionnaires, qu'on fera dorénavant agir par grande masses, ils pourront triompher de tous les obstacles, et inaugurer par la tactique nouvelle, qui leur a si bien réussi à Hondschootte et à Wattignies, une série de victoire et de conquêtes.

CHAPITRE V

REPRISE DES FRONTIÈRES (1793).

Pendant que Carnot, aidé par Houchard et par Jourdan, arrêtait à la frontière du Nord l'invasion des Autrichiens, des Anglais et des Hollandais, nos autres armées repoussaient l'ennemi sur tous les points. Les grands coups se portèrent sur le Rhin contre les Allemands, et à Toulon contre les Anglais et leurs mercenaires. Aux Alpes et aux Pyrénées, il n'y eut que des engagements sans importance.

I

Depuis la prise de Mayence, la désastreuse retraite de Custine et l'occupation des lignes de Wissembourg par les Allemands, notre situation militaire, à la frontière du Rhin, n'avait fait qu'empirer. Les coalisés avaient partagé leurs forces en deux grandes armées : la première, commandée par Wurmser, et composée en grande partie d'Autrichiens et d'Allemands du Midi, opérait en Alsace. La seconde, commandée par Brunswick, et composée presque exclusivement de Prussiens, opérait en Lorraine. Wurmser voulait s'emparer de l'Alsace au profit de l'Autriche ; Brunswick cherchait à occuper la Lorraine au profit de la Prusse. Les coalisés ne dissimulaient nullement leurs convoitises, et, comme ils disposaient d'armées nombreuses et aguerries, comme ils n'avaient en face d'eux que des bandes à peine armées, ils espéraient triompher facilement de leur résistance et assurer d'une façon définitive leur domination dans ces riches contrées.

La Lorraine, en 1793, ne nous appartenait que depuis vingt-sept ans, car c'est en 1766 seulement, à la mort du roi Stanislas Leczinski, qu'elle devint province française. La Lorraine n'était donc pas complètement fondue dans la nationalité française, et les Prussiens avaient quelques chances de se l'attacher. Quant à l'Alsace, bien que française depuis le traité de Westphalie en 1648, comme elle avait conservé sa vieille organisation féodale, et que plusieurs seigneurs allemands y possédaient encore d'importants domaines; comme, de plus, la langue allemande était encore la langue usuelle, elle n'eût pas été éloignée de renoncer à sa patrie d'adoption. Nos ennemis y comptaient bien. Prêtres et émigrés s'étaient jetés en Alsace. A Strasbourg, les autorités municipales n'attendaient presque que l'approche de Wurmser. Le danger était donc sérieux. Si les généraux coalisés avaient combiné leurs opérations, si surtout ils avaient renoncé à leurs jalousies mutuelles pour ne songer qu'à l'intérêt commun, l'Alsace et la Lorraine étaient perdues. Le Comité de Salut public n'ignorait pas le danger; aussi Carnot, libre désormais du côté du Nord, résolut-il de porter sur le Rhin des forces imposantes, et, d'après la nouvelle tactique qui lui avait si bien réussi en Flandre, d'agir par masses en frappant sur les ennemis des coups irrésistibles.

Avant d'engager les opérations militaires, il fallait s'assurer du concours des populations. C'eût été de la folie que de marcher à l'ennemi, en s'exposant à une révolte sur ses derrières. La Convention envoya donc, dans les pays menacés, des commissaires revêtus de pouvoirs extraordinaires : Saint-Just et Lebas en Alsace; Lacoste et Beaudot en Lorraine. Les deux premiers ont laissé un sinistre renom. Il est certain qu'ils ont tout sacrifié, le premier surtout, même leur réputation, à leurs principes. Aussi bien nous n'avons pas à nous préoccuper ici de leur rôle à la Convention; mais nous rendrons justice à leur activité et à leur courage en face de l'ennemi. Quant à Lacoste et Beaudot, c'étaient deux médecins qui ne connaissaient rien à la guerre, et qui pourtant y furent admirables. Au feu de leur enthousiasme, ils réchauffèrent les courages éteints, et se montrèrent ce qu'ils avaient toujours été, de grands citoyens.

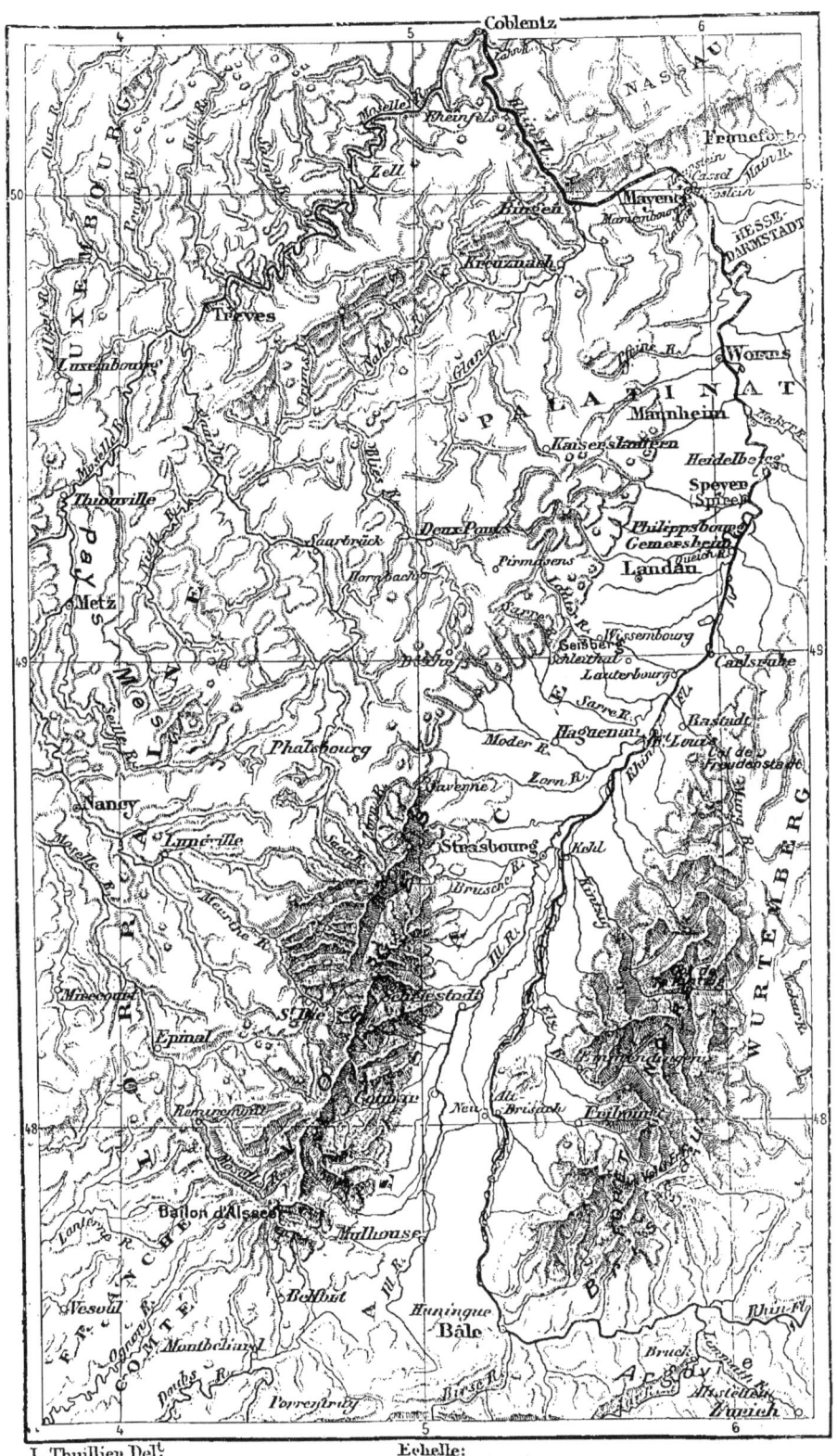

L. Thuillier, Del.
Echelle:
0 10 20 30 40 50 Kil.

Saint-Just et Lebas eurent un heureux début. Un ex-capucin, Euloge Schneider, épouvantait l'Alsace par ses folies sanguinaires. Il étalait un luxe insolent et affichait des prétentions extravagantes. Le jour même de l'entrée de Saint-Just à Strasbourg, il se fit ouvrir les portes de la ville au milieu de la nuit et réveilla tout le monde en roulant sur le pavé avec une voiture à quatre chevaux. Saint-Just l'accuse aussitôt d'aristocratie, le fait saisir et attacher au poteau de la guillotine. Ce coup d'audace lui valut les sympathies de la foule, et désormais il put décréter, sans opposition, une série de mesures extraordinaires. En voici quelques-unes : « Dix mille hommes sont nu-pieds dans l'armée. Il faut que vous déchaussiez tous les aristocrates de Strasbourg, et que demain, à dix heures, les dix mille paires de souliers soient en marche pour le quartier général. En cas de refus, les aristocrates seront jetés en prison. — Tous les manteaux des citoyens de Strasbourg sont en réquisition. Ils doivent être rendus demain soir dans les magasins de la République. — La municipalité de Strasbourg tiendra deux mille lits prêts, dans les vingt-quatre heures, chez les riches de la ville, pour être livrés aux soldats. » — Le plus singulier, c'est qu'on obéissait sans murmure. Les récalcitrants ne bougeaient pas, car ils savaient que les arrêts des commissaires étaient exécutoires. Quant aux traîtres qui méditaient la reddition de la place, dès le premier jour ils avaient été pris et conduits à la guillotine. En quelques semaines, tout rentra dans l'ordre. On pouvait désormais compter sur l'Alsace. Lacoste et Beaudot agirent de même sur les Vosges, avec moins de rigueur pourtant, car le mal était moins grand. Ils réussirent à réorganiser le pays, à rendre la confiance aux troupes, et préparèrent tout pour un retour offensif.

Deux armées étaient en formation : celle du Rhin reçut la mission de sauver l'Alsace, et celle de la Moselle la Lorraine. Les soldats étaient nombreux, mais fort découragés et mal commandés. Il y avait bien dans les rangs inférieurs des officiers tels que Desaix, Ney, Gouvion-Saint-Cyr, Bernadotte, mais ils étaient tous inconnus. Carnot, qui avait deviné dans Jourdan le vainqueur de Wattignies, fut également bien inspiré quand il désigna Pichegru et Hoche au commandement en chef de ces deux armées. Pichegru s'était signalé par sa froide persévérance. Alors que les Français, découragés par la perte de Mayence, avaient presque renoncé à la défensive, et fuyaient le long des Vosges; il avait, dans la division qu'il commandait, livré presque tous les jours d'heureux combats, et ses troupes l'avaient en quelque sorte proclamé le général nécessaire; mais Pichegru était un ambitieux à froid, la pire espèce des ambitieux, car ils sacrifient sans scrupules leurs amis, et au besoin leur patrie, à leurs intérêts. Bien autrement sympathique était le nou-

HOCHE.

veau commandant de l'armée de la Moselle. Hoche n'avait que vingt-six ans, une capacité extraordinaire, une ardeur terrible. Carnot avait dit de lui : « Ce sergent ira loin. » En effet, il fut tellement émerveillé de son courage au siège de Dunkerque, il goûta si bien la lucidité précise de ses plans militaires, qu'il le désigna comme général en chef, malgré ses collègues du Comité, qui ne pouvaient se résoudre à nommer un général aussi jeune. Avant que Hoche eût rien fait, ses soldats l'aimaient avec passion. « J'ai vu notre nouveau chef, écrivait un officier. Son regard est celui de l'aigle, fier et vaste. Il est fort comme le peuple, jeune comme la Révolution. »

Hoche avait les Prussiens en tête, et Pichegru les Autrichiens Les Prussiens occupaient les passages des Vosges et les Autrichiens, déjà maîtres de Haguenau et du fort Vauban, étaient presque Strasbourg. Les deux armées ennemies communiquaient librement. Le plan de Carnot était de s'emparer de la chaîne des Vosges, de séparer les Autrichiens des Prussiens, et de tomber isolément sur les uns, puis sur les autres, en les accablant par des forces supérieures. Hoche fut chargé de cette difficile opération.

L'armée de la Moselle, forte d'environ 35 000 hommes, était susceptible d'un grand élan, mais non de manœuvres savantes, car elle était affaiblie par sa longue inaction, par son mélange avec les réquisitionnaires et par l'indiscipline. Hoche comprit qu'il fallait avant tout lui donner de la rapidité. En plein hiver, et dans un pays de montagnes, il supprima tous les bagages, même les tentes. Les soldats, alertes et résolus, se résignèrent. Ils avaient pour mot d'ordre la délivrance de Landau et marchaient aux cris de : Landau ou la mort! La première attaque fut malheureuse. On connaissait mal la position de l'ennemi. En avant de Kaiserslautern, les 28, 29 et 30 novembre, se livrèrent de furieux combats. Le premier jour, Hoche s'égara et laissa écraser un de ses lieutenants; le second, il eut à supporter à lui seul toute l'armée prussienne; le troisième, il battit en retraite et vint se rallier à Deux-Ponts, Pirmasens et Hornbach. Il avait perdu 3000 hommes, et les ennemis à peine le tiers. Bien lui en prit de n'être qu'un soldat parvenu! Lacoste et Beaudot, qui ne l'avaient pas quitté, qui même avaient suivi l'armée non en représentants mais en soldats, durs, patients et sobres, l couvrirent de leur intégrité; Saint-Just et Lebas lui adressèrent des lettres rassurantes; Carnot lui écrivit pour le féliciter. C'était la première fois qu'on adressait des compliments à un général vaincu.

Fier et reconnaissant de ces témoignages inespérés de confiance, Hoche forme alors le projet hardi de profiter de la séparation de Wurmser et de Brunswick pour tomber sur le flanc de Wurmser, se joindre à l'armée de Pichegru, et sauver l'Alsace par ce coup de fortune. Aussitôt il prend 12 000 de ses soldats les plus résolus, se jette par des sentiers à travers les Vosges couvertes de neige et tombe sur le flanc de Wurmser, au moment précis où Pichegru marchait directement de Strasbourg sur Haguenau. Wurmser se crut pris entre deux feux, et abandonna les lignes de la Zorn et de la Moder pour se porter sur la Lauter; mais ce ne fut pas sans être battu, surtout par Hoche, qui écrasa son aile droite (24 décembre).

La conséquence de ces combats fut la jonction des deux armées de la Moselle et du Rhin : mais Wurmser et Brunswick s'étaient aussi rapprochés. Il n'y avait plus dorénavant que deux armées en présence, et les coups décisifs allaient se frapper en avant de l'Alsace, dès lors dégagée, sur la ligne de la Lauter.

Les coalisés devaient leur insuccès à la désunion qui régnait entre eux. Il paraîtrait que Brunswick n'avait pas averti Wurmser de la marche de Hoche à travers les Vosges, et avait ainsi amené la perte de l'Alsace : Wurmser, du moins, l'en accusait. Aussi, quand les deux généraux eurent opéré leur jonction, en avant de Landau, ce ne fut pas pour combiner un retour offensif, mais pour s'accuser réciproquement de leurs fautes. Les soldats partageaient les haines de leurs généraux. Mécontents les uns des autres, ils se jalousaient, et au besoin se trahissaient. En face d'eux, l'armée française était au contraire pleine d'union et d'ardeur. Les représentants avaient pris une excellente mesure en fondant l'une dans l'autre les deux armées du Rhin et de la Moselle et en donnant le commandement suprême à Hoche. C'était un exemple d'union qui contrastait avec la jalousie de Wurmser et de Brunswick.

Carnot avait formé un plan difficile. Il cherchait à envelopper les coalisés par une marche tournante, mais nos soldats n'étaient pas assez bons manœuvriers. Ils redoutaient les surprises et les attaques nocturnes. La guerre de position ne leur convenait pas. Hoche, qui connaissait le tempérament de ses hommes, et les savait impétueux et irrésistibles en face d'un danger connu, obtint la permission de marcher droit en avant. Plus que jamais le mot d'ordre fut : Landau ou la mort! et nos régiments de Rhin et Moselle se ruèrent à l'assaut.

Les Prussiens et les Autrichiens occupaient une position à peu près inexpugnable. Ils étaient comme dans un immense camp retranché, couverts au sud par la Lauter, à l'est par le Rhin, au nord par la Quetch qui leur servaient de fossés, et adossés à l'ouest à l'énorme muraille des Vosges. Aussi se croyaient-ils tellement assurés du succès, qu'ils se décidèrent à prendre l'offensive, au moment où le général français se disposait à fondre sur eux. Ce fut de leur part une inspiration malheureuse, car ils allaient combattre avec une rivière à dos, la Lauter, et, en cas d'insuccès, ils risquaient d'y être culbutés. La bataille s'engagea le 26 décembre 1793. A droite, Desaix et Michaud marchèrent sur Lauterbourg et Schleithal, dont ils s'emparèrent. Au centre, Hoche débusque les Allemands des hauteurs du Geisberg, marche sur Wissembourg, et y serait entré sans les imposants renforts amenés par Brunswick en personne. A gauche, Pichegru tourne les positions prussiennes. Sur toute la ligne le succès est complet. Les Autrichiens, en effet, ne continuent pas la résistance et Wurmser, rendant à son collègue mauvais procédé pour mauvais procédé, repasse le Rhin à Gemersheim, sans même l'avertir. Les Prussiens restaient seuls exposés à l'attaque des Français. Ils évacuent Wissembourg, lèvent le siège de Landau, et ne s'arrêtent que sous le canon de Mayence. L'armée française entre en triomphe à Landau, que l'héroïsme de sa garnison venait de conserver à la France, chasse les Allemands des dernières places qu'ils occupaient en Lorraine, et prend ses quartiers d'hiver dans le Palatinat, arrêtée non par l'ennemi, mais par la saison et par l'épuisement.

Les conséquences de la victoire de Wissembourg furent incalculables : elle rendit la confiance à nos populations de l'Est ; elle nous assura pour l'avenir une excellente base d'opérations ; elle nous rendit surtout le service capital de brouiller les Prussiens et les Autrichiens. A peine de retour à Mayence, Brunswick, en effet, donna sa démission, et Wurmser l'attaqua dans son rapport officiel. Hoche aurait voulu profiter de ces discordes pour continuer en Allemagne sa brillante offensive ; mais il avait excité les préventions de Saint-Just, qui ne lui pardonnait pas l'ascendant qu'il exerçait sur ses soldats. Arrêté dans ses succès, Hoche devint furieux, disant brutalement qu'il briserait son épée. Le Comité de Salut public, effrayé et indigné de ce langage, l'appela à Paris sous prétexte de lui confier un autre commandement, mais le jeta dans la prison des Carmes. Telle fut la récompense du vainqueur de Wissembourg.

Au même moment, et sur un autre théâtre, un autre officier, aussi jeune et aussi plein d'avenir que Hoche, entrait brusquement en pleine lumière par un triomphe éclatant, la reprise de Toulon.

II

Les habitants de Toulon avaient ouvert leur ville et leur rade aux Anglais, le 27 août 1793. L'amiral Hood avait aussitôt occupé la rade avec une escadre imposante, et, dans son empressement à rendre Toulon imprenable, était allé chercher sur les côtes de la Méditerranée toutes les troupes disponibles, Espagnols, Sardes, Napolitains, Romains même. La place était déjà défendue par les fugitifs échappés aux massacres du Midi, et par quelques Français égarés, qui croyaient soutenir une cause sacrée en déchirant leur patrie. Cette garnison cosmopolite n'avait qu'un seul lien, la haine de la République. La possession de Toulon assurait à nos ennemis un pied-à-terre dans le Midi et une base d'opérations pour tenter une invasion. Il importait donc à la France de recouvrer au plus tôt cette place. Le Comité de Salut public décréta la prise de Toulon, et chargea l'armée d'Italie de l'exécution de ce décret.

Toulon est bâti au pied d'une montagne inaccessible, le Faron, qui le protège au nord. A l'est, du côté de l'Italie, les forts d'Artigue, Sainte-Catherine et Lamalgue le défendent contre toute attaque. A l'ouest, du côté de Marseille, les cinq forts des Pomets, Saint-André, Grand et Petit Saint-Antoine et Malbosquet, le mettent à l'abri d'un coup de main. De plus, une enceinte bastionnée le protège, au cas improbable où l'un des forts détachés serait emporté. Toulon, par terre, est donc à peu près imprenable. Par mer, on n'arrive à Toulon qu'en pénétrant par deux étranglements successifs, la grande rade, défendue par les forts Sainte-Marguerite, du cap Brun, Lamalgue et les batteries Saint-Mandrier et Saint-Elme, et la petite rade défendue par la Grosse-Tour et les forts de Balaguier et de l'Éguillette. Au cas où l'on forcerait l'entrée, soit de la grande, soit de la petite rade, il faudrait encore, avant de s'emparer de Toulon, écraser les vaisseaux embossés dans le port; c'est-à-dire que Toulon est peut-être plus inaccessible par mer que par terre. L'amiral Hood mit en état ces imposantes fortifications. Il s'attacha surtout à rendre inexpugnable le fort de l'Éguillette, qui commandait les deux rades, et réussit à le rendre si redoutable, qu'on l'appela dans l'armée alliée le Petit-Gibraltar.

Les Français ne pouvaient songer à assiéger Toulon par mer, puisqu'ils n'avaient plus de marine. Ils résolurent de l'attaquer par terre. Le général Carteaux, qui venait de soumettre Marseille, déboucha par les gorges d'Ollioules, dont il s'empara après un léger

GORGES D'OLLIOULES.

combat, et s'établit à la sortie même de ces gorges, en vue de Toulon. Le général Lapoype, détaché de l'armée d'Italie avec quelques milliers de soldats, se rangea sur le côté opposé, vers Lavalette; mais le mont Faron séparait les deux corps. Il n'y avait, pour ainsi dire, aucune communication entre eux. Il eût certes été bien facile au général anglais d'attaquer isolément et de battre l'un après l'autre Carteaux et Lapoype; mais Hood, qui tenait beaucoup plus à conserver la place qu'à battre les Français, ne voulut pas s'exposer à un retour offensif de leur part, et attendit patiemment derrière les murailles de la ville.

L'armée assiégeante grossissait d'heure en heure. Toutes les troupes disponibles étaient dirigées par Carnot et le Comité sur Toulon. Elles offraient un incroyable mélange d'inexpérience et de sauvage grandeur. Pas de chefs! pas de matériel! devant elles le canon ennemi; derrière, la guillotine. C'en était assez pour que dans leurs âmes eût passé l'inflexible résolution de vaincre ou de mourir. Pourtant, malgré leur élan, le siège traînait en longueur. Carteaux, ex-peintre, improvisé général, avait du courage, mais ne connaissait pas, même approximativement, la portée d'un canon. Aussi tous les services étaient-ils désorganisés. Chacun avait son plan pour assiéger la ville. N'avait-on pas eu la malencontreuse idée de mettre ce projet au concours parmi les sociétés populaires! Tout flottait donc au hasard, sans ensemble, sans direction, et les commissaires de la Convention, Salicetti, Albitte, Gasparin et Fréron, étaient incapables d'arrêter le désordre. C'est au milieu de l'immense désordre de ces préparatifs tumultueux que Napoléon Bonaparte arriva au camp.

Bonaparte avait alors vingt-quatre ans. Il était depuis quelques mois capitaine d'artillerie en premier, et ne s'était encore signalé que par de maladroites et coupables interventions dans les affaires corses. Il se rendait d'Avignon à Nice pour rejoindre son corps, quand, en passant devant Toulon, il voulut voir son compatriote, le commissaire de la Convention, Salicetti. Cette visite, due au hasard, décida de sa fortune. Salicetti connaissait les qualités sérieuses et la science réelle du jeune capitaine. Il le présenta au général Carteaux avec l'arrière-pensée de le retenir au service des travaux du siège, et, en effet, le général fut tellement frappé par la décision et la netteté du coup d'œil de Bonaparte, qu'il le requit pour le service de l'artillerie, avec le grade de chef de bataillon.

Dès ce moment Bonaparte eut la principale part dans les opérations du siège et devint rapidement l'homme indispensable. Il fit venir de Lyon et de Grenoble des pièces de position, et choisit si bien l'emplacement de ses batteries, qu'elles firent à l'ennemi le plus grand mal. Son activité et son caractère lui concilièrent les sympathies de tous. Aussi bien il ne s'épargnait pas. Il eut plusieurs chevaux tués sous lui. Maintes fois il lui arriva de prendre le refouloir et de charger lui-même les canons. Un jour, il demande sur le terrain un sous-officier qui sache écrire. Un jeune homme sort des rangs, et écrit sous sa dictée sur l'épaulement même de la batterie. A peine a-t-il fini, qu'un boulet le couvre de terre. « Bon, s'écrie le sergent, je n'aurai pas besoin de sable ! » Ce mot fixa l'attention de Bonaparte et fit la fortune de Junot, le futur duc d'Abrantès. C'est encore à la tranchée que Bonaparte entra en relation avec deux de ses futurs aides de camp, Muiron et Duroc.

Carteaux, qui avait donné trop de preuves d'incapacité pour être maintenu dans son commandement, et à Doppet, qui ne fit que passer, les représentants donnèrent enfin pour successeur le brave Dugommier. Ils lui enjoignirent de prendre la place avant la fin de l'année. Or on savait ce que signifiaient de pareils ordres : il fallait réussir ou mourir. Le Comité de Salut public avait fait rédiger par l'ingénieur d'Arçon des instructions spéciales au siège de Toulon, mais ces instructions imposaient à l'armée un siège en règle, et, pour investir une place aussi considérable, il aurait fallu 80 000 hommes au moins, et on n'en avait que 75 000. Dugommier ne se faisait aucune illusion sur les difficultés de l'entreprise, mais, comme il n'osait désobéir au Comité, tout en critiquant le plan, il l'exécutait. Un seul homme eut le courage de son opinion et combattit ouvertement le projet de d'Arçon. Cet homme fut le jeune commandant Bonaparte.

D'après Bonaparte, la flotte des Anglais constituait leur principale force. Si on pouvait s'emparer d'un point où cette flotte serait menacée, les Anglais évacueraient la ville. Or ce point existait. C'était le fort de l'Éguillette, qui séparait les deux rades. « Aucun besoin d'un siège en règle, disait-il. Prenons l'Éguillette, et nous entrons à Toulon. » Dugommier, vivement frappé, mais n'osant enfreindre les ordres formels du Comité, pria Bonaparte d'envoyer à Paris un contre-projet. Celui-ci obéit. On possède encore le mémoire détaillé dans lequel il exposait, point par point, et cela un grand mois avant la chute de Toulon, la marche à suivre pour s'emparer de la place. Comme la réponse tardait, Dugommier réunit un conseil de guerre, et, avec l'assentiment des commissaires de la Convention, surtout de Gasparin, adopta purement et simplement le plan de Bonaparte.

Aussitôt commencèrent les opérations sérieuses. Les Anglais avaient construit en avant de l'Éguillette un fort qu'ils avaient

BONAPARTE DEVANT TOULON.

nommé Mulgrave. Ce fut contre ce fort que Bonaparte concentra d'abord les feux de son artillerie. Les Anglais, pour se dégager et dans l'espoir d'opérer une heureuse diversion, firent une grande sortie le 30 novembre : mais ils furent repoussés après un terrible combat de nuit. Bonaparte, présent à l'engagement, reçut à la cuisse un coup de baïonnette, qui le retint quelques jours au lit, mais il continua à donner ses ordres comme par le passé et à diriger l'attaque. Le 18 décembre 1793, il crut pouvoir ordonner l'assaut du fort Mulgrave. A minuit, et par un orage affreux, les Français commencent à gravir la colline. Surpris par des tirailleurs embusqués, ils sont d'abord rejetés en désordre dans leurs tranchées, mais le capitaine Muiron, profitant des inégalités du terrain, s'élance de nouveau. Il arrive au pied du fort et pénètre par une embrasure. Les soldats le suivent, clouent sur leurs pièces les artilleurs anglais, et tout aussitôt retournent contre la place et l'escadre les canons qu'ils ont pris. Au même moment, à l'autre extrémité de la ligne d'investissement, Lapoype s'emparait d'une des redoutes du mont Faron. Le succès était décisif. Suivant le mot de Bonaparte, Toulon était pris.

Les Anglais, en effet, donnèrent raison aux prévisions du commandant d'artillerie. Hood ne voulut pas s'exposer à perdre sa flotte, et résolut de ne pas prolonger une défense qu'il jugeait inutile : il ordonne à ses vaisseaux de s'embosser devant l'arsenal et d'y prendre sans scrupule tout ce qu'ils jugeront à leur convenance; puis, sans prévenir ni les généraux alliés ni les Toulonnais, il évacue les forts sans oublier les garnisons anglaises, passe de la petite dans la grande rade et prend la haute mer. Ce départ clandestin eut lieu le 19 décembre, le lendemain même de la prise de l'Éguilette.

Ce n'était rien que d'abandonner ainsi aux vengeances républicaines une population par eux compromise. Les Anglais voulurent encore utiliser leur occupation éphémère de Toulon en empêchant que de ce port ne s'élançassent de nouvelles flottes pour lutter avec eux. Avant que de partir, ils brûlèrent l'arsenal et les vaisseaux. Basse et honteuse vengeance, que ne peut excuser le dépit d'une évacuation forcée ! Aussi bien ce furent les forçats du bagne qui, en cette circonstance, donnèrent aux Anglais une leçon de convenance internationale. Aux premières lueurs de l'incendie ils brisèrent leurs chaînes et cherchèrent à éteindre les flammes; mais, de 56 vaisseaux ou frégates, ils ne sauvèrent que 7 vaisseaux et 11 frégates. Magasins, chantiers de construction, tout fut embrasé.

Une scène terrible se passait au même moment sur les quais de la ville. A la nouvelle du départ des Anglais, toutes les familles provençales compromises dans les derniers troubles avaient couru vers

VAISSEAUX INCENDIÉS A TOULON.

la mer, espérant trouver un asile sur la flotte anglaise; mais le féroce égoïsme de leurs prétendus alliés ne leur avait pas ménagé ce suprême espoir. Pas une chaloupe n'était en rade, et déjà les boulets de l'Éguillette creusaient de sanglants sillons dans les rangs de cette foule éperdue. L'amiral espagnol Langara, honteux pour son collègue, ordonne de recevoir sur son escadre tous ceux qu'elle pourra contenir. Hood se décide, mais bien tard, à l'imiter. Ce fut alors une inexprimable confusion. Ces malheureux abandonnés se jetaient avec fureur dans les chaloupes. Plus de liens de famille, plus d'honneur, plus de pudeur! Quelques brigands profitèrent du désordre pour s'emparer des dépouilles des proscrits. Ils se réunirent en bande, et, au cri de : Voici les républicains! se ruèrent sur ces infortunés, trop heureux d'abandonner, pour fuir plus vite, tout ce qu'ils possédaient, aux auteurs de ce stratagème.

Quand les Français entrèrent dans la ville, il la trouvèrent à moitié déserte et terrifiée. Les vengeances commencèrent aussitôt. Plusieurs centaines d'habitants payèrent de leur vie le crime d'avoir porté les armes contre la patrie. Fouché, exécuteur des hautes œuvres populaires, fut impitoyable dans la répression.

La prise de Toulon était un grand succès militaire, qui causa en France autant de joie que les victoires de Hondschoote, de Wattignies et de Wissembourg. On n'avait plus à craindre que les Anglais et les Espagnols, appuyés sur Toulon, envahissent le Midi et y soutinssent la révolte. Quant au jeune capitaine à qui l'on devait la prise de la ville, la Convention récompensa son heureuse inspiration et sa valeur en le confirmant dans le grade de général d'artillerie. Il venait de terminer sa vingt-quatrième année, mais, comme il le disait lui-même, on vieillit vite sur le champ de bataille.

III

Deux autres parties de nos frontières, également entamées dans l'automne de 1793, étaient également sauvées à la fin de cette même année.

Les Piémontais avaient repris la Savoie et le comté de Nice et menaçaient directement Lyon et Marseille, mais ils ne purent donner la main aux insurgés, grâce à l'énergie de la Convention, qui fit rentrer dans le devoir les deux cités rebelles. Ils ne purent même pas s'avancer en France, car Kellermann les arrêta dans leur marche sur Lyon, et l'armée que la chute de Toulon rendait disponible, les arrêta du côté de Nice. Mais il n'y eut pas d'engagements sérieux, et nos généraux se contentèrent de reprendre les positions perdues.

Aux Pyrénées, nous avions été moins heureux. Le général espagnol Ricardos avait remporté sur nos troupes une série de petites victoires, à Truillas, Céret, Villelongue, Collioure. Cette place s'était rendue, ainsi que Port-Vendres et Saint-Elme. Nos soldats, démoralisés, s'étaient retirés sur Perpignan. Tout semblait indiquer la chute prochaine de cette place et la conquête de Roussillon; mais les Espagnols ne se battaient que par amour-propre. De plus, ils étaient incapables, à cause de l'épuisement de leurs finances, d'un effort prolongé. L'honneur militaire les retenait seul dans la coalition. Dugommier, nommé, après la prise de Toulon, général de l'armée des Pyrénées-Orientales, ranima ses troupes découragées. Il attaqua de front les Espagnols retranchés dans le camp du Boulou, les battit, et reprit les unes après les autres les places françaises tombées entre leurs mains. Bellegarde seule tenait encore, et nos soldats n'attendaient plus que la chute de cette citadelle pour entrer en Catalogne. A la frontière des Pyrénées nous avions donc reconquis le terrain perdu, et, là comme ailleurs, nous étions vainqueurs sur toute la ligne. Jamais peuple n'avait été plus menacé; jamais société menacée ne se délivra par un plus grand effort.

CHAPITRE VI

BATAILLE DE FLEURUS

I

La France, depuis un an, s'était singulièrement relevée dans l'estime de l'Europe. Non seulement elle avait bravé l'effort des coalisés, mais encore, après un court moment de défaillance, elle leur avait reporté la terreur et l'invasion. L'éclat des victoires de Hondschoote, Wattignies, Wissembourg et Toulon égalait, s'il ne dépassait pas, celui des victoires remportées sous l'ancienne monarchie. Aux généraux d'autrefois, imbus d'idées routinières, avaient succédé des hommes jeunes et hardis, qui secondaient à merveille le directeur suprême des opérations. Quant aux soldats, pleins de confiance dans leurs généraux, ils reprenaient peu à peu l'élan et la gaieté, qui sont dans le caractère national. Aussi bien, les armées françaises commençaient à voir s'ouvrir devant elles un glorieux avenir. Déjà les peuples commençaient à comprendre qu'en se battant contre nous ils se battaient contre eux-mêmes, puisque nous promettions à tous la liberté et l'exercice des droits civils et politiques. Certains gouvernements se repentaient même d'avoir pris part à la coalition. A ce jeu dangereux ils avaient perdu des armées et des provinces, et ils sentaient confusément que leurs sujets s'agitaient. On prévoyait en Europe que la coalition se romprait bientôt et que plusieurs des coalisés seraient trop heureux d'entamer avec la France des négociations qui aboutiraient à un traité de paix. Quant aux puissances neutres, elles se félicitaient chaque jour de ne pas avoir prêté l'oreille aux propositions du cabinet anglais et ne voulaient à aucun prix sortir de la neutralité. La situation politique s'était donc, depuis un an, singulièrement améliorée au profit de la France.

A vrai dire, il n'y avait plus, en 1794, que quatre États directement intéressés à la continuation des hostilités : c'étaient l'Angleterre, l'Autriche, la Russie et Naples. Les autres puissances n'attendaient, pour rompre sans honte leurs engagements militaires, qu'une occasion favorable : c'étaient la Prusse, les petits États allemands et italiens, l'Espagne et la Hollande.

L'Angleterre était dirigée par Pitt, et cet implacable ministre, aigri par ses insuccès, surexcité par l'opposition parlementaire qui grandissait contre lui, avait juré haine à mort à la Révolution française. Il est vrai que la guerre ne lui avait pas été défavorable. Sans doute, à Hondschoote le duc d'York, et à Toulon l'amiral Hood, avaient été battus, mais sans perdre beaucoup de soldats anglais. A Hondschoote, les Hollandais, des mercenaires, avaient subi les pertes les plus graves. A Toulon il n'y avait d'Anglais que sur la flotte, et la flotte était intacte. De plus, on avait obtenu de grands résultats. L'arsenal et les vaisseaux de Toulon n'existaient plus, et dans nos autres ports les navires, retenus par le manque d'hommes et surtout d'officiers, pourrissaient dans l'inaction. Nos colonies étaient menacées ; quelques-unes d'entre elles avaient déjà succombé. Qu'importaient donc à Pitt quelques batailles perdues sur le continent, pourvu qu'il profitât des embarras de notre pays pour ruiner notre marine et occuper nos colonies ! Une campagne encore, et, quel que fût le sort de nos armées sur le continent, notre commerce était pour longtemps compromis. Aussi l'opposition était-elle toujours vaincue, et d'énormes majorités donnaient à Pitt toutes les ressources nécessaires pour continuer une guerre si utile au développement des intérêts anglais. Plus que jamais l'Angleterre était donc décidée à poursuivre la guerre contre la France.

L'Autriche aurait peut-être eu moins de motifs que l'Angleterre pour continuer les hostilités, car elle n'avait pas à craindre la contagion des idées nouvelles, mais l'empereur ne pouvait pardonner à la France et à ses armées improvisées d'avoir battu ses vétérans. Les échecs éprouvés à Lille, à Jemmappes, à Wattignies lui étaient personnellement odieux. Il voulait à tout prix se venger de ses défaites, et il avait hâte d'en finir, car de nouvelles préoccupations l'attiraient du côté de la Pologne. Aussi s'empressa-t-il de réorganiser et de compléter ses régiments en Belgique, et ordonna-t-il à ses lieutenants de prendre une vigoureuse offensive. Non content des places de Condé, Valenciennes et le Quesnoy, dont la possession le consolait en partie de ses défaites, il en voulait d'autres encore, et l'espoir de conquérir une partie de nos provinces l'engageait à continuer la guerre. L'Autriche était donc, sur le continent, l'alliée la plus dévouée de l'Angleterre.

La Russie affectait aussi une grande indignation contre la France, mais elle s'agitait beaucoup, promettait plus encore et ne bougeait pas. C'était en quelque sorte une ennemie platonique de la France. Cette exubérance de protestations et cette affectation de haine n'avaient d'autres motifs que le désir de couvrir ses ténébreux desseins contre la Pologne. Il y avait donc entre nous et les Russes tout l'espace qui sépare la Moselle du Niémen.

Le petit roi de Naples, foncièrement convaincu qu'il remplissait un devoir en poursuivant la France de sa haine, était, au contraire, acharné contre nous. La cour de Naples était un foyer d'intrigues antifrançaises, et les troupes ou les escadres napolitaines secondaient activement, dans la mesure de leurs forces, l'attaque des coalisés.

La Prusse ne se battait plus qu'avec mollesse. Le roi Frédéric-Guillaume II qui, en 1792, s'était posé si résolument en champion du trône et de l'autel, était revenu de ses illusions. Il avait, en effet, épuisé son trésor et affaibli son armée pour une guerre qui ne paraissait avoir d'autre résultat que d'augmenter la puissance de l'Autriche. La Pologne l'attirait davantage. Il aurait voulu pouvoir disposer de ses soldats pour les porter du Rhin sur la Vistule. Aussi ne cherchait-il qu'un prétexte honorable pour se retirer de la coalition. Brunswick le poussait à cette résolution. Les officiers prussiens, aux avant-postes, n'avaient que des égards pour les officiers français, et s'entretenaient avec eux de leur désir de conclure la paix. La Prusse était donc à la veille d'une défection, et elle entraînerait avec elle une partie des princes allemands.

Il en était de même en Hollande. Les Hollandais, toujours mis en avant par leurs alliés, avaient éprouvé des pertes cruelles. On avait mis leurs arsenaux à contribution. Même en supposant la France vaincue, ils n'avaient rien à gagner au partage des dépouilles. La guerre avec la France pouvait plaire au stathouder, attaché par reconnaissance et par ses liens de famille à l'Angleterre, mais elle leur déplaisait à eux, négociants, calculateurs par tempérament et par nécessité. La France avait d'ailleurs en Hollande de nombreux amis, qui comprenaient que nous étions leurs alliés naturels contre les convoitises étrangères. Aussi la Hollande, de même que la Russie, ne se battait plus que par amour-propre.

L'Espagne ne continuait que par point d'honneur une guerre impolitique. Les prétendus devoirs des rois et ses victoires passées la déterminèrent néanmoins à tenter encore une campagne, bien que manquant d'hommes et d'argent. Le Piémont ne pouvait demander la paix, après avoir perdu deux de ses provinces, mais il se repentait d'avoir joué ce jeu sanglant et maladroit.

Le faisceau d'alliance, si laborieusement formé par Pitt, en 1793, contre la France, était donc à la veille de se rompre. Pitt le comprit, et, dans sa haine, se résolut à d'énormes sacrifices. Il n'avait pas besoin de ranimer le zèle de l'Autriche et de Naples, mais il retint la Hollande au moyen du prince d'Orange, et l'obligea à fournir son contingent. Il acheta la Prusse par un traité de subsides. 62 400 Prussiens, payés 1 250 000 fr. par mois, devinrent les mercenaires de la coalition, et le roi reçut 7 500 000 francs comme épingles de ce scandaleux marché. Quant à l'Espagne et au Piémont, Pitt leur promit la restitution des provinces perdues, et d'énormes indemnités à la paix générale. De la sorte il ranima les défaillances et excita de nouveau les convoitises. Mais les coalisés n'avaient plus la même ardeur qu'en 1793. Tout dépendait de la campagne qui allait s'ouvrir.

II

C'est au Nord que devaient se frapper les grands coups. Le célèbre Mack, ce tacticien si vanté, venait de fabriquer un nouveau plan d'invasion. Comme il avait remarqué que Carnot devait ses succès à une rapide concentration de forces sur un point unique, il avait essayé d'agir par masses. Appuyé sur les places fortes de Flandre, Cobourg, avec les Autrichiens, les Anglais et les Hollandais, devait prendre Landrecies, opérer sa jonction avec l'armée prussienne, qui dès Vosges déboucherait sur la Sambre, puis, quand les coalisés seraient tous réunis, marcher directement contre Paris, en ne laissant que deux corps d'observation sur ses ailes.

L'année précédente ce plan eût réussi, car nous n'aurions pu opposer à l'ennemi que des recrues mal armées; mais, comme le disait un des plus spirituels journalistes d'alors, Rivarol, les alliés étaient toujours en retard d'une année, d'une idée, d'une armée. Cette fois, en effet, nous avions des soldats à mettre en ligne. 1 200 000 réquisitionnaires couvraient déjà la frontière ou garnissaient les dépôts de l'intérieur. En réunissant un bataillon de ligne à deux bataillons de réquisitionnaires, on avait obtenu d'excellents régiments. Mêlés à des troupes exercées, auxquelles ils communiquaient leur ardeur, les réquisitionnaires acquéraient bien vite, par l'émulation, la solidité des vieux soldats. Les manufactures d'armes établies par Prieur avaient produit d'étonnants résultats. La fabrication du salpêtre était devenue affaire de mode. Nul besoin de visites domiciliaires dans les caves : chaque maison fournissait quelques livres de ce sel précieux. On imagina encore de créer comme une pépinière d'officiers. Quelques centaines de jeunes gens, choisis dans toutes les provinces, se rendirent à Paris, où ils furent enrégimentés, dans la plaine des Sablons, sous le nom pompeux d'École de Mars.

Aux efforts de la coalition la France répondait donc par des efforts non moins gigantesques. La lutte prenait des proportions énormes. Aux guerres de conquêtes et de dynasties succédaient les guerres de nationalités et de principes; mais comme alors la France représentait seule les nouveaux principes et combattait en leur nom, elle allait, de son premier élan, tout emporter.

Au début pourtant nous fûmes encore malheureux : Cobourg, couvert à son aile gauche par Kaunitz, qui gardait la Sambre avec 30 000 hommes, et à son aile droite par Clerfayt, campé sur la Lys avec 25 000 soldats, marcha contre Landrecies avec le plus gros de ses troupes. L'armée française du Nord était commandée par

Pichegru, que secondaient d'excellents lieutenants, Souham, Moreau et Macdonald. Pichegru aurait dû comprendre que, pour résister aux masses ennemies, il fallait ne pas éparpiller ses forces; mais la tactique nouvelle ne lui inspirait pas encore assez de confiance. Il ne croyait pas à son efficacité. Il résolut donc de tenir tête à l'ennemi sur tous les points à la fois. A sa droite, Desjardins et Charbonnier furent dirigés contre Kaunitz; à sa gauche, Moreau et Souham reçurent l'ordre de faire une diversion en Flandre contre Clerfayt; au centre, il se réserva de débloquer Landrecies. Ce système d'attaques simultanées et décousues ne nous réussit pas. Les sept colonnes françaises qui de Cambrai débouchèrent sur Lan-

LANDRECIES.

drecies, furent toutes battues. L'une d'elles, commandée par Chappuis, fut même détruite au combat de Troisville (26 avril). La conséquence de cette défaite fut la prise de Landrecies (30 avril) et la dispersion du centre de l'armée française.

Si Cobourg avait su profiter de son succès, il pouvait, à son choix, ou marcher sur Paris en achevant la dispersion de l'armée de Pichegru, ou se porter à sa gauche, opérer sa jonction avec Kaunitz, écraser l'aile droite des Français et donner la main aux Prussiens; ou bien se porter à sa droite, opérer sa jonction avec Clerfayt et écraser notre aile gauche. Grâce à la masse accablante de ses forces, il était sûr d'être vainqueur; mais on eût dit qu'il avait peur de s'avancer en pays ennemi. Une première fois déjà, après Neerwinden, ses hésitations nous avaient sauvés; une seconde fois, après la prise de Condé, Valenciennes et le Quesnoy, il avait laissé échapper la fortune; pour la troisième fois sa lenteur nous donna le temps de respirer, et une heureuse inspiration de Carnot répara le désastre.

Pendant que Pichegru se laissait battre au centre, ses lieutenants à l'aile gauche, Moreau et Souham, avaient remporté d'éclatants succès. Ils avaient battu Clerfayt à Mouscron (29 avril) et à Courtrai (10 mai), et menaçaient le flanc de Cobourg. Ce double succès décida Carnot à abandonner tout à fait le centre pour n'agir que sur les ailes. Il voulut porter à droite et à gauche de l'ennemi toutes les forces disponibles, et revenir de la sorte aux principes de la guerre par masses. Le difficile était de former ces deux armées en présence de l'ennemi.

Pichegru, avec toutes les divisions qui naguère composaient le centre de l'armée du Nord, reçut l'ordre de rallier son aile gauche et d'opérer en Flandre. Quant à l'aile droite, elle resta sur la Sambre, mais Jourdan dut arriver à marches forcées, avec les 45 000 hommes qui composaient l'armée de la Meuse, pour s'unir aux 40 000 hommes de Desjardins et Charbonnier. Ce fut l'armée de Sambre-et-Meuse, celle qui est restée si célèbre dans les légendes militaires par sa bravoure, son héroïsme et son patriotique désintéressement.

Cette grande opération s'accomplit sans difficulté. Bientôt deux armées françaises furent concentrées, celle du Nord, en Flandre, sous Pichegru; celle de Sambre-et-Meuse, sur la Sambre, avec Jourdan. Les alliés, déconcertés, non seulement ne pouvaient plus songer à marcher sur Paris, puisque deux armées manœuvraient sur leurs flancs, mais encore ne savaient s'ils devaient secourir ou Clerfayt ou Kaunitz. Cobourg adopta le plus déplorable des systèmes, celui de se partager entre eux. Il vint de sa personne au secours de Clerfayt, c'est-à-dire contre l'armée de Pichegru, et envoya d'importants renforts à Kaunitz, contre Jourdan. Il ne réussit qu'à se faire battre sur la Lys et sur la Sambre. Le 18 mai, il éprouvait une première défaite à Tourcoing; un mois plus tard, le 17 juin, il était encore battu à Hooglède, perdait Ypres, et était directement menacé dans la possession de Bruxelles. Quelques jours plus tard, la bataille de Fleurus lui enlevait la Belgique.

De ces trois batailles, celle de Fleurus est la plus importante. L'armée de la Sambre n'avait pas été d'abord heureuse dans ses opérations. Saint-Just et Lebas, transportés d'Alsace sur la frontière du Nord, avaient essayé de communiquer à cette armée les sentiments généreux qui leur avaient si bien réussi sur les Vosges et sur le Rhin. Le sabre à la main, en tête de nos colonnes, les premiers au feu et les derniers à la retraite, ils avaient mis la victoire à l'ordre du jour, mais ne l'obtenaient pas. Les Autrichiens avaient sur la Sambre des forces tellement imposantes, et occupaient des positions si avantageuses que l'héroïsme de nos soldats échouait contre leur ténacité. Saint-Just et Lebas auraient voulu que les généraux Desjardins et Charbonnier, après avoir passé la Sambre, envahissent la Belgique, mais la Sambre était trop bien défendue. Le 10 mai, première tentative ; nous sommes repoussés à Grandreng. Le 20 mai, seconde attaque ; nous sommes battus à Péchaut. Un troisième effort, le 26 mai, nous vaut la défaite de Marchiennes. 10 000 Français avaient péri dans ces trois combats. Toute autre armée aurait battu en retraite, mais Saint-Just et Lebas savaient que Jourdan arrivait à leur aide avec l'armée de la Meuse. Ils revinrent à la charge deux autres fois (30 mai et 3 juin), et furent encore repoussés ; mais Jourdan était arrivé, et les deux armées de la Sambre et de la Meuse étaient désormais fondues en une seule.

Jourdan avait sous ses ordres toute une pléiade de lieutenants, dont plusieurs sont restés célèbres. C'étaient Kléber, le héros de Mayence, Marceau, qui cherchait alors à faire oublier sur les champs de bataille, à force de bravoure, qu'il avait été trop humain dans la guerre civile, Lefèvre, Championnet et plusieurs autres. Malgré leur ardeur, et malgré la bravoure de ses soldats, les positions autrichiennes sur la Sambre étaient si fortes, que Jourdan échoua encore dans une sixième tentative pour franchir la rivière (16 juin). Jourdan était l'homme de l'obstination. Dès le surlendemain, et pour la septième fois, il conduisit l'armée française au delà de la rivière, réussit enfin à la traverser, et vint aussitôt mettre le siège devant Charleroi. La prise de cette ville déterminait, en effet, la marche des Français sur Bruxelles, et faisait tomber toutes les positions entre la Sambre, la mer et notre frontière. C'était le nœud de la campagne. Le siège fut mené avec tant de vigueur par l'ingénieur Marescot, et notre artillerie dirigée avec une précision si redoutable, que la garnison autrichienne se rendit au bout de sept jours (25 juin). Il n'était que temps ! La garnison prisonnière défilait devant l'armée française au moment même où 80 000 Autrichiens,

MARCEAU.

commandés par Cobourg, accouraient à son aide, résolus à une action décisive pour la sauver. L'armée française accepta la bataille qu'on lui offrait, et le lendemain, sur une étendue de dix lieues, près de 200 000 hommes s'entre-choquaient. C'est la grande bataille de Fleurus.

BATAILLE DE FLEURUS.

En avant de Charleroi s'étend un demi-cercle de hauteurs boisées, couronnées par de nombreux villages. Notre position aurait été dangereuse, s'il nous eût fallu attendre les Autrichiens avec une place forte et une rivière sur nos derrières; mais depuis la veille Charleroi nous appartenait et les passages de la Sambre étaient entre nos mains. Nous pouvions porter nos réserves sur les points menacés, tandis que les ennemis étaient obligés d'attaquer sur plusieurs points à la fois, et par conséquent de couper leur armée en plusieurs tronçons. Si Cobourg avait connu la reddition de Charleroi, il n'aurait pas offert la bataille; mais il croyait encore prendre les Français entre deux feux : aussi donna-t-il le signal de l'attaque.

Kléber, à gauche, s'étendait de la Sambre à Traseignies; Marceau et Lefèvre, à droite, s'étendaient de la Sambre à Lambussart et Fleurus. Au centre, Championnet reliait les deux ailes. En arrière, Jourdan, avec la réserve, s'apprêtait à marcher au secours des divisions menacées. Un ballon captif était attaché à l'état-major, et les aérostiers indiquaient avec précision les mouvements de l'ennemi. C'était la première fois qu'on utilisait ainsi la découverte, toute française, des frères Montgolfier. Nos positions étaient trop étendues. Si Cobourg avait attaqué seulement une de nos ailes pour essayer de forcer les passages de la Sambre, sans nul doute il aurait été vainqueur; mais il commit la faute de nous attaquer sur tous les points à la fois, et s'exposa à une grave défaite.

En effet, sur la gauche, Kléber, opposé à Latour et au prince d'Orange, se maintient à Marchiennes-le-Pont et à Traseignies. Championnet, au centre, est un instant chassé d'Heppignies par Quasdanowich, mais Jourdan lui envoie des renforts, et il reprend les positions perdues. A droite, Lefèvre et Marceau ont à soutenir le choc le plus redoutable. L'Autrichien Beaulieu emporte Lambussart et disperse le corps de Marceau. Jourdan, qui venait de soutenir Championnet et de rétablir la bataille au centre, accourut alors à l'aide de sa droite. On se bat sur ce point avec un acharnement extrême. Les décharges sont si rapides qu'on ne distingue plus les coups. Les blés et les baraques du camp s'enflamment et on se bat au milieu d'un incendie; mais Lambussart reste aux républicains. En se battant aux deux extrémités. Orange et Beaulieu avaient appris que Charleroi s'était rendu aux Français. Dès lors l'opération était manquée. Ils en informèrent Cobourg, qui se hâta de donner le signal de la retraite générale.

III

Les conséquences de la bataille de Fleurus furent importantes, non point sur le terrain, puisqu'elle se bornait à une attaque générale repoussée, mais parce que les Autrichiens dorénavant ne pouvaient plus livrer de batailles décisives. Menacés par les deux armées victorieuses de Pichegru et de Jourdan, qui allaient manœuvrer de concert, il ne restait plus à Cobourg qu'à se concentrer sur Bruxelles, pour essayer de couvrir cette ville ; mais il comprit bientôt que, même en disposant de toutes ses forces, il ne pourrait tenir la campagne. En effet, le 1er juillet, Jourdan, encore vainqueur au Mont-Palissel, s'emparait de Mons. Le 4 et le 5, Pichegru occupait Gand, Tournay et Audenarde. Le 10 juillet, nos avant-gardes s'avançaient jusqu'à Bruxelles, et bientôt les deux généraux y faisaient leur entrée triomphale.

150 000 Français, réunis à Bruxelles, pouvaient fondre de ce point sur les armées coalisées, qui ne cherchaient plus qu'à gagner l'une la mer, et l'autre le Rhin ; les Anglais ne songeant qu'à couvrir la Hollande, et les Autrichiens qu'à se rapprocher de Cologne. L'occasion se présentait de les accabler isolément. Jourdan et Pichegru commirent la faute de ne pas profiter de ce moment unique. Sous prétexte de poursuivre chacun de leur côté les armées ennemies, ils se séparèrent. Jourdan se chargea de reprendre les places perdues, d'achever la conquête de la Belgique et d'accabler les Autrichiens. A Pichegru fut réservé le rôle plus brillant, mais plus difficile, de jeter les Anglais à la mer et de détacher la Hollande de la coalition.

L'armée de Sambre-et-Meuse comptait au moins 100 000 hommes. Bien commandée et encouragée par ses succès, on eût dit qu'elle allait poursuivre sa marche triomphale et profiter du désordre des Autrichiens pour convertir leur retraite en déroute ; mais on ignorait le grand art, si perfectionné depuis, de profiter de la victoire. Jourdan ne voulut pas pousser jusqu'au Rhin avant d'avoir repris les quatre places conquises en Flandre par les Autrichiens. Le moyen le plus sûr de faire tomber ces quatre places était pourtant d'éloigner les armées de secours; mais Jourdan n'osa pas s'écarter de sa base d'opérations avant d'avoir assuré ses derrières. Il ordonna donc à un nouveau général qui venait de rejoindre son armée, à Schérer, d'investir les places de Condé, Valenciennes, le Quesnoy et Landrecies, et protégea ce quadruple siège avec tous ses soldats.

La Convention, pour hâter la reddition de ces quatre forteresses, avait rendu un odieux décret. Sous prétexte que tout est permis pour chasser l'ennemi du sol de la patrie, elle avait décrété que les garnisons qui ne se rendraient pas dans les vingt-quatre heures, seraient passées au fil de l'épée. Le commandant de Landrecies fut seul effrayé par ces ridicules menaces et se rendit; le commandant de Condé répondit noblement qu'une nation n'avait pas le droit de décréter le déshonneur d'une autre nation. Ceux du Quesnoy et de Valenciennes continuèrent à se défendre; mais Schérer pressa le siège avec tant de vigueur, que Valenciennes ouvrit ses portes le 29 août, Condé et le Quesnoy le jour suivant. Ces places, que les ennemis avaient emportées avec tant de peine, ne nous coûtaient, pour ainsi dire, aucun effort pour les reprendre. Les ennemis n'avaient même pas essayé un instant de les secourir. Quelques semaines après Fleurus, non seulement ils ne possédaient plus un pouce de terrain en France, mais encore ils avaient perdu la Belgique de la Meuse à Anvers, et l'armée de Sambre-et-Meuse, libre enfin de ses mouvements, et renforcée de tout le corps d'armée de Schérer, allait poursuivre sa marche en avant.

Les Autrichiens s'étaient retranchés le long de la Meuse, de l'embouchure de la Roër à celle de l'Ourthe. Cobourg ne les commandait plus. Déconsidéré par sa dernière campagne, le vaincu de Wattignies, de Tourcoing et de Fleurus avait cédé la place au plus digne, au brave Clerfayt. Ce dernier aurait bien voulu donner la main aux Anglo-Hollandais du duc d'York, pour agir en masse contre l'une ou l'autre des deux armées françaises, mais les Anglo-Hollandais ne songeaient qu'à garder la défensive, et les Autrichiens n'avaient pas assez de légèreté pour songer à une marche de flanc en face

BATAILLE DE FLEURUS.

d'une armée victorieuse. Clerfayt se résigna donc à la défensive.

Le plan de Jourdan était dès lors tout tracé. Il n'avait qu'à pousser devant lui les ennemis et qu'à les attaquer de face. Le 18 septembre, la droite de son armée, commandée par Schérer, rencontra le corps autrichien de Latour, qui défendait l'Ourthe. Malgré le feu d'une artillerie formidable, la rivière fut franchie et les Autrichiens

PRINCE DE SAXE-COBOURG.

culbutés. Ce beau succès força Clerfayt à évacuer toutes ses positions sur l'Ourthe et à se replier sur la Roër. C'était la dernière ligne de défense des Autrichiens. Vaincus, ils étaient forcés de repasser le Rhin; vainqueurs, ils pouvaient reprendre l'offensive. Aussi avaient-ils accumulé sur la Roër toutes leurs ressources. Fidèle à la tactique autrichienne, qui ne se croit en sûreté que sur des positions défendues, Clerfayt avait fait de la Roër comme le fossé de son camp. Aux deux extrémités, à Ruremonde et à Dueren, il avait posté ses deux ailes; au centre, à Adenhoven, sur un plateau qui dominait la plaine, il avait envoyé une de ses divisions. Jourdan résolut d'aborder à la fois toutes les positions ennemies. Le 2 octobre, 100000 Français, jamais encore ils ne s'étaient rencontrés en si grand nombre sur un champ de bataille, marchèrent à l'ennemi. Partout les Autrichiens furent débusqués de leurs positions. Il n'y eut un moment d'hésitation qu'à Dueren, où Clerfayt avait massé ses réserves. La valeur de Marceau triompha du nombre. Sur le soir, Clerfayt se mit en retraite. Il nous abandonnait la Roër et plusieurs centaines de prisonniers. Trois mille cadavres jonchaient le champ de bataille. Cette victoire nous valut la rive gauche du Rhin.

Clerfayt n'essaya pas de prolonger la résistance. Il évacua Juliers, Cologne, Bonn, qui tombèrent entre nos mains, et ne se crut en sûreté que derrière le grand fleuve. On eût même dit qu'il avait renoncé à reprendre quelque jour l'offensive, car la forte place de Maestricht, assiégée par Kléber, se rendit, après un simulacre de résistance, avec 8000 hommes de garnison, 350 canons et d'immenses approvisionnements.

Certes, le succès était éclatant et l'armée de Sambre-et-Meuse avait bien mérité de la patrie. Brusquement, la France avait passé de la défensive à l'offensive. Les alliés durent alors se repentir de ne pas avoir écouté les conseils de la prudence et d'avoir follement obéi à Pitt; mais il était trop tard. La France allait déborder hors de ses frontières, et l'armée du Nord inaugurera, par la conquête de la Hollande, cette série de succès extraordinaires qui forceront les souverains à rompre successivement leurs engagements et à reconnaître la jeune République.

CHAPITRE VII

CONQUÊTE DE LA HOLLANDE

La Hollande, contre laquelle allait se porter le principal effort de l'armée du Nord, commandée par Pichegru, avait singulièrement perdu de son importance politique. Épuisée par ses efforts au xɪɪɪᵉ siècle, gouvernée par un prince faible et sans énergie, Guillaume V, elle était tout à la dévotion de l'Angleterre. Néanmoins, par les richesses de ses habitants, par l'accumulation de ses moyens défensifs, par sa flotte, par ses places fortes et ses arsenaux, par ses alliances, elle présentait encore bien des obstacles à une armée d'invasion, et c'était une entreprise téméraire que de tenter la conquête d'un pareil pays.

A ne considérer que les obstacles naturels, une armée qui se présente par le sud et marche sur Amsterdam, doit successivement franchir l'Escaut, la Meuse et les quatre bras du Rhin, Wahal, Lech, Vieux-Rhin et Wecht, et elle n'a conquis que la moitié du pays. Veut-elle s'avancer dans les provinces du nord, jusqu'à Groningue, il lui faudra, ou bien traverser le Zuyderzée, et pour cette opération trouver une flotte toute prête, ou bien, passer encore le Wecht et l'Yssel. Dans la première attaque, l'armée hollandaise serait couverte, comme par autant de fossés, par six fleuves importants, et, dans la seconde attaque, par une mer intérieure et deux cours d'eau, sans parler des nombreux canaux qui sont comme les grandes routes du pays, et que les Hollandais ont partout creusés pour faciliter les transactions et pour écouler le trop-plein de leurs eaux, ou bien encore des marécages impraticables à une armée d'invasion, tels que les étangs de Bourtange, le long de l'Ems; le Biesboch, entre le Wahal et la Meuse, et la mer de Harlem, qui couvrait alors Amsterdam au sud-ouest.

Les défenses naturelles ne manquaient donc pas à la Hollande. De plus, en cas de danger, ne pouvait-on recourir au remède suprême, appeler l'Océan à son aide, en rompant les digues, et monter sur ses vaisseaux, comme jadis les Athéniens devant les Perses, en ne laissant aux envahisseurs qu'un pays inondé? La Hollande n'en était pas à son coup d'essai. En 1672, alors que Louis XIV n'était plus qu'à quelques lieues d'Amsterdam et que les chefs du gouvernement parlaient de transporter la patrie à Batavia, Guillaume d'Orange avait eu recours à ce moyen de salut. Le pays avait disparu sous les eaux, mais les Français s'étaient retirés. Ce qu'on avait fait en 1672, ne pouvait-on le refaire en 1794?

Les Hollandais ne se contentaient pas d'être défendus, comme dans une place forte, par une sextuple ceinture de fossés et d'avoir l'Océan à leur service. Ils avaient encore hérissé de forteresses toutes leurs provinces. Pas un point stratégique qui ne fût soigneusement défendu! Pas une position militaire qui n'ait été rendue inexpugnable. Les ingénieurs hollandais étaient réputés en Europe. Comme on ne leur avait marchandé ni l'or ni la place, quelques-uns d'entre eux avaient construit de vrais chefs-d'œuvre. L'un de ces ingénieurs, Cohorn, a mérité le beau surnom de Vauban hollandais, et les places qu'il a fortifiées méritent encore l'attention des connaisseurs. Opérant dans un pays tout coupé de canaux, il fit consister dans des fossés profonds et remplis d'eau la principale défense des places. Il multiplia les obstacles et les embûches, doubles flancs, enveloppes, coupures, ce qu'en terme de l'art on nomme les chicanes. Aussi les citadelles hollandaises nécessitaient des sièges en règle, et, avant d'être réduites, une énorme dépense de temps et d'hommes. Les Hollandais n'avaient, pour ainsi dire, qu'à attendre derrière leurs murailles, et la furie française expirerait au pied de ces redoutables défenses. Aussi bien ces places étaient en bon état. Les arsenaux regorgeaient de richesses. Les Autrichiens avaient déjà emprunté à la Hollande pour le siège de Valenciennes, et les Prussiens pour celui de Mayence, leur artillerie de siège; et cependant, quand les Français entrèrent à Maestricht, ils y trouvèrent encore 350 canons et d'énormes approvisionnements; à Gertruydenberg 500 canons, à Dordrecht 600 canons et 10000 fusils, sans parler de subsistances et de munitions pour 30000 hommes.

PAYSAGE DE HOLLANDE.

L'armée hollandaise n'était pas nombreuse, mais aguerrie, disciplinée, et soutenue par environ 10 000 Anglais commandés par le duc d'York, et par la flotte anglo-batave, qui non seulement lui assurait un refuge en cas d'insuccès, mais encore couvrait ses derrières et contribuait même à l'augmenter par ses équipages de débarquement.

Ainsi, pays impraticable et couvert de forteresses bien approvisionnées, armée soutenue et protégée par deux flottes, comment Pichegru a-t-il seulement conçu la pensée de triompher de tant d'obstacles? Comment surtout a-t-il, en quelques semaines, exécuté ses projets audacieux? Nous trouverons à ces succès, jusqu'alors sans précédents dans l'histoire, trois causes principales. Les Anglais et les Hollandais n'étaient alliés que par politique, et nullement par conviction; une partie des Hollandais réclamait la paix avec la France; Pichegru avait confiance en lui-même et surtout en ses soldats.

On sait que les Anglais, en formant contre la France la coalition de 1793, avaient toujours nourri l'arrière-pensée de profiter de nos désastres pour ruiner notre commerce et s'emparer de nos colonies. Dans la pensée de Pitt, la guerre continentale n'était qu'un accessoire de la guerre maritime. Les anglais avaient donc dirigé sur la mer tous leurs efforts. Ils avaient également débarqué une armée sur le continent, mais cette armée n'était anglaise qu'en apparence. Des généraux et des officiers anglais commandaient à des Hanovriens, Hessois, Suisses ou Hollandais. Ce qui indignait ces derniers, c'était d'être considérés comme mercenaires au service anglais. Leur général, prince d'Orange, était aux ordres du généralissime, le duc d'York, et les régiments hollandais ne travaillaient que pour les intérêts anglais. N'avaient-ils pas, au lendemain de Neerwinden, brusquement abandonné les Autrichiens pour assiéger Dunkerque dont la possession n'intéressait que les Anglais? Leur prétendu allié ne les ménageait pourtant pas. C'était toujours sur les Hollandais que retombait le poids de la bataille : à Hondschoote, à Mouscron, à Tourcoing, à Hooglède, ils avaient été décimés pour la plus grande gloire de l'Angleterre. Quelle avait été la récompense de ces sacrifices douloureux, de ce dévouement à la cause commune? L'invasion menaçait leur pays, et les Anglais songeaient déjà à les laisser seuls, exposés aux vengeances françaises. Prudemment, ils se rapprochaient de la mer et de leurs flottes. Aussi les Hollandais étaient-ils fort mécontents, et ne le cachaient pas. L'honneur militaire les retenait encore sous les drapeaux, mais plus d'un parmi eux calculait que, si l'Angleterre avait beaucoup gagné sur mer, la Hollande avait, au contraire, beaucoup perdu sur le continent. Ainsi que le disait jadis un de leurs souverains à l'Anglais

PICHEGRU.

Bedfort : « Il nous ennuie de battre les buissons, pendant que vous prenez les oisillons. » Les Hollandais, en un mot, se lassaient de jouer le rôle de dupes et commençaient à regarder du côté de la France.

Il y a toujours eu en Hollande un parti français. Ce parti se forma aux premiers jours de l'indépendance, alors que la France, la première parmi les nations européennes, tendit la main à la jeune

République. Par reconnaissance et par intérêt, ce parti s'était maintenu. Il se composait, en général, des bourgeois aisés et des familles nobles qui n'avaient vu qu'avec peine les Nassau conquérir dans l'État une puissance prépondérante. Les injustes attaques de Louis XIV et un siècle de guerre l'avaient singulièrement amoindri. Il subsistait pourtant, et, depuis quelques années, les mécontents s'habituaient à considérer de nouveau la France comme une amie. Le stathouder Guillaume n'était pas fait pour ramener à lui ces mécontents. Froid, consciencieux, mais sans énergie ni capacité, et dominé par une femme impérieuse, il avait déjà soulevé contre lui, en 1787, une émeute dangereuse. Rétabli dans l'exercice de ses droits par une armée prussienne, il avait cru nécessaire d'imposer le respect par la terreur. Plusieurs proscrits s'étaient réfugiés en France, et, au contact des idées françaises, n'aspiraient plus qu'à renverser celui qu'ils nommaient le despote. Leurs espérances avaient grandi avec nos succès. Impatients de revoir au plus vite le sol natal, ils s'étaient organisés en bataillons volontaires et suivaient nos armées. L'un d'entre eux, le général Daendels, était attaché à l'état-major de Pichegru, et souvent ses indications précises furent utiles à ce dernier. Ces réfugiés hollandais, martyrs de leurs opinions, devaient être nos meilleurs auxiliaires.

Plus encore que sur la jalousie des Hollandais contre les Anglais, plus que sur les divisions intestines, Pichegru comptait sur son armée, ses généraux et lui-même. Il avait alors trente-trois ans, c'est-à-dire qu'il était dans la force de la jeunesse et dans tout l'éclat de sa réputation. Il avait d'excellents lieutenants : Moreau, le véritable vainqueur de Tourcoing, qui avait eu le mérite si rare de reporter sa propre gloire sur son général en chef; Souham, le Samson de l'armée, dont la force prodigieuse n'étouffait pas les qualités militaires; Macdonald, le futur duc de Tarente; Reynier, trop oublié malgré ses éclatants services; Vandamme et tant d'autres dont la réputation égalera les mérites. Son armée surtout était au-dessus de tout éloge. Officiers et soldats rivalisaient de désintéressement. Jamais de plaintes ni de murmures. Pourtant jamais armée n'eut de plus justes motifs de mécontentement. Ces uniformes bleus, par la victoire usés, dont parle le poëte, tombaient en guenilles, car ils n'avaient pas été renouvelés depuis l'entrée en campagne.

On ne payait la solde qu'en assignats, et les officiers, obligés de réaliser en numéraire leur papier-monnaie, ne touchaient plus que trois ou quatre francs par mois. Aussi vivaient-ils avec leurs soldats; ils mangeaient le même pain, marchaient à pied comme eux, et le sac au dos, souvent forcés de couvrir leur nudité de pailles

MACDONALD.

tressées ou de lambeaux dépareillés. Ces masses énormes, qui ne traînaient avec elles que le strict nécessaire, bivouaquaient où elles s'arrêtaient, improvisaient des huttes avec des branches d'arbres, et consommaient ce qu'elles trouvaient. Tous les partis ont rendu justice aux vertus de l'armée du Nord. Avec de tels soldats, et secondé par de tels lieutenants, Pichegru pouvait tout oser, et osa tout.

II

On sait déjà que les deux armées de Sambre-et-Meuse et du Nord, après avoir opéré leur jonction à Bruxelles, s'étaient séparées. Jourdan s'était chargé de culbuter les Autrichiens au delà du Rhin. Pichegru promit d'arriver au même résultat avec les Anglais et les Hollandais, de façon à opérer de nouveau sa jonction avec l'armée de Sambre-et-Meuse. Il ne songeait pas alors à conquérir la Hollande, et voulait seulement mettre le Rhin entre les ennemis et son armée. Il confia sa droite à Moreau, qui venait de s'emparer de l'Écluse, et le dirigea sur Venloo. Moreau devait essayer un mouvement tournant et faire tomber les positions de la Meuse. A gauche, le général Bonnaud commença le siège des deux places de Berg-op-Zoom et de Bréda. Lui-même, au centre, marcha droit à l'ennemi, avec la pensée de s'emparer du cours de la Meuse. Les opérations sur les ailes n'étaient que secondaires, l'attaque du centre était seule importante. C'est aux premiers jours de septembre 1794 que se dessina ce triple mouvement.

Les coalisés avaient adopté des dispositions absurdes. Aussi ignorant que présomptueux, le duc d'York avait longtemps hésité sur le parti à prendre. Tantôt il voulait rejoindre les Autrichiens, tantôt se renfermer dans les citadelles hollandaises, qu'il couvrirait par de fortes avant-gardes. Cette résolution était la plus prudente, mais il eut le tort de ne s'y arrêter que fort tard, et surtout de laisser deviner aux Hollandais qu'il cherchait à ménager son armée de mercenaires. Il envoya donc son lieutenant Orange à la défense de Bréda et de Berg-op-Zoom, chargea Hammersten de tenir tête à Moreau, et lui-même, au centre, prit position aux environs de Bois-le-Duc.

L'armée française engagea les opérations avec entrain et gaieté. Au centre, Pichegru remporta même à Boxtel un avantage signalé sur le duc d'York, et le força à repasser la Meuse en désordre, sous le canon de Grave (18 septembre). Il s'agissait de franchir ce fleuve, défendu par Venloo, Grave, Crèvecœur, Gertruydenberg et Villemstadt. De plus, les fortes garnisons de Bréda, Berg-op-Zoom et Bois-le-Duc restaient intactes sur nos derrières, et c'eût été plus que de l'imprudence que de s'engager dans un pays si difficile avec trois places fortes sur ses derrières et cinq en face de soi. Pichegru voulut donc assurer ses communications et faire tomber au moins Bois-le-Duc. Il en commença le siège. Il n'avait pas de grosse artillerie. Un heureux hasard nous en fournit. Pichegru avait ordonné une pointe ou plutôt une démonstration contre le fort de Crèvecœur. Une batterie, placée fort à propos par nos artilleurs sur un point où l'ennemi ne croyait pas qu'il fût possible d'en établir, jeta un tel découragement dans la garnison qu'elle se rendit (29 septembre). Ce succès inespéré nous livrait un des passages de la Meuse, et, de plus, l'artillerie tombée en notre pouvoir nous permit de pousser avec une telle vigueur le siège de Bois-le-Duc, que le gouverneur, effrayé par cinq attaques consécutives, consentit à capituler (10 octobre). Dès lors nous avions une base d'opérations solide. Nous pouvions négliger les places qui tenaient encore et pousser droit au nord notre brillante offensive.

Le duc d'York s'était concentré entre la Meuse et le Wahal, dans l'espace qui s'étend de Grave à Nimègue. La première de ces deux places lui servait comme de poste avancé, et la seconde était son camp de refuge. Ses deux lieutenants, Walmoden et Hammersten, avaient coupé les routes, couvert les digues d'artillerie et jeté sur les canaux des ponts volants. Il se croyait à l'abri de tout danger. Le 18 et le 19 octobre, Pichegru fit passer la Meuse, au-dessous de Grave, par toute son armée. Les Anglais ne lui disputèrent seulement pas le passage; aussi profita-t-il de leur inaction inexplicable pour ordonner une attaque générale des ouvrages, derrière lesquels le duc d'York espérait pouvoir arrêter les Français (18 octobre). Nos soldats, avec une froide intrépidité, abordèrent de front tous les obstacles. On les voyait se jeter dans les canaux avec de l'eau jusqu'aux épaules, soutenus seulement par des poutres et par des madriers. Les Anglais épouvantés ne cherchèrent qu'à sauver leur artillerie et s'enfuirent en désordre jusqu'à Nimègue.

C'était un grand succès, mais il fallait en assurer les conséquences, en nous maintenant dans ces positions glorieusement conquises et en prenant les places qui tenaient encore ou que nous avions négligées. Nimègue se présentait en première ligne. Pour investir complètement cette place, les Français devaient non seulement contenir les 38 000 Anglais et Hollandais qui la défendaient, mais encore franchir le Wahal et jeter sur la rive droite du fleuve une armée qui aurait eu à courir les chances d'un passage ou d'une bataille, et qui était perdue en cas de défaite. Aussi York se croyait-il inexpugnable et attendait-il que l'hiver vînt à son aide, en forçant les Français à suspendre leurs opérations. Pichegru, de son côté, voulait s'emparer de Nimègue avant l'hiver, pour enlever à l'ennemi la faculté de prendre à son gré l'offensive ou la défensive. Il ordonna donc de commencer le siège.

Un heureux hasard accéléra notre succès. Les Français avaient tracé autour des positions ennemies comme un immense arc de cercle, aux extrémités duquel ils établirent des batteries qui commandaient le Wahal. Quelques-uns de leurs projectiles atteignirent le pont de bateaux qui joignait Nimègue au camp retranché et mirent en péril les communications des assiégés. Les Anglais firent alors comme à Toulon : ils évacuèrent la place, et abandonnèrent à elle-même la garnison hollandaise, réduite à 3000 hommes. Privés de leur chef, qui avait lâchement suivi les Anglais, et écrasés par une artillerie formidable, ces malheureux tentèrent de s'enfuir par un pont volant, mais ils furent arrêtés par nos troupes et faits prisonniers. Pichegru était arrivé devant Nimègue le 29 octobre, et, le 10 novembre, il était déjà maître de cette importante position, qui lui donnait presque sans combat tout le cours du Rhin. Car les villes qui tenaient encore, Grave et Venloo, se rendirent peu après la chute de Nimègue. L'armée du Nord avait donc glorieusement et rapidement obéi aux instructions de son chef. Elle pouvait de nouveau donner la main à l'armée de Sambre-et-Meuse, et, à son choix, garder la défensive ou déboucher par Nimègue sur la rive droite du fleuve.

L'hiver était arrivé. Nos soldats manquaient de pain et de vêtements. Plusieurs d'entre eux se couvraient de nattes en guise de capotes, et avaient remplacé leurs chaussures par des sandales de bois ou des tresses de paille. Il était temps de leur accorder un repos bien mérité et dont ils avaient grand besoin. Pichegru, malade lui-même de fatigue et d'épuisement, retourna à Bruxelles et confia à Moreau et à Reynier le soin de distribuer les troupes dans leurs cantonnements d'hiver. Les ennemis de leur côté se retirèrent derrière le Lech et l'Yssel, et le duc d'York alla se remettre à Londres des fatigues de la campagne. On croyait de part et d'autre que les opérations seraient suspendues, au moins pendant quelques semaines.

Un hasard étonnant vint tout à coup fournir à nos troupes l'occasion de rentrer en campagne, et de remporter coup sur coup des succès qui tiennent du prodige.

III

On sait déjà que la Hollande est difficile à envahir, même en temps ordinaire. Aussi les Hollandais se croyaient-ils pour l'hiver à l'abri de tout danger, à cause de la crue des fleuves et de l'abondance des eaux qui s'épandent alors sur le sol.

Vers le 10 décembre, le froid prit une intensité extraordinaire et augmenta au point de faire espérer que les plus grands fleuves seraient gelés. Dès lors la Hollande était ouverte à l'invasion, car ces fleuves, qui naguère la défendaient, on pouvait les franchir impunément, et ces plaines marécageuses, où s'enfonçaient les armées, devenaient le plus solide des terrains de manœuvre. Or l'hiver s'annonça bientôt comme le plus rigoureux du siècle depuis 1709. Les fleuves ne tardèrent pas à charrier, et la croûte de glace qui les recouvrit fut assez forte pour supporter l'artillerie. A cette heureuse nouvelle, Pichegru forma le projet de reprendre les hostilités. Le Comité de Salut public approuva ses plans, et il quitta Bruxelles pour reprendre le commandement de l'armée du Nord. Les soldats, joyeux de l'occasion que leur présentait la fortune de triompher sans peine d'obstacles qui passaient pour insurmontables, reprirent leurs haillons et leur entrain. Quant aux alliés, déconcertés par cette subite irruption au milieu de leurs lignes, ils étaient perdus d'avance. En effet, ce n'est pas une série de combats ni même de victoires, c'est une marche triomphale que nous avons à raconter.

Le 28 décembre, par un froid de 17 degrés, l'armée de Pichegru franchit la Meuse à Crèvecœur, chasse de Bommel les Anglais de Walmoden, et s'empare de soixante canons en batterie sur le fleuve, que les ennemis n'eurent même pas le temps de décharger. Le même jour, les Hollandais étaient refoulés sur Gorcum et le prince d'Orange sur la mer. Enfin, Bréda tombait entre nos mains. Ce triple succès était d'un heureux augure. Comme le Wahal n'était pas encore assez pris par les glaces, Pichegru n'osa pas y aventurer son armée, et les alliés purent opérer leur mouvement de retraite, mais ils étaient coupés en deux tronçons, et fuyaient, les Anglais sur Deventer, les Hollandais vers la mer. Si le froid continuait, la Hollande était perdue.

Le froid continua. Le 8 janvier 1795, le thermomètre descendit à 23°. Aussitôt Pichegru ordonna le passage du Wahal à Bommel, à Thiel et à Nimègue. Les alliés ne tentèrent même pas de s'y opposer. Le prince d'Orange, désespéré, se retira sur la Haye et se rapprocha de la mer pour échapper à la honte d'une capitulation. Quant aux Anglais, pour éviter un désastre, ils se portèrent sur l'Yssel, afin de filer sur le Hanovre par les provinces de terre ferme.

Les vainqueurs n'avaient plus qu'à prendre possession du pays. Aussi bien ils étaient attendus avec impatience. Le peuple ne voyait en nous que des libérateurs. Les bourgeois et les négociants, dégoûtés de l'incapacité de leur stathouder, et indignés de l'égoïsme des Anglais, voulaient la paix à tout prix. Guillaume essaya bien de réveiller les sentiments patriotiques à l'approche des Français. Sans doute, on ne pouvait rompre les digues, puisque les canaux étaient gelés, mais on monterait sur la flotte pour aller chercher au delà des mers une nouvelle Hollande. L'appel du stathouder ne fut pas entendu. Des comités révolutionnaires fonctionnaient sous ses yeux, prêts à se soulever au premier signal. Les députés de la Frise déclarèrent même qu'ils reprenaient leur autonomie. Les bourgeois d'Amsterdam, sur lesquels il comptait, lui firent comprendre qu'ils ne résisteraient pas. Le stathouder, malgré sa répugnance personnelle, s'adresse alors à Pichegru, et s'engage à reconnaître la République et à payer une indemnité de 200 millions. Cette paix rétablissait la neutralité et pouvait se convertir en alliance. De plus, 200 millions de numéraire, alors que nous n'avions que du papier-monnaie, c'était l'abondance qui succédait à la misère. Enfin, notre

VUE PRISE A AMSTERDAM.

armée du Nord devenait disponible. Mais le Comité de Salut public n'ignorait pas que le stathouder haïssait la France. Il ne crut pas à la sincérité de ses propositions, et fit répondre par Pichegru qu'il ne signerait la paix qu'à Amsterdam.

Désolé de ce refus, mais abandonné par ses sujets et par ses alliés, Guillaume V n'avait plus qu'à s'enfermer dans une des places qui tenaient encore pour s'y ensevelir avec les débris de sa puissance ou bien qu'à abdiquer. Trop faible pour choisir une défaite glorieuse, il se décida pour l'abdication. Le 17 janvier 1795, il se présenta aux États-Généraux, qu'il engagea à ne pas prolonger une résistance désormais inutile, puis s'embarqua pour l'Angleterre, suivi par les émigrés français réfugiés à sa cour et par quelques-uns de ses amis. Aussitôt la révolution éclata.

Les comités chassent les autorités établies et créent partout des commissions provisoires; les proscrits de 1787 sont reçus avec enthousiasme et toutes les villes s'ouvrent aux Français. Le 20 janvier 1795, Pichegru faisait son entrée dans Amsterdam, accompagné par les représentants Lacoste, Bellegarde et Joubert. Le 22, entrée à Rotterdam; le 23, à la Haye. Ces trois villes, les trois capitales du pays, étaient peut-être les plus opulentes cités de l'Europe. Dans leurs ruelles étroites, dans leurs maisons resserrées et incommodes étaient entassées de prodigieuses richesses. Les trésors des deux mondes, les merveilles artistiques de l'Orient, les splendides étoffes de l'Inde et de la Chine, les vins les plus exquis étaient exposés aux convoitises d'une armée de déguenillés et d'affamés. D'énormes magasins remplis de vivres et de vêtements étaient à la portée de ces soldats qui mouraient de faim et de froid. L'armée donna en cette occasion un bel exemple de discipline. « On vit pendant plusieurs heures, écrit un témoin peu suspect d'enthousiasme, le général Jomini, dix bataillons de ces braves, sans souliers, sans bas, privés même des vêtements les plus indispensables, entrer triomphants dans Amsterdam, aux sons d'une musique guerrière, placer leurs armes en faisceaux, et bivouaquer pendant plusieurs heures au milieu de la neige et de la glace, attendant qu'on pourvût à leurs besoins et à leur casernement. » Certes, ces Français n'ont fait que leur devoir, mais n'est-ce pas une satisfaction patriotique que de comparer leur conduite à celle de nos vainqueurs de 1870 !

Aussi bien Pichegru et les représentants répétaient qu'ils venaient en libérateurs et non en conquérants. A la Haye ils avaient fait graver, sur le fronton du palais qu'ils occupaient, une inscription naïve mais sincère, par laquelle ils exprimaient leur regret de ne pouvoir transformer ce monument de pierre en cristal, pour que le peuple fût témoin de toutes leurs actions. Ils pouvaient prendre : il se contentèrent de demander ce qui manquait à nos soldats. Jamais l'ordre ne fut troublé. Ce sera l'honneur de cette armée, qui avait subi tant d'épreuves et remporté de telles victoires, que pas un soldat ne déshonora par ses excès le triomphe de tous.

La conquête de la Hollande n'était pas achevée. Pichegru occupait les capitales et les provinces du sud et du centre ; mais la Zélande, à l'ouest, n'était pas conquise ; les provinces du nord étaient au pouvoir des Anglais, qui pouvaient tenter un mouvement offensif, et mettre la main sur la flotte hollandaise retenue par les glaces dans le Zuyderzée. C'était un triple danger qu'il fallait prévenir. Pichegru ne s'endormit pas dans sa victoire. Il entama des négociations avec la Zélande, lança une partie de ses régiments contre les Anglais et chercha à s'emparer de la flotte hollandaise.

La soumission de la Zélande offrit peu de difficultés. L'armée hollandaise s'était dispersée après la fuite du prince d'Orange, et les garnisons de la Zélande, qui n'étaient plus retenues par l'honneur du serment, ne demandaient qu'à se rendre. On leur accorda d'honorables capitulations, et les ports de la côte furent fermés aux Anglais.

L'armée de Walmoden n'essaya pas de tenir la campagne. Elle évacua les places de l'Yssel et se retira sur l'Ems dans un état affreux. Les mercenaires, qui formaient la majeure partie de cette armée, étaient découragés. Les Anglais eux-mêmes, fatigués par les privations et épuisés par les marches, étaient de plus fort humiliés. Nos soldats n'eurent pour ainsi dire qu'à les pousser devant eux, la crosse dans les reins. On remarqua un bataillon de la division Reynier, qui, pour s'emparer de Coeverden, marcha deux lieues dans l'eau glacée jusqu'à la ceinture. A la fin de janvier il n'y avait plus d'Anglais en Hollande : ils s'étaient embarqués à Brême pour rentrer en Angleterre.

Restait la flotte hollandaise, dernier espoir des partisans du stathouder. Une vingtaine de magnifiques vaisseaux et autant de frégates, quelle proie pour les Anglais, mais aussi quelle heureuse chance pour la France, si elle parvenait à réparer le désastre de Toulon en capturant cette flotte! Ces vaisseaux étaient alors retenus dans les eaux glacées du Zuyderzée. On ne pouvait ouvrir la tranchée dans la glace, ni entreprendre le siège en règle de ces citadelles

PRISE DE LA FLOTTE HOLLANDAISE.

naguère flottantes. D'un autre côté, il fallait ne pas attendre le dégel. Pour mettre le comble à cette campagne étonnante, Pichegru imagina d'attaquer avec sa cavalerie les navires hollandais. Les matelots, stupéfaits de cette attaque insensée, laissèrent notre cavalerie s'approcher impunément, et nos hussards, grimpant par les sabords, prirent d'assaut la flotte entière. Rien ne manquait à la conquête, pas même le fantastique, car ce fut la première, et ce sera probablement la dernière fois que des vaisseaux de guerre amèneront leurs pavillons devant des troupes à cheval.

Ainsi fut conquise la Hollande, sans bataille, et presque sans effusion de sang. Cette conquête excita en Europe un étonnement mêlé de terreur, et en France un enthousiasme indicible. Pichegru devint le premier général de la République, et, bien qu'il eût été secondé par son armée, et aussi par la saison, on lui attribua tout l'honneur de la conquête. Quant à la Hollande, elle fut organisée en république démocratique sous le nom de République Batave. Ce nom rappelait l'antique indépendance de la nation. Ce devait être la première de ces républiques dont nous allions bientôt nous entourer comme d'une ceinture d'États alliés, que nous protégions, mais qui nous couvraient contre l'invasion.

Le résultat le plus important de cette conquête inespérée fut de condamner la coalition de 1793. Ce coup terrible décida les puissances qui hésitaient encore. La Prusse et l'Espagne, par crainte d'une semblable catastrophe, entamèrent des négociations qui aboutirent bientôt à un traité de paix. Heureuse époque! Nous étions vainqueurs, et nos victoires étaient légitimes. L'Europe nous avait attaqués, et voici que l'Europe vaincue tremblait devant nous!

CHAPITRE VIII

LES TRAITÉS DE BÂLE

I

Les éclatants succès remportés par les armées françaises en 1794 avaient singulièrement découragé les coalisés. La conquête de la Belgique par l'armée de Sambre-et-Meuse, et celle de la Hollande par l'armée du Nord, avaient comme frappé de stupéfaction les souverains de l'Europe. Il est vrai que l'Angleterre ne tenait pas à terminer la guerre, car elle n'avait perdu que les États de ses alliés, et, sous prétexte de rendre la Hollande au stathouder, elle allait s'emparer de toutes les colonies hollandaises; il est encore vrai que l'Autriche qui avait perdu les Pays-Bas, et que le Piémont, privé de la Savoie et de Nice, étaient forcés de continuer les hostilités pour recouvrer ces importantes provinces; mais, à l'exception de ces trois États, tous les autres membres de la coalition n'aspiraient qu'à la paix. Sans doute ils n'osaient pas se déshonorer par la rupture sans motifs d'engagements solennels, mais ils n'attendaient tous qu'une occasion favorable.

Ce fut la Prusse qui leur fournit cette occasion, en leur donnant le signal de la défection. Depuis un an la Prusse ne se battait plus qu'à contre-cœur; les soldats prussiens, honteux d'être réduits au rôle de mercenaires de l'Angleterre, ne cachaient pas leur mécontentement. Les officiers n'avaient avec les nôtres que des rapports courtois; les généraux eux-mêmes renonçaient en notre faveur à leur morgue habituelle, et laissaient clairement entendre qu'ils ne se battaient plus que pour sauvegarder leur honneur militaire. Aussi la France était-elle décidée à ménager cet honneur, et, du côté du Rhin, ne poussait qu'avec lenteur les opérations militaires, et uniquement pour conquérir la ligne du fleuve qui devait être la frontière de la jeune République.

Après la reprise des lignes de Wissembourg et la conquête du Palatinat (hiver de 1793-1794) l'armée de Rhin-et-Moselle, sous la conduite de son brillant général, Hoche, semblait appelée à jouer un rôle prépondérant. Saint-Just, redoutant l'ascendant exercé par Hoche sur ses soldats, l'arrêta brusquement au milieu de son triomphe et le récompensa de ses services en le jetant à la prison des Carmes. L'armée partagea en quelque sorte la disgrâce de son général. Elle fut de nouveau séparée en deux tronçons : Michaud fut désigné pour commander l'armée du Rhin, et Moreaux pour commander celle de la Moselle. Michaud avait rendu des services signalés dans sa carrière militaire. Il avait conquis tous ses grades sur les champs de bataille. S'il n'est pas connu, c'est que ses services furent plus solides que brillants, et aussi parce que Napoléon, qui n'aima jamais les généraux de l'armée du Rhin, ne lui confia plus tard que des commandements secondaires. Quant à Moreaux, la réputation de son homonyme l'a presque fait oublier, et c'est un tort. Il y avait en lui l'étoffe d'un héros et d'un grand tacticien. Lorsque l'ennemi envahit le pays en 1792, il quitta sa femme, ses quatre enfants, et renonça à sa lucrative profession de constructeur pour courir aux frontières. Il se distingua au siège de Thionville, et en quelques mois, par son seul mérite, s'éleva aux grades supérieurs. Lui et Michaud eurent le bon sens de combiner leurs opérations avant de reprendre l'offensive. Ils comprirent que les deux armées du Rhin et de la Moselle, bien que séparées par l'imprévoyance de Saint-Just, ne pouvaient rendre service qu'en agissant de concert.

Au même moment, les armées de Sambre-et-Meuse et du Nord manœuvraient pour s'emparer du cours du Rhin inférieur. Les quatre généraux en chef n'avaient qu'à unir leurs efforts dans une action commune. En effet, pendant que Pichegru refoulait les Anglo-Hollandais dans les Pays-Bas, et Jourdan les Autrichiens sur la Roër, Michaud et Moreaux délogeaient les Prussiens de tous les postes qu'ils occupaient encore dans le Palatinat et les forçaient à se replier sur Mannheim : Michaud restait alors en observation devant Mannheim, et Moreaux, avec l'armée de la Moselle, marchait sur

Trèves. La prise de cette place nous aurait donné une position centrale qui inquiétait le flanc droit des Prussiens retirés à Mannheim et le flanc gauche des Autrichiens campés sur la Roër et déjà menacés par Jourdan. De plus, Trèves appartenait à un des ennemis les plus acharnés de la France. C'était une grasse ville ecclésiastique et un nid d'émigrés. D'après le rapport des représentants Goujon et Bourbotte, on aurait pu tirer de l'électorat plus d'un milliard. Riche proie à conquérir, position militaire importante à occuper, vengeance légitime à exercer, il n'en fallait certes pas tant à Moreaux et à ses soldats pour marcher en avant. Ils ne rencontrèrent aucune résistance, mais, ainsi que l'armée du Nord en Hollande, ils respectèrent ces trésors et se contentèrent d'occuper l'électorat (août 1794).

Deux mois plus tard, en octobre, les deux armées du Rhin et de la Moselle ayant de nouveau opéré leur jonction, s'emparaient du cours de la Moselle jusqu'à Coblentz, chassaient l'ennemi de Kreutznach et de Bingen, et le contraignaient à repasser le Rhin en désordre. Elles se présentaient ensuite devant Coblentz, et, après une faible résistance de la part des assiégés, entraient dans la ville (14 octobre). Quelques jours plus tard, la forteresse de Rheinfels tombait entre leurs mains, avec trente-neuf canons et de nombreuses munitions. Il ne restait plus aux coalisés sur la rive gauche du Rhin que Luxembourg et Mayence. Les quatre armées du Nord, de Sambre-et-Meuse, de la Moselle et du Rhin se donnaient alors la main sur le grand fleuve, depuis Bâle jusqu'à la mer. C'était un grand et légitime succès, dû en partie aux talents des généraux qui avaient conduit les opérations, mais surtout au patriotisme, au désintéressement et au courage de nos légions républicaines.

Pendant toute la campagne de 1794, les Prussiens s'étaient battus avec mollesse. On eût dit que leur général, Mollendorf, ne cherchait qu'à ménager ses troupes. Aussi les Français, qui s'étaient aperçus de ses hésitations et en soupçonnaient le véritable motif, avaient poussé très mollement les Prussiens. Ils réservaient leur valeur pour les Autrichiens. Il y avait pour ainsi dire accord tacite entre les deux armées. Le 14 octobre 1794, quand le dernier terme des subsides mensuels eut été payé par l'Angleterre, Mollendorf fit connaître à ses soldats que, le traité de subsides avec l'Angleterre ayant

LUXEMBOURG. — VUE GÉNÉRALE.

cessé, « tout ce qui se ferait désormais ne serait plus que pour l'honneur des armes prussiennes et leur ancienne gloire. » Aussi le Comité de Salut public, qui ne voulait pas pousser à bout cet honneur militaire, envoya Merlin de Thionville à Mayence, soi-disant pour assister au siège de la ville entrepris par Michaud et l'armée du Rhin, en réalité pour épier le moment d'entamer des négociations de paix. Ce moment tarda d'autant moins que les Prussiens ne cachaient plus leurs sympathies françaises. La musique de leurs régiments jouait l'air de la *Carmagnole* et nos prisonniers étaient traités avec des égards presque exagérés. A vrai dire le siège de Mayence n'était qu'un blocus, imaginé pour sauvegarder l'amour-propre de deux nations lasses de la guerre.

Certes le siège de Luxembourg était mené avec une tout autre vigueur par le général Moreaux. Cette place était pourtant une des plus fortes de l'Europe. L'Autrichien Bender la défendait avec une nombreuse garnison. Malgré les rigueurs de l'hiver et les attaques incessantes des paysans soudoyés par l'Autriche, Moreaux parvint néanmoins à l'investir complètement, et il poussa les travaux du siège avec une telle activité, qu'il espérait en être bientôt le maître, lorsqu'une mort soudaine, dont le mystère n'a pas encore été dévoilé, vint le frapper, le 11 février 1795, à l'âge de trente-sept ans. Son successeur, le général Hatry, n'eut qu'à continuer ce qui avait été si bien commencé. Luxembourg se rendit à lui, et les Autrichiens ne possédèrent plus un pouce de terrain sur la rive gauche du Rhin.

Le succès était aussi complet qu'on pouvait le souhaiter, et la glorieuse campagne entreprise en 1794 par les armées du Rhin et de la Moselle avait heureusement complété l'œuvre des armées de Sambre-et-Meuse et du Nord. Il ne restait plus qu'à profiter de ces succès vraiment merveilleux et qu'à assurer ces conquêtes par une paix définitive.

II

Le roi de Prusse s'y résigna le premier. Il est vrai qu'il ne pouvait entamer la négociation sans y être en quelque sorte autorisé par l'Allemagne : sinon il confirmait directement les reproches de trahison que ne lui ménageaient ni l'Angleterre ni l'Autriche. Il envoya donc, de divers côtés, des agents pour décider le Corps germanique à exprimer des vœux pacifiques. La Diète se réunit dans les premiers jours d'octobre 1794. A l'exception des princes qui avaient leurs États compromis sur la rive gauche du Rhin, et savaient que la République ne les leur rendrait pas, tous désiraient la paix. L'électeur Palatin prit le premier la parole contre la continuation de la guerre. L'électeur de Mayence, la Bavière, la Saxe, le Wurtemberg, la Suède pour la Poméranie, et le Danemark pour le Holstein, déclarèrent qu'il n'était que temps de mettre fin par une paix honorable à une guerre ruineuse. Le margrave de Bade demanda qu'on attendît l'avis de l'Autriche. Cette dernière puissance ne cherchait qu'à gagner du temps. Elle réussit en effet à retarder le vote jusqu'au 5 décembre 1794. Mais alors trente-sept voix se prononcèrent en faveur de la paix, et trente-six demandèrent qu'elle se fît sous la médiation et par l'intermédiaire de la Prusse. C'était une humiliation pour l'Autriche. Elle dissimula néanmoins son dépit, et décida même qu'elle ne s'opposait pas en principe à l'ouverture des négociations, pourvu qu'on prît pour point de départ le rétablissement du *statu quo ante bellum* : à vrai dire, elle votait ainsi la continuation de la guerre, car elle savait fort bien que la France voulait garder la rive gauche du Rhin.

La Prusse avait obtenu ce qu'elle désirait : une déclaration formelle de l'Autriche, qui voulait la guerre, et une déclaration non moins formelle des petits États allemands, qui réclamaient la paix. Fière de la suprématie que lui conférait le vote de la Diète, elle entendit ne pas en perdre le bénéfice, et, contrairement à la loi constitutive de l'Empire, annonça qu'elle allait conclure une paix séparée. En effet, le 18 décembre 1794, le comte de Goltz se rendit à Bâle, où l'attendait déjà le plénipotentiaire français, Barthélemy, et échangea ses pouvoirs avec lui. Le prétexte mis en avant pour choisir ce lieu d'entrevue fut qu'on pourrait y traiter avec plus de secret et moins d'agitation que partout ailleurs. En réalité, le roi de Prusse cherchait à sauver sa dignité. Sans doute il consentait bien à traiter avec cette République qu'il s'était flatté d'anéantir dans une promenade militaire, mais il voulait dissimuler autant que possible l'aveu de sa défaite, et aimait mieux chercher la paix en pays neutre qu'à Paris. Le Comité de Salut public, en pleine guerre, n'aurait jamais fait cette concession; mais, comme il comprenait la nécessité de détacher de la coalition la Prusse et les petits États allemands, il se résigna à confier à Barthélemy des pouvoirs suffisants pour traiter à Bâle.

Les négociations ne commencèrent que le 22 janvier 1795. Goltz avait remis à Barthélemy une lettre qui portait « que Sa Majesté Prussienne, charmée du changement survenu dans les principes et dans la marche du gouvernement français, désirait, surtout pour cela, la paix; que, du reste, la Prusse avait toujours eu des sentiments favorables à la France, et dont Sa Majesté avait donné des preuves dans le cours de la guerre ». L'aveu était dépouillé d'artifice, et faisait même peu d'honneur à la loyauté de Frédéric-Guillaume, mais il ne pouvait déplaire au gouvernement français. Aussi bien, de part et d'autre, on ne cherchait qu'à se complaire. La Prusse avait renoncé à la rive gauche du Rhin, et la France était décidée à lui accorder d'importantes indemnités sur la rive droite. Sur de pareilles bases on ne pouvait que s'entendre très promptement.

La nouvelle des négociations avait été accueillie en Europe d'une façon bien différente : en France et en Prusse avec bonheur; en Espagne, en Italie et en Allemagne avec satisfaction; en Piémont et en Autriche avec colère; en Angleterre avec fureur. On comprendra cette diversité de sentiments. Les Français étaient heureux de voir le souverain qui s'était le plus signalé par l'exagération de sa haine en 1792, s'incliner le premier devant le fait accompli et entamer avec eux des négociations, qui pourraient se convertir bientôt en alliance. Les Prussiens étaient fatigués d'une guerre sans but et sans résultat possible. Ils préféraient se tourner contre la Pologne, d'autant mieux qu'en continuant la guerre contre la France, ils s'exposaient à des dangers que, malgré leur outrecuidance, ils ne pouvaient se dissimuler. Les petits États allemands et italiens, l'Espagne surtout, étaient heureux de ces négociations, car toutes ces puissances allaient s'autoriser de l'exemple de la Prusse pour traiter à leur tour avec la France. Le Piémont, au contraire, et l'Autriche se trouvaient directement exposés à nos attaques. De plus la Prusse prenait en Allemagne, vis-à-vis de cette dernière puissance, une attitude qui l'offusquait. Quant à l'Angleterre, elle voyait, par la défection de la Prusse, se détendre le cercle de fer et de feu qu'elle avait forgé contre la France, et, comme Pitt avait acheté très cher les services mercenaires de Frédéric-Guillaume, il se croyait autorisé à prendre à son égard les grands airs d'un négociant trompé par son client. Aussi ni le Piémont, ni l'Autriche, ni l'Angleterre n'épargnaient à la Prusse les reproches ni même les menaces. Pourtant Pitt, qui ne reculait devant aucun moyen pour assurer le triomphe de ses idées et qui connaissait, pour l'avoir éprouvée, la cupidité prussienne, ne crut point la partie perdue, tant qu'on n'aurait pas repoussé ses promesses dorées. Il s'avisa d'un singulier expédient pour entraver les négociations. Frédéric-Guillaume était alors dominé par la fameuse comtesse de Lichtenau. Pitt fit proposer une somme énorme à cette reine de la main gauche, si elle consentait à dissuader le roi de cette paix. La comtesse repoussa la proposition, mais parla pourtant au roi de cette tentative de corruption. Le roi se contenta de sourire, mais il ne changea rien à ses projets. Pitt alors jugea la partie perdue.

Elle l'était en effet, car les plénipotentiaires allaient vite en besogne. Ils s'étaient tout de suite entendus sur les articles préliminaires. Un armistice avait été conclu. Les Prussiens avaient évacué Mayence et tous les postes qu'ils occupaient encore sur la rive gauche du Rhin. La France, de son côté, avait évacué la rive droite. On avait reconnu la neutralité prussienne, et, de plus, on avait promis de déterminer, pour le nord de l'Allemagne, une ligne de démarcation qui donnerait à la Prusse comme le protectorat de ces contrées. Avec de pareils principes, la rédaction des articles du traité n'était plus qu'une affaire de temps. En effet, la paix fut signée à Bâle le 5 avril 1795. En voici les principaux articles :

La France aura la rive gauche du Rhin, mais seulement à titre provisoire et jusqu'à la conclusion de la paix générale. Le roi de Prusse reconnaît la République et s'engage à vivre en bonne intelligence avec elle. De son côté, la France retirera ses troupes de la rive droite du Rhin, et accueillera les bons offices du roi en faveur des princes allemands qui voudront, par son intermédiaire, et dans l'espace de trois mois, entrer directement en négociation avec elle. C'étaient là les articles publics; mais il y avait aussi des articles secrets. La France promettait à la Prusse une indemnité territoriale sur la rive droite du Rhin, et elle lui concédait le protectorat de l'Allemagne du Nord.

Ce traité consacrait le triomphe de la Révolution : il était également avantageux à la Prusse, constituée l'arbitre de l'Allemagne, et à la France qui de la sorte atteignait les limites du Rhin; car la diplomatie républicaine, sans traditions, mais aussi sans scrupules pour les intérêts dynastiques, avait résolument, et du premier jour, demandé le Rhin, le Rhin tant désiré par Richelieu, le Rhin dont Louis XIV n'avait obtenu qu'une partie, le Rhin sans la possession duquel la France n'est pas et ne peut pas être la France.

La Prusse avait traité séparément et en son nom propre, mais un des articles du traité laissait comme une porte ouverte aux prochaines négociations des petits princes allemands. On leur accordait, en effet, un délai de trois mois pour conclure la paix avec la France par l'intermédiaire de la Prusse. Presque tous acceptèrent ce moyen commode et suffisamment honorable de signer la paix. Hesse, Saxe, Hanovre, Bavière entrèrent dans la neutralité prussienne et firent une espèce d'amende honorable en reconnaissant la République française. Ils s'engageaient même à ne plus donner asile aux émigrés et à ne fournir aux ennemis de la France ni contingent ni secours d'aucun genre.

L'Angleterre et l'Autriche, fort désappointées de ces défections, le furent bien davantage quand elles apprirent tout à coup qu'un Bourbon traitait avec la République. En effet, le roi d'Espagne, Charles IV, à la nouvelle des négociations entamées avec la Prusse, s'empressa d'envoyer à Bâle un plénipotentiaire et ordonna à ses généraux de suspendre les hostilités.

III

L'Espagne nous avait déclaré la guerre plutôt par convenance de famille et par intérêt dynastique que par conviction. Le roi Charles IV était un Bourbon : il se devait à lui-même et au nom qu'il portait de protester contre une assemblée qui avait fait monter sur l'échafaud le chef de sa famille, et qui retenait encore en captivité le pauvre enfant que ses partisans nommaient Louis XVII. Mais la nation espagnole n'avait obéi qu'à contre-cœur. Les Espagnols comprenaient que c'était une faute politique que de contribuer à la ruine, ou tout au moins à l'affaiblissement de la nation qui était comme l'alliée naturelle de l'Espagne. Il leur répugnait surtout de voir le pavillon anglais flotter à côté du leur, et les flottes espagnoles voguer de conserve avec les flottes anglaises; mais le sentiment de l'honneur les retenait sous les drapeaux, et ils s'efforçaient de ne pas mentir à leur vieille réputation de courage. Néanmoins, comme ni les généraux ni les soldats n'entraient en lutte contre la France avec plaisir, il n'y eut jamais ni ensemble, ni ardeur, ni enthousiasme dans la conduite des opérations militaires : autrement une armée bien commandée eût aisément triomphé de tous les obstacles et obtenu à nos dépens une série d'éclatants succès.

La Convention, en effet, n'avait jamais cru ni à un danger sérieux ni à une attaque immédiate du côté de l'Espagne. Elle avait pour ainsi dire abandonné cette frontière à ses propres ressources. Ni armée régulière, ni généraux, ni magasins de vivres ou d'équipement, il n'y avait rien sur les Pyrénées. Par bonheur, la grande chaîne des Pyrénées est la meilleure des défenses, et jamais une armée ne tentera d'opérations sérieuses sur ces hautes montagnes; mais, aux deux extrémités de la chaîne, à l'endroit où les Pyrénées se rapprochent de l'Atlantique et de la Méditerranée, aux départements des Basses-Pyrénées et des Pyrénées-Orientales en France, aux provinces de Navarre et de Catalogne en Espagne, il est des points accessibles, des passages qu'on peut forcer, et c'est par là que les Espagnols essayèrent de pénétrer en France.

Dans les Basses-Pyrénées, vers Bayonne et Saint-Jean-de-Luz, nos soldats restèrent sur la défensive toute l'année 1793. Très inférieurs en nombre, et peu sûrs de leurs hommes, Servan, Delbecq et Muller se bornèrent à garder les défilés et à protéger le territoire. Si les Espagnols avaient profité de notre désorganisation pour refouler devant eux les corps à peine formés qui leur étaient opposés, non seulement ils seraient entrés à Bordeaux, alors insurgée contre la Convention, mais encore ils auraient pu s'enfoncer dans la Vendée, y donner la main aux Vendéens, et, soutenus par leurs vaisseaux et la flotte anglaise, marcher sur Paris. Quelques émigrés, bien informés sur la véritable situation politique, pressaient vivement la cour de Madrid de prendre l'offensive; mais le roi, qui craignait une déconvenue semblable à celle des Prussiens en Champagne, prodigua de bonnes paroles aux émigrés et n'ordonna aucun mouvement offensif.

Ce fut un bonheur pour l'armée française des Pyrénées Occidentales. Elle eut le temps de s'organiser, et trouva un général digne de la commander, Moncey, le futur duc de Conegliano. Moncey, né en 1754, appartenait à une bonne famille de Franche-Comté. A quinze ans, il s'échappait du collège pour s'engager dans le régiment de Conti. Racheté par sa famille, il s'engagea de nouveau dans le régiment de Champagne. Racheté une seconde fois, il s'engagea de nouveau, et alors on le laissa libre de poursuivre sa carrière. En 1791 il n'était que capitaine. Quand éclata la Révolution, il fut envoyé, avec le grade de chef de bataillon, à l'armée des Pyrénées Occidentales. Il s'y distingua à la défense du camp d'Hendaye, qu'on surnommait, sans métaphore, le camp des sans-culottes. Sa froide valeur et sa confiance imperturbable le désignèrent au choix des commissaires de la Convention. Nommé général en chef (9 août 1794), il proposa hardiment l'offensive, et réussit en effet à envahir la Navarre. Vainqueur à Lucumberry et à Villanova, il fit de nombreux prisonniers et occupa la province entière, à l'exception de sa capitale, Pampelune. Arrêté par l'hiver, il continua ses conquêtes au printemps de 1795. Vainqueur dans une série de combats, à Castellane, Tolosa, Villaréal, Mondragen, Eyber, il prit toutes les provinces basques, et s'apprêtait à marcher sur la Castille, quand il fut arrêté par la nouvelle de l'armistice, bientôt converti en paix définitive.

Aux Pyrénées Orientales, nous avions tout d'abord éprouvé de nombreux échecs. Les Espagnols avaient sérieusement attaqué le Roussillon, et nous ne pouvions opposer à leur excellent général, Ricardos, que des soldats qui n'en étaient pas et des généraux sans instruction, qui furent toujours et partout battus. Un vétéran de nos armées, un vieillard de soixante-quinze ans, le brave Dagobert, ranima l'ardeur défaillante de nos troupes, mais il fut mal secondé, perdit les batailles de Truillas, de Fonteilla, et Port-d'Eu, fut délogé de toutes les places du Roussillon, à l'exception de Perpi-

MONCEY.

gnan, et laissa les ennemis prendre leurs quartiers d'hiver sur notre territoire. De ce côté encore, si les Espagnols avaient profité de leur supériorité numérique et de leur premier succès pour pousser en avant, ils auraient pu donner la main aux insurgés de Marseille et de Lyon et remonter la vallée du Rhône. L'initiative leur fit défaut. Ils restèrent dans leurs cantonnements, et l'offensive, qu'ils avaient dédaignée, nos jeunes troupes allaient bientôt la prendre avec leur nouveau général, Dugommier.

Dugommier s'était fait connaître par la reprise de Toulon. La Convention l'avait récompensé de cette éclatante victoire en le nommant général en chef de l'armée des Pyrénées Orientales : tâche ingrate, car tout était à créer dans cette armée. Dugommier l'accepta pourtant sans hésiter : il n'y vit que l'occasion de rendre au pays de nouveaux services. Dugommier avait dans sa physionomie de la douceur et de la fermeté. Ses cheveux, blanchis avant l'âge, inspiraient le respect. Il était intègre, valeureux, humain. Ses soldats l'aimaient avec passion. Avare de leur sang, il s'exposait lui-même avec une rare intrépidité. Napoléon, qui ne prodiguait pas les éloges, a dit de lui : « Il avait toutes les qualités d'un vrai militaire. Extrêmement brave de sa personne, il aimait les braves, et en était aimé. Il était bon, quoique vif, très actif, juste. Il avait du coup d'œil militaire, du sang-froid et de l'opiniâtreté dans le combat. » Il rappelait un de nos généraux les plus populaires de l'ancienne monarchie, Catinat. Il allait rappeler Turenne par son trépas glorieux.

A peine arrivé à son quartier général, Dugommier convoqua ses lieutenants et leur exposa ses projets. Il s'adressait à des hommes de cœur, qui le comprirent et le secondèrent admirablement. Citons parmi eux Pérignon, qui venait de sauver Perpignan en jetant la panique dans le camp espagnol qui assiégeait la place; Augereau, un ancien maître d'armes, un des premiers volontaires, qui s'était fait remarquer par sa bravoure et ses rares capacités militaires; Dagobert, qui avait sollicité un commandement secondaire et fait litière de son amour-propre pour servir son pays; Dugua, qui se distingua plus tard en Égypte; Quesnel, Guillaume, Sauret, et plusieurs autres qui composaient le plus solide et le plus dévoué des états-majors. Aidé par ces braves lieutenants, Dugommier mit à profit les loisirs forcés que lui imposait l'hiver pour réorganiser son armée, et lui rendre la discipline, la cohésion et la confiance. Les départements du Midi, soumis à de fortes réquisitions, pourvurent aux besoins matériels de l'armée, et, quand tout fut prêt, il entra en campagne.

Dugommier se proposait, en premier lieu, de reprendre le Roussillon aux Espagnols, et, en second lieu, d'envahir la Catalogne. Voici comment il combina cette double opération. Le Roussillon affecte la forme d'un quadrilatère fermé à l'est par la Méditerranée, au sud par les Pyrénées, à l'ouest et au nord par les Corbières. Il est parcouru par trois petits fleuves : le Tech, le Tet et l'Agly, torrents sans importance par eux-mêmes, mais qui forment, avec leurs nombreux canaux de dérivation et d'arrosement, comme un labyrinthe d'eaux, qu'on peut utiliser pour les opérations militaires. Les Espagnols avaient successivement occupé toutes les places qui défendent ces trois rivières et les passages des Pyrénées, Fort-les-Bains, Pratz-

LE PONT DE CÉRET ET LE CANIGOU.

de-Mello, Bellegarde, Montlouis, etc. Il s'agissait, avant tout, de les en chasser. Or ils occupaient une bonne position défensive. La Union, successeur de Ricardos, qui venait de mourir, s'était porté dans le camp du Boulou, le long du Tech. Ce camp, adossé aux Pyrénées, a pour issue la chaussée de Bellegarde, qui conduit de France en Espagne. Au lieu d'aborder de front les positions ennemies, qui étaient très bien fortifiées, Dugommier résolut de les tourner. La Union avait porté le gros de ses forces à Céret et dégarni

Saint-Christophe, qui domine le Boulou. Après une feinte démonstration sur Céret, Dugommier passa le Tech, s'empara de Saint-Christophe et occupa même la chaussée de Bellegarde. Les Espagnols n'avaient plus pour se retirer que des routes étroites et difficiles; aussi leur retraite se convertit bientôt en déroute. Quinze cents prisonniers, 140 pièces de canon, 800 mulets chargés de bagages, et des effets de campement pour 20 000 hommes, tels furent les fruits immédiats de cette belle victoire (1er mai 1794). Dugommier venait de dégager le Roussillon : il ne lui restait plus qu'à reprendre les places perdues, qui bientôt, les unes après les autres, tombèrent entre ses mains. Il songea alors à exécuter la seconde partie de son projet, l'invasion de la Catalogne.

La partie de la Catalogne dans laquelle entrait Dugommier correspond à peu près exactement à notre Roussillon. Défendue au nord et à l'ouest par l'énorme contrefort des Pyrénées, à l'est par la mer, parcourue par trois fleuves torrentueux, la Mouga, le Fluvia et le Ter, elle présente le même enchevêtrement de cols, de précipices et de vallées encaissées qui en rendent l'attaque bien difficile. La Mouga est défendue par Figueras, une des places les plus fortes de l'Europe, dont la citadelle peut contenir jusqu'à 16 000 hommes. Le Fluvia arrose Castelfollit, et le Ter Campredon et Gerone. Sur la côte était la forte place de Rosas. Les montagnards catalans, levés en toute hâte, défendaient tous ces passages, et la flotte espagnole amenait de continuels renforts. La Union, après sa défaite du Boulou, avait eu le temps de prendre de nouveau une excellente position défensive. Il commandait à environ 60 000 hommes. Les arsenaux de l'Espagne avaient été mis à contribution, et plusieurs centaines de pièces de rempart lui avaient été envoyées. Il s'était retranché dans la Sierra Negra ou Montagne-Noire, sur une étendue de cinq lieues. A droite, la mer; à gauche, des montagnes infranchissables; par derrière, Figueras et Rosas; en avant, quatre-vingt-dix redoutes. La Union espérait que l'ardeur française expirerait au pied de ces formidables retranchements; mais Dugommier, résolu à une action décisive, désireux peut-être d'égaler le mérite de Dumouriez à Jemmapes, de Jourdan à Wattignies et de Hoche à Wissembourg, ne recula pas devant ces obstacles accumulés, et accepta la bataille que lui offraient les Espagnols.

Ce fut l'engagement le plus sérieux de la campagne. La bataille dura quatre jours (17-20 novembre 1794), et le terrain fut vivement disputé par les deux armées. Le premier jour nous ne connaissions pas le terrain : aussi fûmes-nous repoussés sur toute la ligne; mais, en reculant, Dugommier renonçait à tous les bénéfices des succès précédents et rouvrait la France à l'invasion. Il ordonna de recommencer l'attaque. Le 18 novembre, l'action s'engagea à six heures du matin. Dugommier se portait en personne sur le champ de bataille pour ramener ses soldats, lorsqu'un obus éclata sur sa tête et le renversa tout sanglant. Deux de ses fils, qui se trouvaient à ses côtés, le relevèrent. Il vivait encore. « Cachez ma mort aux soldats, dit-il à ses aides de camp qui pleuraient. Je veux qu'ils achèvent de remporter la victoire. Ce sera la consolation de mes derniers moments, » et il expira. Belle fin, qui couronnait dignement une vie d'honneur et de courage. La mort de Dugommier fut bientôt apprise, et jeta le découragement parmi les Français. Sur plusieurs points ils cédèrent. La Union se croyait déjà vainqueur ; mais le commissaire de la Convention, Delbrel, prit sur lui de désigner, pour remplacer Dugommier, le général Pérignon. Ce choix était heureux, car Pérignon avait la confiance du soldat. En effet, il arrêta le désordre; mais, comme il jugeait l'affaire mal engagée pour la journée, il fit reprendre aux soldats leurs positions du matin. Le lendemain 19, la bataille recommença et fut encore malheureuse pour les Français. Ils revinrent à la charge le 20, et cette fois, grâce à Augereau, la victoire se déclara en leur faveur. La Union fut tué; 10 000 Espagnols périrent avec lui. 8000 prisonniers, 300 canons et tous les bagages furent les fruits de cette belle victoire, qui nous affermissait au delà des Pyrénées.

Pérignon en profita pour assiéger Figueras. Cette citadelle est presque imprenable. 200 pièces de gros calibre couronnaient ses remparts. Il y avait dans la place dix mille quintaux de poudre, une immense quantité de projectiles et de provisions de bouche, et 10 000 soldats de garnison; mais ils étaient épouvantés par la défaite de la Montagne-Noire, et capitulèrent au bout de sept jours. Était-ce terreur panique, égarement d'esprit ou trahison, on ne sait comment expliquer la chute de cette place. Pérignon alla aussitôt investir Rosas. Pendant le siège, une bombe tomba tout près de lui. On lui crie de toutes parts de s'éloigner, mais il veut donner à ses troupes un exemple de sang-froid pour les mieux disposer à l'assaut, et reste immobile : la bombe éclate, et, par miracle, ne fait que le couvrir de terre. Les Espagnols se défendirent avec vaillance à Rosas pendant soixante-six jours; mais, comme ils ne reçurent aucun renfort, ils finirent par capituler. Pérignon pouvait désormais se répandre en Catalogne. Aucune place n'était capable de lui résister.

L'Espagne, qui ne s'était engagée qu'à son corps défendant dans une guerre impolitique, était durement punie de sa maladroite intervention. Aussi l'opinion publique réclamait-elle la paix avec instance. Charles IV, malgré ses répugnances personnelles, se décida à entamer des négociations, et envoya à Bâle comme plénipotentiaire le chevalier de Yriarte, qui y rencontra Barthélemy. Au début, les négociations traînèrent en longueur, car l'Espagne réclamait la mise en liberté de Louis XVII et de sa sœur; elle voulait même qu'on lui taillât, du côté des Pyrénées, un petit royaume indépendant. Le jeune prince mourut sur ces entrefaites, et dès lors on s'entendit sans peine. La paix définitive fut signée le 25 juillet 1795. La France et l'Espagne sont séparées par la meilleure des frontières naturelles, les Pyrénées; aussi la Convention agit-elle avec sagesse en restituant à l'Espagne la Navarre, les provinces Basques et la Catalogne : elle se contenta de la moitié de Saint-Domingue, aux Antilles, dont nous étions censés posséder l'autre moitié : avantage bien illusoire, puisque Saint-Domingue n'appartenait plus à personne; mais la France n'avait aucun intérêt à affaiblir l'Espagne.

La nouvelle de cette paix fut accueillie en France avec la joie la plus vive. C'était une nouvelle puissance détachée de la coalition; c'étaient deux armées disponibles à transporter sur d'autres points plus directement menacés; c'était enfin un Bourbon qui reconnaissait la République. En Europe il n'y eut que les émigrés, les Anglais et les Autrichiens qui manifestèrent leur indignation et leur désappointement : les émigrés crièrent à la trahison, à la félonie; les Anglais et les Autrichiens étaient privés d'une utile diversion et savaient que les forces disponibles allaient être dirigées contre eux. Ils craignaient même une prochaine alliance entre la France et l'Espagne, le chevalier de Yriarte ayant dit expressément que les deux nations avaient le même intérêt à délivrer la Méditerranée des escadres anglaises, et l'Italie des armées autrichiennes. Quant aux autres puissances de l'Europe, non seulement elles approuvèrent, mais encore imitèrent la sage conduite de l'Espagne.

En effet, l'exemple étant donné par la Prusse et par l'Espagne, tous les petits États s'empressèrent de négocier. En Italie, le grand-duc de Toscane, un Habsbourg cependant, c'est-à-dire un proche parent de l'Empereur, avait reconnu la République dès le 9 février 1795. Le pape fit savoir qu'il regrettait les outrages qu'avaient subis les envoyés français. Le duc de Parme, un autre Bourbon, déclara qu'il n'avait jamais été l'ennemi de la France. La cour de Portugal avoua qu'elle n'était entrée dans la coalition que par entraînement et condescendance coupable à la politique anglaise. C'était une palinodie générale. La Révolution était partout reconnue, et la croisade des rois contre la France se trouvait réduite aux proportions d'une guerre ordinaire de la France contre le Piémont, l'Autriche et l'Angleterre, c'est-à-dire une de ces guerres comme Louis XIV et Louis XV en avaient eu plusieurs à soutenir, et dans lesquelles l'Angleterre allait jouer son jeu ordinaire, en soldant l'Autriche et en excitant le Piémont pour nous occuper sur le continent, pendant qu'elle s'emparerait de nos colonies, et bientôt, par suite de leur alliance avec nous, des colonies hollandaises et espagnoles.

CHAPITRE IX

CONQUÊTE DU PIÉMONT

(11 avril-28 avril 1796)

Jusqu'ici, en suivant la marche des armées françaises, nous nous sommes moins préoccupé de leurs généraux que des armées elles-mêmes. C'est qu'alors généraux et soldats ne faisaient qu'un. Tous ensemble défendaient la patrie, combattaient pour la patrie, mouraient pour la patrie. Voici que tout à coup l'histoire se change en biographie. Un seul mot a remplacé tous les autres, et encore on l'estropie, car il n'est pas français d'origine. Ce mot est tout, répond à tout, et c'est le nom d'un homme, d'un général. Victoires de ses lieutenants, courage de ses soldats, activité de ses fournisseurs, tout lui est rapporté. Jamais souverain d'antique lignée ne fut entouré d'autant d'adulations, car nous sommes ainsi faits, nous autres Français, que nous éprouvons le besoin périodique de nous jeter dans les bras de prétendus sauveurs. Tant mieux pour nous s'ils ont du cœur et du génie; tant pis pour nous s'ils n'ont que de l'audace et du bonheur. Depuis 1792 nous étions comme déshabitués de cette déplorable manie; tout change en 1796. Adieu patrie! Adieu nation! Il n'y a plus qu'un homme, que Bonaparte!

Bonaparte avait été récompensé de la part glorieuse qu'il avait prise au siège de Toulon par le grade de général de brigade. On le chargea tout d'abord d'armer les côtes de Provence, qui se trouvaient dans un état d'abandon et de négligence extrême. Il s'acquitta de sa mission avec zèle et activité, puis rejoignit à Nice le quartier général de l'armée d'Italie (mars 1794). Le commandant de cette armée était alors le vieux Dumerbion. Ancien officier, il paraissait à la hauteur de ses fonctions, mais souffrait cruellement de la goutte et ne pouvait diriger que de loin les opérations militaires. Il est vrai que ces opérations n'étaient pas très sérieuses. Les Piémontais avaient perdu le comté de Nice et voulaient le reprendre; les Français cherchaient à le conserver et aussi à pénétrer dans le Piémont. De là des combats presque quotidiens, mais sans intérêt. Aussi les soldats montraient-ils une nonchalance inaccoutumée, et les généraux se contentaient de conserver leurs positions. C'est alors qu'arriva Bonaparte. L'initiative dont il avait donné des preuves au siège de Toulon lui avait trop bien réussi pour qu'il reculât devant une nouvelle responsabilité. Il engagea donc Dumerbion à prendre hardiment l'offensive. Comme il avait étudié soigneusement le terrain, il exposa lui-même ses plans au conseil de guerre réuni à cette occasion. Les Piémontais étaient campés à Saorgio, place très forte, qui défend le col de Tende et forme la clef du bassin du Pô. Bonaparte, au lieu d'aborder de front ces positions, proposa de les tourner. Une partie de l'armée sur la gauche tiendrait en respect les Piémontais, et un autre corps, destiné à frapper le coup décisif, filerait le long de la mer, entrerait en Piémont à l'est de Saorgio, et forcerait les ennemis à évacuer leurs positions. Ce plan était bien étudié : il fut adopté à l'unanimité.

Le 6 avril 1794, l'armée française se mit en marche. Tout se passa comme l'avait prévu Bonaparte. Les Piémontais, croyant à une attaque générale, ne quittaient pas leurs positions. Profitant de leur immobilité, une division française s'empare de Loano, d'Oneglia, franchit les Alpes à Ponte di Navo, refoule devant elle tous les détachements piémontais, et force le gros de l'armée ennemie à évacuer précipitamment Saorgio et à nous donner sans combat des positions longtemps disputées.

Les Autrichiens, inquiets de ce succès, et craignant pour leur Milanais, envoyèrent alors aux Piémontais des renforts imposants, et les Anglais s'apprêtèrent à débarquer près de Savone; c'est-à-dire que l'armée française se trouvait exposée à une triple attaque. Bonaparte conseilla à Dumerbion de prendre l'offensive, et, pour prévenir la jonction des trois armées, de tomber séparément sur chacune d'elles. En effet, le 20 septembre, les Français débouchent en Piémont par les plaines de Carcaro et battent les Piémontais.

Les Autrichiens arrivent à leur tour, mais sont repoussés à Dego. Quant aux Anglais, toujours prudents, et prévenus à temps, ils restèrent sur leurs vaisseaux. De la sorte était prévenu le triple danger qui menaçait nos troupes, et même nous pouvions à notre gré envahir le Piémont; mais Dumerbion se contenta de sa double victoire de Carcaro et de Dego, et fit prendre à ses troupes leurs quartiers d'hiver.

Au commencement de l'année suivante (1795), au moment où Bonaparte s'apprêtait à rentrer en campagne, il reçut avis de sa nomination dans l'armée de Vendée. Le 9 thermidor avait eu lieu, et les Thermidoriens poursuivaient à outrance les partisans de Robespierre. Or l'armée d'Italie passait avec raison pour jacobine, et Bonaparte avait jusqu'alors affiché des sentiments ultradémocratiques. Comme il avait rendu des services éclatants, on ne pouvait le destituer sans injustice. On se contenta de le déplacer. Bonaparte refusa. Il fut aussitôt mis en disponibilité. Le coup était dur pour cet ambitieux. D'ailleurs sa position était précaire. Le futur maître du monde fut alors heureux de partager les ressources de ses amis Junot et Bourienne. Ce fut à cette époque qu'il forma le projet d'aller réorganiser en Turquie l'artillerie du sultan. Un heureux hasard le remit en lumière. Il s'était introduit au bureau topographique de la guerre. Coup sur coup il apporta pour la conquête de l'Italie des plans de campagne merveilleux. Ces plans ont été conservés, et, sauf quelques détails, ils ressemblent à ceux que Bonaparte exécutera lui-même en 1796 et 1797. Carnot connut ces projets et les goûta, car, sous forme mathématique, c'était un homme d'imagination. Il les envoya même aux successeurs de Dumerbion à l'armée des Alpes, à Kellerman et à Schérer, qui ne les comprirent pas et ne voulurent pas les exécuter. Mais Carnot n'oublia plus son protégé.

Un évènement inattendu fournit à Bonaparte l'occasion qu'il attendait de se rendre nécessaire. La Convention allait finir et céder la place au Directoire, mais les royalistes de Paris, qui ne voulaient pas que la République se perpétuât, s'étaient révoltés. La Convention était fort menacée. Le conventionnel Barras songea à Bonaparte et le chargea de disperser les sections royalistes. Dans la journée du 13 vendémiaire, Bonaparte s'acquitta avec honneur de cette difficile mission et raffermit la République. Il fut récompensé de ses services par le titre de général de division, et bientôt de général de l'armée de l'intérieur. Une telle place ne convenait pas à un homme aussi remuant. Aussi bien le Directoire commen-

13 VENDÉMIAIRE.

çait à se méfier de lui. On s'en débarrassa par une éclatante faveur. Il fut renvoyé sur le théâtre de ses anciens exploits, avec le titre de général en chef de l'armée d'Italie (23 février 1796). Il n'avait alors que vingt-sept ans.

L'Italie en 1796 n'était qu'une expression géographique. Il y avait bien des Italiens, mais nulle part d'Italie. Le plus puissant des souverains italiens était alors le roi de Naples, Ferdinand de Bourbon, prince doux mais inintelligent, qui ne s'occupait que de pêche, et cédait le gouvernement des affaires à sa femme, l'impérieuse Marie-Caroline. Il nous avait déclaré la guerre dès 1793, mais l'armée napolitaine n'était pas entrée sérieusement en campagne, et il était à présumer que tout se passerait en paroles. Au centre de la péninsule, sur les deux versants de l'Apennin, s'étendaient les États-Pontificaux. Ces belles provinces, si riches et si fertiles, étaient alors les plus mal administrées de l'Europe. Sauf à Bologne et à Ferrare, où régnait le plus profond mépris pour le gouvernement sacerdotal, sauf à Rome, où quelques esprits d'élite avaient conservé le culte des choses de l'intelligence, la populace romaine était réduite à l'ignorance la plus absolue. L'armée n'existait que sur le papier et dans les cérémonies de parade. Le pape pourtant détestait la France, et dès 1793 s'était prononcé contre la République.

La Toscane, entre les Apennins et la mer Tyrrhénienne, était la contrée la plus riante de l'Italie, favorisée par le climat le plus doux et pourvue du meilleur des gouvernements. Le grand-duc de Toscane, l'archiduc Ferdinand de Habsbourg-Lorraine, continuait les traditions de sa famille et introduisait parmi ses sujets les réformes prêchées par les philosophes et les économistes. Par malheur il n'avait pour se défendre qu'une petite armée de 6000 hommes, mais il avait de bonne heure reconnu la République française et espérait continuer à régner en paix.

Dans le nord de la péninsule, le roi de Piémont nous faisait la guerre. Il avait été puni de son intervention par la perte de Nice et de la Savoie, mais le Piémont proprement dit et la grande île de Sardaigne lui appartenaient encore. C'est contre lui que Bonaparte allait d'abord diriger ses coups.

En descendant le cours du Pô, et après le Piémont, on trouvait la Lombardie, province autrichienne depuis 1713. Cette belle et fertile plaine, riche entre toutes les provinces du monde, ne supportait qu'avec impatience la domination étrangère. Les Milanais étaient restés guelfes, comme en plein moyen âge. Leurs voisins, les Vénitiens, avec leur vieille aristocratie, leur inquisition d'État et leur politique défiante, se croyaient encore à la même époque et au temps de leur puissance. De fait, ils étendaient leur domination en Illyrie et en Dalmatie et pouvaient armer jusqu'à 50 000 Esclavons; mais la décadence était complète. Les flottes avaient disparu, les lagunes étaient presque comblées, Venise était devenue l'auberge de l'Europe. Toute sa politique consistait à amuser ses peuples. Les idées nouvelles pourtant commençaient à germer, et,

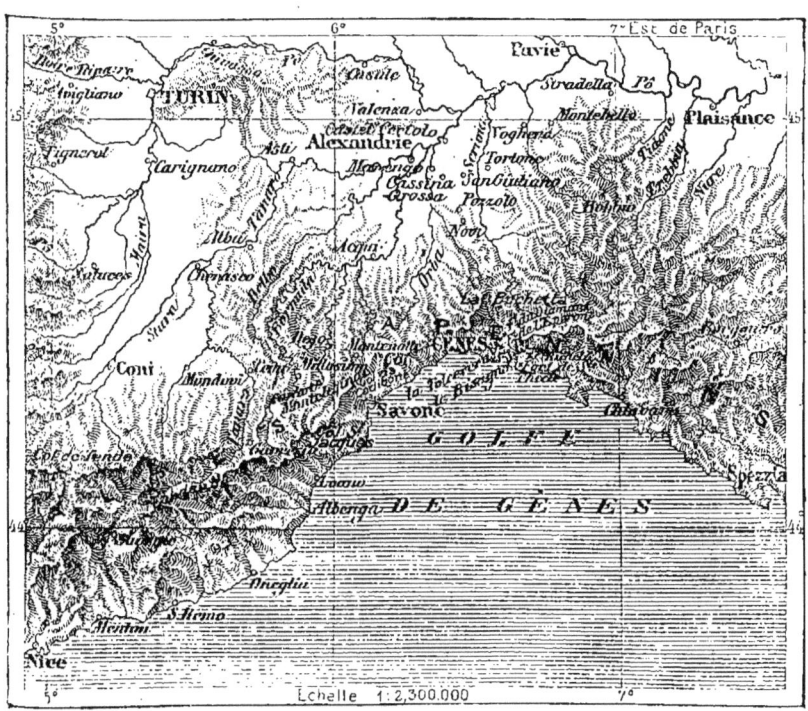

bien que l'aristocratie s'efforçât de les comprimer, les bourgeois vénitiens commençaient à s'agiter. La Sérénissime République était en paix avec la France, ou du moins observait à son égard une stricte neutralité.

Deux autres Républiques, Gênes et Lucques, observaient aussi la neutralité. Gênes, placée entre les armées belligérantes depuis quatre ans, en avait profité pour s'enrichir par le commerce, mais son territoire allait bientôt servir de champ de bataille. Quant à

Lucques, elle ne cherchait qu'à se faire oublier. Citons encore, au sud du Pô, deux princes italiens : le grand-duc de Parme, un Bourbon, ancien élève de Condillac, mais alors tombé sous le joug des prêtres, et le grand-duc de Modène, un Este, qui avait en horreur les doctrines nouvelles, et qui, devenu prophète à force de peur, avait amassé une fortune énorme en pressurant ses sujets.

Telle était l'Italie en 1796. Quel magnifique champ d'opérations pour un ambitieux de génie, et comme il eût été bien accueilli par tous les Italiens, le général qui se fût avancé vers eux en leur donnant la liberté et en leur promettant de reconstituer la patrie et la nationalité! Mais Bonaparte ne devait être pour eux qu'un conquérant.

On s'imagine trop communément que Bonaparte, à peine nommé courut en Italie : c'est une erreur, les chiffres le prouvent. Nommé le 23 février, il n'arrivait à Nice que le 27 mars. Pendant ces quatre semaines, il avait travaillé au succès de la campagne prochaine, en assurant les besoins matériels de l'armée d'Italie. Or ces besoins étaient immenses. Schérer, le successeur de Dumerbion, avait, à Loano, le 23 novembre 1795, remporté un brillant succès sur les Austro-Piémontais, mais il n'avait pu en profiter, faute de chaussures et de vêtements d'hiver. Nos soldats avaient dû rester dans leurs cantonnements, où ils mouraient de faim et de froid. Aucune distribution régulière de vivres : aussi prenaient-ils la déplorable habitude de la maraude. C'étaient des bandes plutôt que des troupes. Les officiers partageaient le dénuement de leurs hommes. Les généraux vivaient également au jour le jour : aussi le mécontentement était-il extrême.

Bonaparte, lors de sa première campagne d'Italie, avait jugé par lui-même des mille embarras que suscitaient à notre armée ces préoccupations matérielles. Pendant son séjour à Paris la situation avait empiré, et le Directoire recevait chaque jour les plaintes de Schérer à ce sujet. Aussi résolut-il de ne s'engager qu'à coup sûr. Il avait surtout besoin de numéraire métal, un louis d'or valant à ce moment jusqu'à 750 francs en papier. Quelques banquiers, trouvant en lui un homme d'énergie et d'audace, résolurent de lui confier les fonds nécessaires, sauf à être largement indemnisés plus tard. Ils s'associèrent même directement à sa fortune et devinrent ses

BONAPARTE.

munitionnaires généraux : nous dirions aujourd'hui ses intendants. Citons parmi eux le Suisse Haller, l'Alsacien Cerfber, et surtout les deux entrepreneurs des vivres pain et des vivres viande Flachat et Collaud; Flosque, le munitionnaire de la chaussure, véritable nécessité dans un pays de cailloux, et Chauvet, l'ordonnateur en chef, qui se rendit à Gênes pour assurer tous les services. Ce sont les obscurs artisans de la fortune de Bonaparte. Sans eux l'armée d'Italie n'aurait pas bougé de ses cantonnements, et sans l'armée d'Italie Bonaparte n'aurait jamais été que le vainqueur de Vendémiaire.

Bonaparte redoutait sa première entrevue avec Schérer, mais ce dernier, sans rancune, sans reproches, et avec la plus grande dignité, lui remit son commandement. Bonaparte, qui s'attendait à des récriminations, fut charmé de cet accueil. La présentation des officiers généraux était plus délicate encore : Masséna, qui depuis quatre ans servait déjà en Italie et y avait rendu d'éclatants services; Augereau, le vaillant chef des Pyrénéens; le froid et correct Laharpe; Sérurier; Kilmaine, qui avait jadis commandé en chef l'armée du Nord, comment tous ces généraux, déjà illustres, accueilleraient-ils ce parvenu? Comment feraient-ils taire les sentiments de jalousie, si naturels au cœur humain? Le nouveau venu ne prévenait guère par son extérieur : petit, maigre, olivâtre, il parlait sèchement et avec un ton d'autorité auquel on n'était pas habitué à l'armée d'Italie; mais il les séduisit par sa bonhomie et ses prévenances. Masséna, il le traita en ancien collègue; Augereau, il l'accabla de caresses et de mots flatteurs; Sérurier, Laharpe, Kilmaine et les autres; il leur déclara qu'en acceptant le titre de général en chef il avait prétendu n'être que leur égal en patriotisme, et que leur expérience viendrait en aide à ses études. Tous les généraux, charmés par cet habile enjôleur, sans renoncer à leur secret mécontentement, au moins ne l'exprimèrent plus au dehors, et se réservèrent d'attendre les évènements pour mieux juger leur nouveau chef.

Restait à se concilier les officiers et les soldats. Bonaparte réussit tout de suite avec les officiers, car ils voyaient dans son rapide avancement le gage de leur propre élévation, et Bonaparte flatta leurs convoitises avec tant d'art et enfiévra si bien leurs espérances, qu'il se donnèrent à lui. C'étaient, pour la plupart, les hommes qui feront la fortune de l'Empire. Junot était son officier d'ordonnance, Murat n'était encore que colonel, Lannes et Suchet commandants, Marmont simple capitaine. Victor et Berthier venaient d'être fait généraux de brigade, sans parler de ceux qui tombèrent avant d'avoir recueilli les fruits de la victoire, Lanusse, Stengel, Muiron et Joubert.

Quant aux soldats, c'étaient pour la plupart des volontaires du Midi, instruits, intelligents, passionnés. Au premier appel de la patrie en danger, en 1792, ils avaient couru au feu, et depuis quatre ans, malgré des privations inouïes, ils combattaient gaiement contre de redoutables ennemis ; mais ils avaient conservé un esprit railleur et une grande indépendance d'opinion. Avant d'asseoir une opinion définitive sur le compte de leur chef, ils l'attendaient à l'œuvre ; mais Bonaparte les surprit et bientôt les séduisit par ses flatteries intéressées, et aussi parce qu'il fit appel non plus aux généreux sentiments qui honorèrent nos armées du Nord, de Sambre-et-Meuse et du Rhin, mais aux passions basses de l'humanité, au désir des jouissances, à la cupidité, à la satisfaction des besoins matériels. « Soldats, leur dit-il dans son premier ordre du jour, vous êtes mal nourris et presque nus. Le gouvernement vous doit beaucoup : il ne peut rien pour vous. Votre patience et votre courage vous honorent, mais ne vous procurent aucune gloire. Je vais vous conduire dans les plus fertiles plaines du monde : de riches provinces et de grandes villes seront en votre pouvoir. Vous y trouverez honneur, gloire et richesses. Soldats d'Italie, manquerez-vous de courage ou de constance ? » Il ne s'agit plus ici de délivrer les peuples étrangers, ou de détruire l'ancien régime. La gloire a remplacé la liberté. Abondance, richesses, bien-être, tels sont les nouveaux mobiles. On enflamme le courage en excitant les convoitises. Et ce n'étaient pas de vaines promesses. Derrière Bonaparte arrivaient Collaud, Flachat, Flosque et les autres munitionnaires. Dès le 4 avril 500 000 rations d'eau-de-vie et 100 000 de biscuit étaient distribuées ; dès le 7 tous les soldats étaient chaussés. Quant aux anciens employés des vivres, gens détestés de la troupe, un habile terrorisme était organisé contre eux. On parlait même de les fusiller. Bonaparte fut récompensé de ses peines. Avec la mobilité d'impressions qui a toujours caractérisé les méridionaux, les soldats passèrent tout à coup de la défiance à l'enthousiasme, et promirent de suivre, partout où il les mènerait, un général qui s'occupait tellement de leur bien-être.

Une fois maître de ses généraux, de ses officiers et de ses soldats, une fois assuré de ses approvisionnements et de ses subsistances, Bonaparte n'avait plus qu'à marcher en avant. Il avait en face de lui près de 60 000 Austro-Piémontais, bien organisés et commandés par deux bons généraux, Beaulieu et Colli ; mais Beaulieu avait soixante-seize ans, et le Conseil aulique s'était imaginé, très à tort, que l'expérience suppléerait à ce que l'âge lui avait enlevé de vigueur morale et d'activité. C'est lui qui avait le commandement suprême. Les alliés gardaient les passages qui conduisent à Turin et à Milan ; mais ils n'étaient pas d'accord. Ils se défiaient les uns des autres. Au lieu de combiner leurs efforts pour une offensive hardie, ils préférèrent couvrir leurs possessions respectives. C'est ce qui permit à Bonaparte de les prévenir et de les confondre, dès le premier jour, par la rapidité inouïe de ses manœuvres.

De Nice à Gênes, et parallèlement à la côte de la Méditerranée, court la chaîne des Alpes, continuée à partir du col de Cadibone par les Apennins. Ces montagnes s'appuient sur de puissants contreforts formant des vallées parallèles entre elles, au fond desquelles coulent des torrents tributaires de la Méditerranée ou du Pô (Tanaro, Bormida, etc.). Dans ce pays tourmenté, il est difficile à une armée de se déployer en ligne de bataille. Les manœuvres de cavalerie y sont impraticables. L'infanterie seule et l'artillerie légère peuvent jouer un rôle actif. La guerre dans ces montagnes sera toujours une guerre de surprises et d'embuscades. Un général habile pourra suppléer à l'insuffisance de ses forces par la rapidité de ses mouvements. Or la simple inspection du terrain suggéra à Bonaparte le plan suivant : Six cols traversent la chaîne des Apennins entre Tende et Gênes, ceux de Tende, Nava, Saint-Jacques, Cadibone, Montenotte, la Bochetta. Deux de ces cols, Tende et Nava, étaient occupés par les Français ; les trois suivants appartenaient aux Austro-Piémontais ; le sixième, la Bochetta, était couvert par la neutralité de Gênes. Bonaparte résolut de passer les Apennins au col de Montenotte, de séparer, s'il le pouvait, les deux armées ennemies en appuyant fortement sur le centre, puis, quand il les aurait séparées, de se rabattre ou sur les uns ou sur les autres. Beaulieu avait pénétré le projet de Bonaparte. Il comprenait la nécessité de se rapprocher de Colli et d'opposer aux Français une masse supérieure de forces : mais l'Autriche recevait déjà de l'or anglais, et les Anglais, au lieu de la pousser vers le Piémont, l'attiraient du côté de Gênes. Ils s'imaginaient que Bonaparte avait l'intention de violer la neutralité de Gênes. « Sauvez Gênes, ne cessaient-ils de dire à Beaulieu, et rapprochez-vous de la mer, où Nelson vous attend! » On le menait donc à droite, on l'éloignait des Piémontais, au moment précis où il aurait fallu se rapprocher d'eux. C'était une faute et Bonaparte en profita.

Au commencement d'avril, l'armée française s'ébranla. Elle était partagée en quatre divisions. Sérurier resta en arrière, à Gorresio, pour surveiller les Piémontais, Laharpe forma l'avant-garde et fila le long de la Corniche dans la direction de Gênes, Masséna et Augereau restèrent au centre avec Bonaparte et furent chargés de porter le coup décisif. Le mouvement de Laharpe sur Gênes avait donné l'éveil aux alliés. Beaulieu se porta directement contre lui par la Bochetta, et ordonna à son lieutenant, Argenteau, de se maintenir à tout prix sur les cols de Montenotte et de Cadibone, et, au besoin, de pousser en avant et de prendre Laharpe entre deux feux. Les deux généraux avaient donc formé le même projet, mais en sens inverse. Beaulieu voulait couper l'armée française en deux tronçons par une attaque sur le centre, et Bonaparte de son côté cherchait à couper les Austro-Piémontais, dans la direction de Savone.

Le 11 avril, les armées se rencontrèrent. Beaulieu, à Voltri, repoussa Laharpe et le rejeta sur Bonaparte. Argenteau s'empara du col de Montenotte, et Colli, par Millésimo, donna la main aux Autrichiens. La position devenait critique, car nous n'avions que des forces inférieures, et, si par malheur Argenteau continuait sa marche en avant, l'armée française était coupée en deux; mais Argenteau trouva sur son chemin la redoute de Montelegino où s'étaient jetés le colonel Rampon et 1200 soldats, sans vivres et presque sans munitions. C'étaient des vétérans de l'armée des Pyrénées Orientales. Ils comprirent l'importance de la position et jurèrent à leur chef de mourir avant de se rendre. Cette héroïque résistance sauva l'armée. Bonaparte, prévenu à temps, rappelle la division Laharpe, la joint à celles d'Augereau, et la lance au secours de Rampon, pendant que Masséna, par des chemins détournés, manœuvre pour tomber sur les derrières des Autrichiens.

Il n'était que temps de secourir les défenseurs de Montelegino. Ils étaient réduits aux dernières extrémités et avaient repoussé trois assauts furieux; mais ils virent arriver Laharpe, puis Augereau, et bientôt Masséna. Le choc fut terrible. L'infanterie autrichienne résista avec bravoure, mais elle était assaillie par des forces supérieures. Masséna survint qui, d'une attaque irrésistible, laissa dans la vallée 4000 cadavres, et fit 2500 prisonniers. Ce beau fait d'armes, connu sous le nom de bataille de Montenotte, non seulement réparait tout, mais encore désorganisait l'armée autrichienne, dont les corps, dispersés de Gênes à Dégo, n'étaient plus capables de reprendre l'offensive.

Bonaparte s'était donc ouvert l'entrée du Piémont : il lui restait à achever sa victoire en séparant tout à fait les Autrichiens des Piémontais. Le jour même il se porte à Carcaro, dans la vallée de la Bormida. En face de lui étaient les Autrichiens ralliés à Dégo, et à sa gauche les Piémontais, qui gardaient Millésimo. S'il parvenait à enlever Dégo, la route de la Lombardie lui était ouverte; s'il enlevait Millésimo, il pouvait descendre en Piémont. Bonaparte se contenta de tenir en respect les Autrichiens, et lança Augereau contre les Piémontais. Ce fut la bataille de Millésimo (13 avril). Les Piémontais furent enfoncés. Une de leurs divisions, coupée du gros de l'armée, fut obligée de se rendre tout entière, et la masse de l'armée se replia précipitamment sur Ceva, persuadée que Bonaparte allait poursuivre son mouvement offensif.

Bonaparte s'en garda bien. Il laissa Augereau à Millésimo pour contenir les Piémontais, qui ne comprirent pas la nécessité d'opérer à tout prix leur jonction avec les Autrichiens, et, dès le lendemain 14, il se jeta, avec les deux infatigables divisions Laharpe et Masséna, sur les Autrichiens concentrés à Dégo. La bataille fut vivement disputée. Masséna en eut tout l'honneur. Les Autrichiens perdirent leur artillerie et près de 4000 prisonniers. Ce nombre fut même doublé par la méprise d'une division autrichienne qui, partie de Gênes pour rejoindre l'armée, tomba au milieu des Français et

UN ÉPISODE DE LA BATAILLE DE MONTENOTTE.

ne s'empara de Dégo que pour y être presque aussitôt prise elle-même.

En quatre jours trois victoires, plusieurs milliers de prisonniers, deux armées séparées et en fuite! Bonaparte était maître des grandes routes qui conduisaient vers Turin et vers Milan. Ses soldats pouvaient, à leur choix, tomber sur les Piémontais ou sur ses Autrichiens. Cette tactique hardie, cette méthode nouvelle qui lui donnait sur chaque champ de bataille des forces supérieures à celles de l'ennemi, avaient déconcerté les coalisés. La grandeur des résultats si rapidement acquis frappa tous les esprits. Quand les soldats, arrivés sur le Monte Zamoto, virent se dérouler à leurs pieds la magnifique plaine du Pô, encadrée comme d'une ceinture de neiges par les grandes Alpes, et que Bonaparte leur eut d'un mot expliqué la campagne : « Hannibal avait franchi les Alpes, nous, nous les avons tournées ! » alors officiers et soldats furent frappés d'admiration, et saluèrent leur jeune chef par d'unanimes applaudissements.

Malgré les instructions du Directoire, qui lui prescrivaient de s'attacher aux Autrichiens, Bonaparte ne croyait pas qu'il fût prudent de laisser derrière lui une armée vaincue et désorganisée, mais brave, comme l'était l'armée piémontaise. Avant de poursuivre les Autrichiens, il voulut accabler les Piémontais, afin d'assurer ses derrières. Il laissa donc Laharpe à San Benedetto pour se garantir contre un retour offensif des Autrichiens, et, renforcé par la division Sérurier, qui n'avait pas encore bougé, se jeta avec toutes ses forces contre les Piémontais.

Colli fit son devoir en brave. A l'heure du danger, les Piémontais ne mentirent pas à leur vieille réputation militaire. Les Autrichiens, qui ne songeaient qu'à couvrir le Milanais, ne vinrent pas à leur aide. Beaulieu, dévoilant tout à coup la politique autrichienne, eut même l'impudence de leur proposer un secours immédiat, moyennant cession des trois places fortes de Tortone, Alexandrie et Valenza. C'était sous le prétexte d'avoir une base d'opérations solide, mais en réalité pour se payer de ses services en gardant les trois citadelles piémontaises. Le roi Victor-Amédée III repoussa ces propositions intéressées, et résolut de sauver l'honneur des armes en livrant une dernière bataille aux Français.

C'est la bataille de Mondovi. Solidement établi sur les hauteurs de Saint-Michel, Colli repoussa, le 19, la division Sérurier, mais lorsque, le 22, Augereau et Masséna eurent opéré leur jonction, et que Bonaparte ordonna l'attaque générale, les Piémontais, malgré leur bravoure, ne purent résister à l'élan furieux de nos troupes. Sérurier décida la victoire en s'emparant de la redoute de la Bicoque. 3000 morts ou prisonniers restèrent sur le champ de bataille. Le surlendemain 24, Bonaparte entrait à Cherasco. Il n'était plus qu'à dix lieues de Turin.

Rien encore n'était perdu. Aucune des forteresses importantes qui hérissent le pays n'était tombée au pouvoir des Français. Si les débris des troupes battues à Millésimo et à Mondovi s'étaient jetés dans ces places, résolus à s'y défendre et à donner aux Autrichiens le temps de venir à leur aide, la situation de Bonaparte devenait difficile, car il n'avait pas d'artillerie de siège. De plus, Beaulieu, comprenant sa faute, annonçait sa prochaine arrivée; les paysans commençaient à prendre les armes et à égorger nos traînards. Aucun renfort n'arrivait de France. Heureusement pour nous, on avait peur à Turin. La plupart des grandes familles de cette ville, épouvantées par l'approche des républicains, se tenaient prêtes à fuir au premier signal. Tout justement on venait d'apprendre que les habitants de Mondovi avaient planté un arbre de liberté et proclamé la république. Effrayé par l'explosion inattendue de ces sentiments révolutionnaires, découragé par les supplications de son entourage et par les prières d'une bourgeoisie opulente et amollie, le roi Victor-Amédée III, malgré ses répugnances personnelles, autorisa Colli à faire à Bonaparte des propositions de paix.

Bonaparte n'avait reçu du Directoire que le droit de signer un armistice. Plusieurs de ses lieutenants l'engageaient à n'accepter aucune proposition et à répandre la Révolution en Piémont. Augereau surtout insistait pour détruire ce royaume; mais Bonaparte avait de l'estime pour cette monarchie forte, bien disciplinée, et pour cette population énergique, qu'il ne voulait pas pousser à bout. Afin de mieux accabler les Autrichiens, il lui fallait être sûr des Piémontais. Une conquête en règle lui aurait imposé une occupation onéreuse et pleine de dangers. Mieux valait tenir le Piémont à sa merci, et lui lier les mains par un traité en règle. Seulement, comme il n'ignorait pas qu'il ne faut jamais donner à l'ennemi le temps de se reconnaître, et qu'il est politique d'affecter un profond dédain pour ce qu'on désire le plus, il se garda de faire aux propositions piémontaises une réponse décisive et satisfaisante. Il laissa seulement entrevoir qu'un accommodement n'était pas impossible, mais qu'il ne pouvait rien prendre sur lui avant d'avoir reçu les ordres du Directoire; en même temps il ordonnait à Sérurier, à Masséna et à Augereau de pousser en avant dans la direction de Turin, et à Laharpe de contenir ou plutôt de surveiller Beaulieu.

Le 26 avril, l'armée française n'était plus qu'à quelques lieues de Turin, dans un des plus beaux et des plus riches pays du monde. Elle nageait dans l'abondance. Fiers de leur victoires, les soldats de cette armée ne songeaient qu'à poursuivre leurs avantages. A Turin, au contraire, la panique était générale. Les courtisans fuyaient, le peuple, qui craignait le pillage, s'attroupait autour du palais et demandait la paix à grands cris. Le roi se décida à faire un nouveau pas, et envoya à Bonaparte le baron della Torre avec les pouvoirs nécessaires pour signer un armistice, en même temps que des plénipotentiaires partaient à Paris pour y traiter de la paix définitive.

L'armistice fut signé à Cherasco, le 28 avril. Les conditions en étaient dures. Le Piémont se retirait de la coalition, et, jusqu'à la signature de la paix, abandonnait ses places fortes à la France. Toutes les milices seraient licenciées, et les troupes régulières disséminées. Enfin la France avait le droit de disposer à son gré, sauf remboursement ultérieur, de toutes les ressources, subsistances, munitions et effets d'équipement que contenaient les magasins piémontais. C'était un traité léonin. Il est vrai que Bonaparte combla de prévenances le vieux roi. Il lui fit même entendre qu'au prix d'une alliance sérieuse avec la France on lui céderait volontiers la Lombardie, dès qu'on l'aurait conquise. Victor-Amédée III goûta, ou fit semblant de goûter ces avances, mais ce dut être pour lui un crève-cœur que de signer quelques jours plus tard, le 15 mai, le traité de Paris, par lequel il cédait à la France, sans nulle compensation, la Savoie et le comté de Nice. Nous acquérions ainsi notre frontière naturelle des Alpes, et un de nos ennemis les plus acharnés était arraché à la coalition et contraint de s'humilier sous la main toute-puissante du vainqueur.

Ces merveilleux résultats avaient été obtenus en dix-huit jours. Le 11 avril, la campagne était ouverte et, le 28 du même mois, l'armistice de Cheraseo était signé. Jamais encore, pas même dans la campagne de Hollande, général n'avait été aussi heureux. Aussi, quand ces nouvelles arrivèrent à Paris, la joie fut extrême. Ce fut, pendant toute une semaine, comme un défilé de victoires, de villes et de provinces conquises, de drapeaux et de canons. Il y eut un éblouissement dans les esprits. De même que nos ancêtres les Gaulois, nous aimons l'éloquence et la gloire militaire. Or Bonaparte nous prenait par nos côtés sensibles. Ses victoires, annoncées par ses proclamations, provoquaient un joyeux étonnement. Le gouvernement, entraîné par l'opinion publique, fut obligé de s'incliner devant ce pouvoir naissant. Le Directoire décréta par trois fois que l'armée d'Italie avait bien mérité de la patrie, et, lorsque Murat vint lui présenter les drapeaux conquis, il fit célébrer en son honneur une fête de la Victoire. Ce n'était là que le prélude de fêtes plus splendides et de victoires autrement éclatantes.

CHAPITRE XI

CONQUÊTE DE LA LOMBARDIE

A la nouvelle des prodigieux succès remportés par Bonaparte sur les Austro-Piémontais, l'Italie fut agitée de sentiments divers. Les États restés neutres jusqu'alors, Toscane, Gênes, Venise, flottaient irrésolus entre la crainte de la propagande française et celle de la domination autrichienne. Nos ennemis, le pape, le roi de Naples, les ducs de Parme ou de Modène, tremblaient de peur, car ils sentaient leurs trônes menacés et se disposaient à la résistance. L'Autriche, enfin, se préparait à diriger contre Bonaparte des forces accablantes et à lui disputer à tout prix la prépondérance italienne. Avant de permettre aux neutres de devenir belligérants, avant de donner aux autres princes le temps de se concerter pour une action commune et à l'Autriche d'envoyer des renforts, Bonaparte résolut de frapper un coup décisif, en attaquant l'Autriche au cœur même de sa puissance, dans le Milanais et le Mantouan.

L'entreprise était difficile. L'Autriche, à cette époque, était fortement campée en Italie. Depuis un siècle elle y possédait de belles et importantes provinces. Sa situation militaire était formidable. Au nord, la chaîne des Alpes est une barrière que rarement armée cherchera à franchir, et, au cas peu probable où une invasion se présenterait par le nord, il serait encore facile de continuer la défense en s'appuyant sur les grands lacs Majeur, Lugano, de Côme, d'Iseo et de Garde, qui forment comme une série de défenses naturelles. Au sud, le grand fleuve italien, le Pô, sert de frontière. Depuis qu'il a quitté les Alpes, au mont Viso, ce fleuve a déjà reçu toutes les rivières du Piémont. Il roule un volume d'eau considérable. Sa largeur varie entre 200 et 500 mètres. Ses bords sont plats et ses eaux lentes, mais il est difficile de jeter un pont sur un fleuve aussi large, et, comme on connaît tous les gués, une armée qui défend le pays n'a pas de peine à les garder. A l'ouest, une rivière impétueuse, qui sert de déversoir au lac Majeur, le Tessin, couvre la Lombardie comme d'un large fossé, et à l'est le Mincio, qui sort du lac de Garde, remplit le même office. La défense est encore facilitée par les nombreux cours d'eau qui descendent des Alpes parallèlement au Tessin et au Mincio. Ce sont l'Olona, le

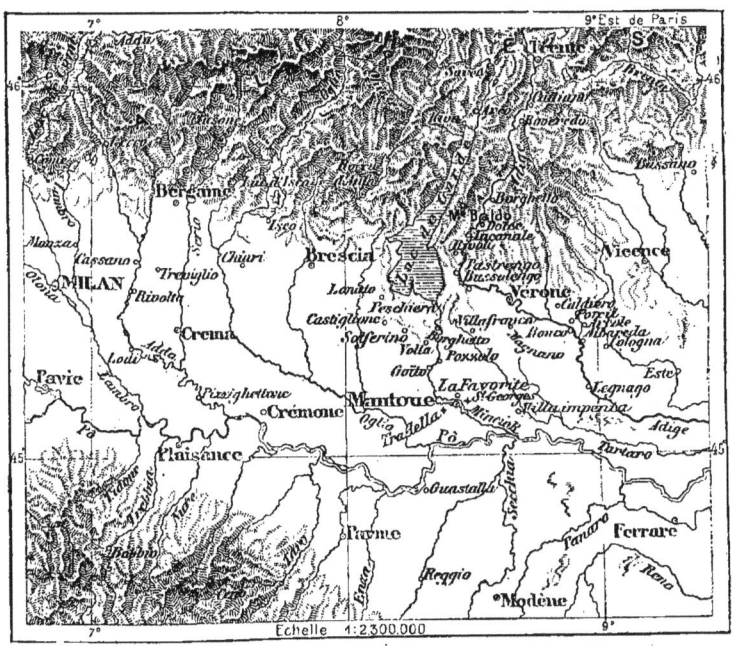

Lambro, l'Adda, l'Oglio et la Chiese, autant de défenses naturelles, qui permettent de prolonger la résistance.

Les Autrichiens avaient en outre accumulé les obstacles artificiels. C'était un enchevêtrement prodigieux de redoutes, de batteries, de camps retranchés et de fortifications : sur le Tessin, Pavie, Magenta, Turbigo; sur l'Olona, Milan et Varèse; sur l'Adda, Pizzighetone, Lodi, Cassano; sur la Chiese, Lonato et Roca d'Anfo; sur le Mincio, Mantoue; sur le Pô, Crémone; sans compter les canaux qui coupent le pays et augmentent la difficulté des communications, des chaussées et des clôtures si nombreuses dans les champs et qui rendent la contrée à peu près impraticable pour la cavalerie.

Assurément si les sujets de l'Autriche avaient été disposés à seconder sa résistance, Bonaparte s'aventurait fort; mais, malgré la douceur du gouvernement autrichien, malgré les faveurs prodiguées par la cour de Vienne à tous les Italiens qui voulaient bien les accepter, on repoussait ses avances. La bourgeoisie, fort éclairée, fort instruite, aspirait au moment où elle pourrait faire revivre les anciens jours de l'autonomie locale, et le peuple, malgré la profonde ignorance où il était systématiquement retenu, sentait s'agiter confusément en lui des espérances d'un avenir meilleur. Les Autrichiens occupaient donc la contrée, mais ils n'y étaient que tolérés.

Bonaparte connaissait trop bien l'Italie, et avait pris ses renseignements avec trop de précision pour ne pas être au courant de la situation des esprits. Aussi, dans toutes ses proclamations, affectait-il de séparer soigneusement les intérêts italiens des intérêts autrichiens. Il promettait aux Italiens sa protection et son amitié, et ne menaçait que l'armée autrichienne. Ses intentions n'étaient sans doute pas très sincères, et il ne songeait que médiocrement à la nationalité italienne, mais c'était une arme de guerre que lui offrait le hasard, et il avait grand soin de ne pas la négliger.

Les opérations militaires reprirent au commencement de mai. Beaulieu avait profité du répit que Bonaparte avait été forcé de lui accorder. Il avait appelé des garnisons dans les places, et s'était surtout appliqué à ravitailler Mantoue, qui, dans la pensée de l'état-major autrichien, devait être et fut en effet la clef de l'Italie. Il disposait d'environ 60000 hommes. Il avait eu soin d'assurer ses communications avec le Tyrol, afin d'en tirer des renforts ou des approvisionnements. Il avait même essayé de prévenir Bonaparte en cherchant à s'emparer, à la nouvelle des négociations entamées avec le Piémont, de la ligne de la Sésia, au delà du Tessin. Il n'avait réussi à prendre que Valenza, mais s'y était fortement établi, et, dans l'angle formé par la Sésia, le Pô et le Tessin, attendait Bonaparte avec toutes ses troupes. Fidèle aux principes de la stratégie autrichienne, il s'était couvert par des redoutes et des batteries, espérant, comme l'avaient espéré Saxe-Teschen à Jemmapes, Cobourg à

Wattignies et Wurmser à Wissembourg, que l'ardeur française se briserait contre ces obstacles accumulés.

Bonaparte ne chercha même pas à attaquer les Autrichiens dans ces positions inexpugnables : usant du procédé qui lui avait déjà réussi en Piémont, il tourna les ennemis. L'opération n'était pas facile, car une marche de flanc peut toujours être interrompue, et l'armée qui l'exécute coupée en plusieurs tronçons. Bonaparte l'essaya pourtant et il y réussit. Il avait répandu le bruit qu'il forcerait le passage à Valenza : Beaulieu et les Autrichiens le croyaient ; mais il ne laissa sur ce point, en face d'eux, qu'un rideau de troupes, fila le long du fleuve avec sa cavalerie, en ramassant tous les bateaux disponibles, arriva à Plaisance, bien loin du passage où on l'attendait, et l'armée française franchit le Pô en toute sécurité. Il n'y eut qu'un petit engagement à Fombio, mais nous y perdîmes le général Laharpe, tué par ses soldats pendant la nuit.

Cette marche hardie nous donnait, sans combat, la moitié de la Lombardie. Beaulieu n'avait plus qu'à livrer une bataille décisive, ou bien qu'à battre précipitamment en retraite, et à continuer derrière l'Adda, la Chiese et le Mincio la défensive qui lui avait jusqu'à présent si mal réussi. Le prudent général s'arrêta à ce dernier parti. Il évacua tout le pays entre la Sésia et l'Adda, et même nous abandonna la capitale du pays, Milan, dont il se contenta d'occuper le château par une forte garnison. Il divisa son armée en trois corps : une première division à droite franchirait l'Adda à Pizzighetone et s'y arrêterait ; lui au centre franchirait et garderait l'Adda à Lodi ; deux autres divisions au centre s'établiraient à Cassano, sur la même rivière.

Bonaparte aurait pu entrer tout de suite à Milan, mais il négligea avec raison cette stérile satisfaction d'amour-propre, et ne songea qu'à poursuivre l'ennemi et à lui enlever la ligne de l'Adda. Il ne pouvait songer à répéter la manœuvre qui lui avait si bien réussi à Plaisance, c'est-à-dire longer le Pô et le franchir au-dessous de l'Adda, car cette fois Beaulieu était sur ses gardes. Il chercha donc à s'emparer de vive force de l'Adda. Il se présenta d'abord à Pizzighetone, mais il y trouva la première colonne de Beaulieu et ne chercha pas à la débusquer. Il courut ensuite à Lodi, où Beaulieu venait d'arriver. Apprenant que Cassano n'est pas encore occupé, il forme alors le hardi projet de refouler Beaulieu à Lodi, puis de courir à Cassano afin de prévenir et de prendre les divisions autrichiennes. Tout dépendait de l'attaque dirigée sur Lodi ; or, pour franchir la rivière, il fallait emporter un pont garni d'artillerie et défendu par toute une armée. D'ordinaire, pour épargner la vie du soldat, on tourne de pareils obstacles ; seulement, si on le forçait, non seulement on remporterait un brillant succès, mais encore on aurait l'espoir de détruire une partie de l'armée autrichienne. Bonaparte forme une colonne de 6000 soldats d'élite, commandés par Masséna, Lannes et Dallemagne ; il parcourt leurs rangs, les encourage, et les lance sur le pont au pas de course. Il avait calculé que, par la rapidité du mouvement, la colonne n'aurait pas beaucoup à souffrir. En effet, nos soldats s'élancent : vingt pièces de canon les prennent en enfilade et jettent le désordre dans leurs rangs. Ils hésitent un moment, mais les officiers continuent à courir, et, après une seconde décharge, la colonne arrive sur les pièces, elle s'en empare et disperse à la baïonnette l'infanterie autrichienne qui veut les reprendre. Au même moment notre cavalerie, qui avait trouvé un gué, se montrait sur le flanc des Autrichiens, qui, épouvantés, prenaient la fuite et laissaient entre nos mains 2000 prisonniers (10 mai).

Il est vrai que, pendant ce temps, les deux divisions autrichiennes qu'on avait espéré surprendre à Cassano, franchissaient l'Adda et rejoignaient le gros de l'armée. L'opération militaire était manquée, mais l'effet moral était produit. L'armée autrichienne démoralisée se croyait vaincue à l'avance. Aussi bien elle se replia jusque derrière le Mincio, en abandonnant, avec le pays compris entre l'Adda et le Mincio, les places de Pizzighetone, Crémone, Pavie et le château de Milan. Cette fois Bonaparte se décida à prendre possession de sa conquête, et entra à Milan (15 mai).

Les Autrichiens s'étaient retirés dans le Mantouan et ne paraissaient pas disposés à reprendre l'offensive. On aurait cru que Bonaparte donnerait à son armée quelque repos et jouirait à Milan de son triomphe ; mais il ne se laissa pas amollir par les délices de cette nouvelle Capoue. Dès le 24 mai, l'armée française renforcée, bien équipée, reprenait sa marche en avant et se présentait sur le Mincio.

Cet affluent du Pô sort du Tonal et tombe dans le lac de Garde à Riva pour en sortir à Peschiera. Il arrose ensuite Borghetto et Goïto, puis se dilate en marais défendus par la forte place de Mantoue, par les deux forts de Saint-Georges et de la Favorite sur la rive gauche, de Praddella, Té et Migliaretta sur la rive droite. Le Mincio n'est guère large, mais il est profond, rapide et nulle part guéable. Ce qui en fait la ligne de défense la plus formidable de l'Italie, c'est qu'il est comme doublé en arrière par le cours et les places de l'Adige. L'Adige en effet coule à peu près parallèlement au Mincio. Il est large, rapide, jamais guéable. Sa partie supérieure est protégée par les montagnes du Tyrol et sa partie inférieure est inabordable, à cause des dérivations et des canaux qu'il forme avec le Pô. C'est au centre seulement qu'on le traverse et encore se heurte-t-on contre les deux places fortes de Vérone et de Legnago.

De toutes ces places, Mantoue seule appartenait à l'Autriche. Peschiera, Vérone et Legnago étaient vénitiennes ; mais la République vénitienne, au lieu de se maintenir fière et énergique entre les belligérants, au lieu de faire respecter sa neutralité armée et d'annoncer catégoriquement qu'elle déclarerait la guerre à ceux qui la violeraient, adopta le plus déplorable des systèmes politiques, la neutralité désarmée : aussi son territoire servira-t-il de champ de bataille aux belligérants, ses ressources militaires passeront de mains en mains, son honneur sera compromis, et, quand elle réclamera, on ne fera même pas attention à ses plaintes. On aurait compté avec elle au contraire si, dès le début, elle avait pris une attitude digne de sa vieille réputation.

Ce fut Beaulieu qui rompit le premier la neutralité vénitienne, en occupant Peschiera. Bonaparte saisit avec empressement ce prétexte pour entrer à Brescia, autre place vénitienne, et feignit de vouloir franchir le Mincio à Peschiera même. Beaulieu se laissa tromper encore par cette démonstration, et courut à Peschiera avec le gros de ses forces. Aussitôt Bonaparte se dérobe, file le long du Mincio, se jette sur les Autrichiens à Borghetto (30 mai) et les coupe en deux tronçons. Une moitié de l'armée vaincue s'enferme dans Mantoue, et l'autre s'enfonce dans le Tyrol pour y attendre des renforts. Alors Bonaparte s'empare de Peschiera, enlève aux Vénitiens Vérone et

Legnago qui lui assuraient le cours de l'Adige, et revient assiéger Mantoue.

A l'exception de Mantoue, la Lombardie était donc conquise, et l'armée autrichienne se trouvait ou rejetée dans le Tyrol ou assiégée à Mantoue. De plus Bonaparte avait pris aux dépens des Vénitiens une position défensive formidable, et il pouvait en toute sécurité y braver les efforts de l'Autriche. Deux mois lui avaient suffi pour gagner six batailles rangées, pour détacher les Piémontais de la coalition, et pour enlever à l'Autriche toutes ses possessions italiennes, à l'exception d'une ville qu'il tenait assiégée. Il résolut alors de donner quelque repos à ses troupes et de consolider sa conquête en l'organisant. Ce ne sera pas la partie la plus brillante, ni surtout la plus honorable de son œuvre.

Bonaparte avait pour principe de faire vivre son armée aux dépens des pays qu'elle occupait. Il débuta par lever une contribution de vingt millions sur la Lombardie, et les Lombards, qui attendaient de leur jeune vainqueur des trésors de liberté, furent désagréablement surpris quand on leur demanda de l'argent. Les partisans de l'Autriche profitèrent même du mécontentement pour exciter à Pavie, sur nos derrières, une dangereuse émeute. Bonaparte, qui redoutait les soulèvements populaires, entoura la cité rebelle d'une masse de troupes surexcitées par la promesse du pillage, et la livra pendant quelques heures à la fureur des soldats. Cette exécution sommaire épouvanta. On se courba sous la main impitoyable du vainqueur. Il est vrai que, par ses flatteries et ses promesses, Bonaparte s'efforça de faire oublier les scènes de Pavie; mais les Lombards ne se laissèrent point prendre à ces avances intéressées. Ils n'avaient au début que de la sympathie pour nous : ils commencèrent à se défier de leurs nouveaux alliés.

Bonaparte agit plus brutalement à l'égard d'autres princes italiens. Les ducs de Parme et de Modène avaient eu le tort de ne pas dissimuler leurs sentiments hostiles, mais ils n'avaient pas pris les armes contre nous : Bonaparte les menaça d'une intervention armée. Aussitôt ils demandèrent un armistice qui leur fut non pas accordé, mais vendu. Le roi de Naples et le pape avaient paru disposés à se joindre aux Autrichiens : Bonaparte fait semblant de marcher contre eux, et ces deux souverains sont obligés, pour obtenir leur pardon, de souscrire à des conditions humiliantes. Les républiques n'étaient pas respectées. Sous prétexte de l'assassinat de quelques traînards par des Génois, Bonaparte force le sénat de cette ville à chasser les partisans réels ou supposés de l'Autriche et le menace d'une occupation temporaire. Nos alliés eux-mêmes n'étaient pas en sûreté : Livourne était enlevé au grand-duc de Toscane, sous prétexte de l'arracher aux Anglais. C'étaient de nouvelles maximes politiques, c'était un nouveau droit des gens, que, depuis, d'autres peuples ont appliqué à nos dépens.

Le siège de Mantoue était la grande préoccupation de Bonaparte. Réduit tout d'abord à bloquer la place, car il n'avait pas d'artillerie de siège, il avait peu à peu accumulé autour de Mantoue, au fur et à mesure que les petites citadelles tombaient entre ses mains, d'énormes ressources en matériel. A la période du blocus avait succédé celle de l'investissement régulier. Les travaux avaient été poussés avec vigueur, mais l'élite de l'armée autrichienne, plus de 13 000 hommes, défendait Mantoue; 180 grosses pièces et 76 mortiers ou obusiers garnissaient ses imposantes fortifications; enfin le commandant de la place, un Espagnol au service de l'Autriche, Canto d'Irlés, connaissait le prix de la résistance et avait répondu aux sommations françaises par un refus dédaigneux. Il n'ignorait pas que l'Autriche essayerait de le dégager, et, en immobilisant ainsi une partie de l'armée française, il espérait donner aux généraux autrichiens le temps de venir à son aide. Ses pressentiments allaient bientôt se réaliser.

En effet, pendant que Bonaparte exerçait en Italie une véritable dictature financière et politique, un orage s'amassait dans les Alpes, qui bientôt allait fondre sur lui et le surprendre presque à l'improviste. L'Autriche était au désespoir de ses défaites italiennes. Elle avait déjà, au Nord, perdu les Pays-Bas ; s'il lui fallait encore, au Midi, renoncer à ses provinces italiennes, elle se considérait comme démembrée. Ce n'était plus pour elle une question politique ou dynastique, mais en quelque sorte une question vitale; aussi s'était-elle déterminée aux plus grands sacrifices. Elle avait chargé le maréchal Wurmser de conduire en Italie une nouvelle armée de secours. Ses instructions lui prescrivaient de débloquer Mantoue à tout prix, et de refouler les Français hors de la péninsule. L'Autriche espérait que les princes italiens se joindraient à elle dans le danger commun. Elle avait le droit de compter sur Wurmser, vétéran des guerres du XVIII° siècle, soldat éprouvé, qui venait de donner des preuves toutes récentes de sa valeur et de son dévouement. Quant à ses soldats, c'étaient les meilleurs de l'Autriche et ils étaient conduits au combat par d'excellents officiers. Jamais, depuis les quatre ans que durait la guerre contre la France, pareille armée n'avait été menée au feu. C'était une masse de 70 000 hommes, qui s'apprêtait à envahir l'Italie. L'armée française comptait à peine 45 000 hommes, y compris les troupes qui assiégeaient Mantoue et les garnisons disséminées dans diverses places. De plus, elle était étendue sur une ligne trop longue, qu'on pouvait aborder sur plusieurs points à la fois. Tout semblait donc indiquer la ruine prochaine de cette armée, attaquée en face par Wurmser, obligée de se séparer pour continuer le siège de Mantoue, et bientôt menacée par les princes italiens, qui n'attendaient pour agir que le signal de Wurmser. A ce moment solennel, les esprits sont en suspens. Les uns tremblent : ce sont les peuples qui croient encore aux promesses de Bonaparte et le considèrent toujours comme leur libérateur; les autres espèrent : ce sont les souverains, qui le détestent cordialement, et répètent avec emphase que l'Italie sera, comme par le passé, le tombeau des Français.

Wurmser divisa son armée en trois colonnes : la première devait aboutir à Brescia et couper les communications avec la France, la seconde côtoierait le lac de Garde jusqu'à Peschiera, la troisième filerait le long de l'Adige sur Vérone, et de là sur Mantoue. Grave imprudence que de diviser ainsi ses troupes au début des opérations. Wurmser renonçait de la sorte à l'avantage du nombre, et oubliait que son adversaire avait l'art d'amener toutes ses forces sur le terrain. Il se croyait tellement sûr de la victoire, qu'il ne prit pas la vulgaire précaution de former de son armée une masse irrésistible qui du premier élan triompherait de toutes les résistances : il allait être durement puni de sa présomption !

Tout d'abord la fortune sourit aux Autrichiens : leur colonne de droite, commandée par Quasdanowich, s'empara de Brescia et menaça nos derrières; leur colonne de gauche déboucha sur Vérone et menaça l'Adige. Leur colonne du centre nous débusqua de toutes nos positions et menaça le Mincio. On apprenait au même instant que les Napolitains et les Pontificaux entraient en campagne et s'apprêtaient à nous attaquer par le sud. Il y eut un moment d'hési-

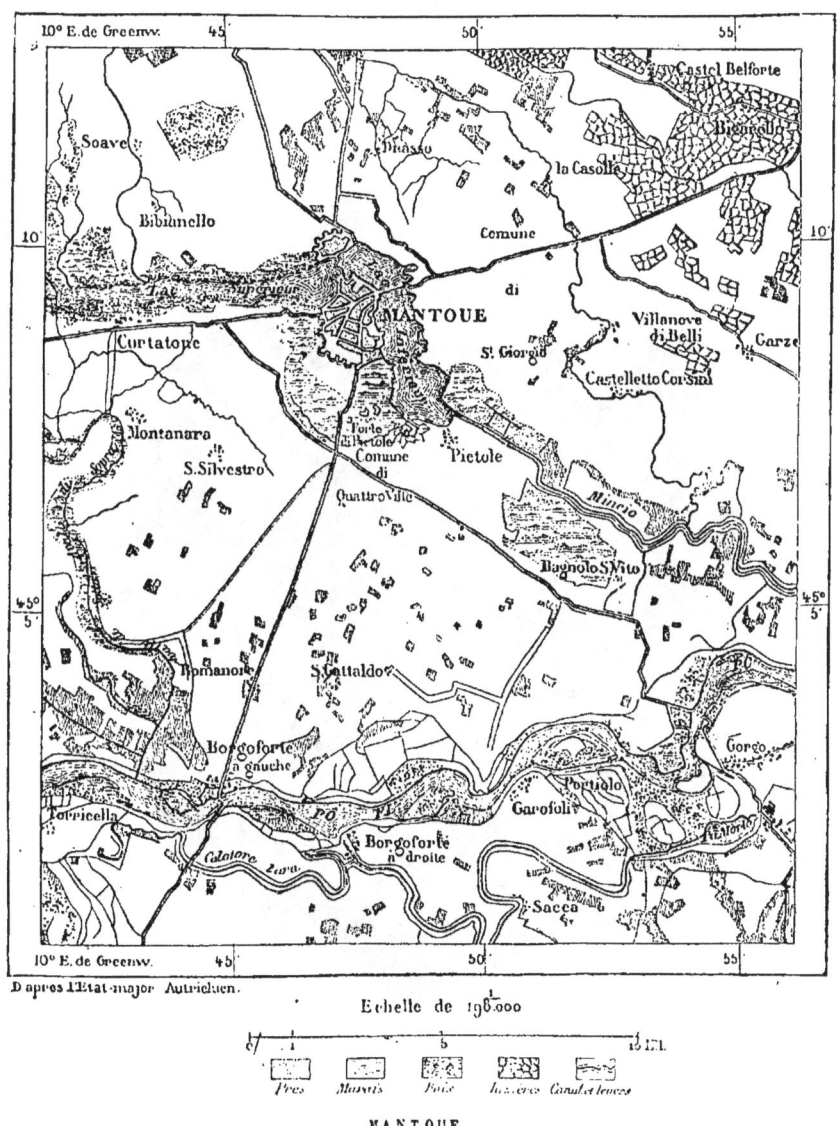

MANTOUE.

tation dans l'état-major français. Bonaparte aurait eu la pensée, paraît-il, de battre en retraite. Masséna et surtout Augereau l'en dissuadèrent. Seulement, comme il fallait une rapide concentration de forces, il se décida à un dur sacrifice. Il leva le siège de Mantoue. Les affûts furent brûlés, les pièces de siège enclouées, les poudres noyées, et les assiégeants opérèrent leur jonction avec l'armée principale. Cette délicate opération fut menée si rapidement, que les assiégés ne s'en aperçurent que fort tard. Wurmser, qui accourait avec la colonne de gauche pour débloquer Mantoue et prendre

WURMSER.

le corps d'armée assiégeant entre deux feux, arriva quand il n'y avait plus personne à combattre, et, par cette méprise, manqua à la bataille, où se décidait le sort de son principal corps d'armée.

Bonaparte n'avait pas perdu son temps. A peine avait-il massé ses forces, qu'il prit position entre les trois corps d'armée qui convergaient contre lui, à la pointe méridionale du lac de Garde, non loin de Peschiera. Si les trois armées autrichiennes arrivaient exactement au rendez-vous, il était cerné et perdu, mais il comptait sur leur lenteur proverbiale. En effet, le 31 juillet, il tombait à Lonato sur Quasdanowich qui ne s'attendait nullement à une attaque, le battait et le refoulait dans le Tyrol. Aussitôt il se portait contre la seconde armée autrichienne, celle du Centre, qui espérait opérer sa jonction avec Quasdanowich, et n'avait pas encore été rejointe par Wurmser. C'est la seconde bataille de Lonato (3 août). Grâce à Masséna, la victoire fut complète. Le désastre de cette armée était si grand, que, le lendemain de cette bataille, 4000 Autrichiens, qui avaient surpris Bonaparte à Lonato, se rendirent si peu compte de leur position, qu'ils rendirent les armes à la première sommation.

La troisième armée, celle de Wurmser, grossie par les débris de la seconde armée, restait intacte. Elle vint nous présenter la bataille à Castiglione, non loin de Solferino. Le général autrichien avait démesurément étendu sa droite, dans l'espoir de rallier l'armée de Quasdanowich. Bonaparte comprit tout de suite le parti qu'il pourrait tirer de l'erreur du maréchal, qui sans doute ne connaissait pas encore l'échec de son lieutenant et s'attendait à le voir déboucher d'un moment à l'autre sur les derrières de l'armée française. Il encouragea donc cette manœuvre sans danger pour lui, et feignit de céder le terrain aux Autrichiens, mais en même temps il portait la division Sérurier sur leurs derrières. A peine a-t-il entendu gronder le canon de son lieutenant, qu'il arrête le mouvement rétrograde de ses troupes et ordonne une attaque générale. La ligne ennemie est coupée au centre, la gauche est prise en tête et en flanc, la droite rejetée sur le lac. Les Autrichiens prennent alors la fuite dans toutes les directions, en nous abandonnant leur artillerie et plusieurs milliers de prisonniers. Wurmser, désespéré, était rejeté dans le Tyrol; et notre armée, trois fois victorieuse dans cette campagne de six jours, reconquérait la ligne de l'Adige et pouvait de nouveau assiéger Mantoue. De son gigantesque effort, l'Autriche n'avait retiré qu'un avantage, celui de ravitailler cette place; mais elle avait perdu trois batailles, et était profondément découragée. Heureusement pour l'Autriche, nos armées du Rhin éprouvaient alors échec sur échec, et de nombreux renforts étaient envoyés à Wurmser. Trois semaines seulement après Lonato et Castiglione, il avait de nouveau sous ses ordres, dans la forteresse naturelle du Tyrol, environ 70000 hommes, et se disposait à reprendre l'offensive, quand il fut prévenu par Bonaparte.

Celui-ci, laissant la division Sérurier devant Mantoue et quelques milliers d'hommes sur l'Adige pour en garder les passages, remontait alors vers le Tyrol avec tout le reste de son armée. Il remportait une première victoire à Roveredo, s'emparait de tous les défilés et entrait à Trente (2-4 septembre). Il n'y trouva plus Wurmser. Ce général, instruit par l'expérience, venait de prendre une résolution hardie, qui peut-être aurait décidé en sa faveur du sort de la campagne. Il avait divisé son armée en deux colonnes, avait confié la première à son lieutenant Davidowich, en lui confiant la mission de résister à Bonaparte, de façon à l'attirer jusqu'au fond du Tyrol. Pendant ce temps, avec la deuxième partie de l'armée, de beaucoup la plus considérable, il descendit la vallée de la Brenta pour revenir par Bassano sur l'Adige, débloquer Mantoue et nous enfermer dans les montagnes. Ce plan était hardi, mais il devait être exécuté avec rapidité, et surtout il fallait ne pas le laisser deviner.

Or Bonaparte, à la première nouvelle du mouvement tournant de Wurmser, comprit le danger. Il ne s'obstina pas à continuer la conquête du Tyrol. Il laissa seulement 8000 hommes à Vaubois pour contenir Davidowich, et, avec le reste de ses troupes, se lança à la poursuite des Autrichiens, dans les gorges de la Brenta. Il les atteignit à Primolano le 7 septembre et leur infligea une première défaite. Le lendemain 8, à Bassano, il remportait un succès plus éclatant encore, car les Autrichiens perdaient leur ligne de retraite. Ils étaient comme pris entre les Français victorieux qui leur coupaient la route de l'Allemagne, et les soldats qui gardaient les passages de l'Adige. Nul espoir de s'échapper. Wurmser, désespéré, courait le long du fleuve cherchant un passage qui lui permît de gagner Mantoue, sinon il était forcé de capituler. Les fautes de deux subalternes le sauvèrent. Legnago se trouvait alors sans garnison : aussitôt Wurmser passa l'Adige. Un pont avait été oublié à Villa Impenta, sur la Mollinella. Wurmser franchit cette rivière et arrive enfin à Mantoue. Chemin faisant il avait dispersé quelques corps isolés et fait quelques centaines de prisonniers. Grâce à l'appoint de la garnison de Mantoue, il se trouvait à la tête d'une nouvelle armée et presque en état de rentrer en campagne.

Bonaparte, furieux de voir une telle proie lui échapper, était ar-

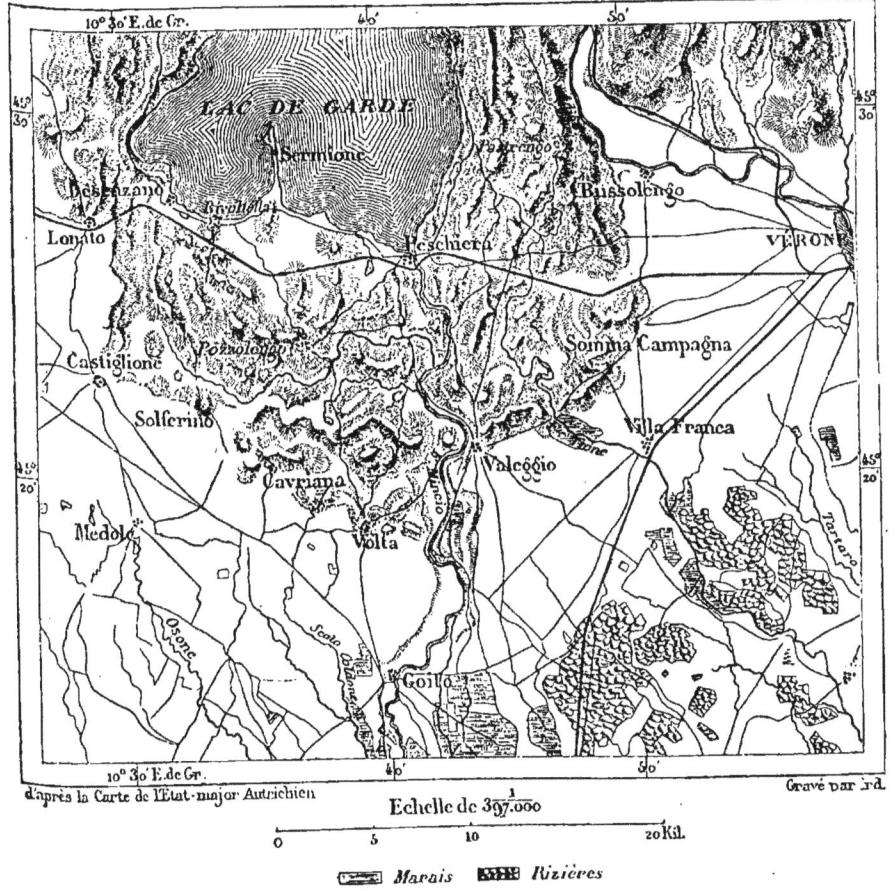

rivé avec toutes ses forces; il avait même rallié les corps épars qui gardaient l'Adige. Il se jeta sur Wurmser, non loin de Saint-Georges, un des faubourgs de Mantoue, le battit complètement (15 septembre) et le força à rentrer dans les murs de la place, dont il commença aussitôt, et pour la troisième fois, le siège. Les résultats de cette dernière campagne dépassaient toute espérance. Quatre batailles rangées gagnées, 27000 ennemis hors de combat et Wurmser enfermé dans Mantoue, du 1ᵉʳ au 15 septembre. La troisième armée autrichienne était détruite, et il n'y avait plus qu'à attendre la chute de Mantoue par la famine. Quels succès et quel éblouissement dans les esprits! Quant à Bonaparte, il affectait, au milieu de son triomphe, un calme impertubable. Sans doute il nourrissait déjà quelque vague chimère, et ses rêves ambitieux ne s'arrêtaient plus à l'Italie. Peut-être se voyait-il en espérance le maître du pays, dont il n'était encore que le général. En tout cas, il affectait un profond mépris pour le Directoire, il régissait à son gré les pays conquis, signait des traités, et témoignait d'un talent extraordinaire dans l'art de gouverner les hommes. Voulait-on le gêner dans ses projets, aussitôt il offrait sa démission, bien persuadé qu'on ne l'accepterait pas. C'était déjà l'homme du destin, et pourtant il n'était qu'au début de sa prodigieuse carrière!

CHAPITRE XII

ARCOLE ET RIVOLI

De toutes ses possessions italiennes, l'Autriche, à la fin de l'année 1796, ne gardait plus que Mantoue, et encore cette place était-elle assiégée. Près de 30 000 hommes, les débris des trois armées vaincues par nous, étaient réunis dans cette ville, et les vivres s'épuisaient. Malgré les ressources que présentait à la garnison la grande île de Seraglia, on prévoyait déjà le jour où il faudrait céder à la famine. Bonaparte se rendait compte de la triste situation des assiégés, et, comme il était sûr du dénouement, il ne pressait pas avec rigueur les opérations du siège. C'était un blocus plutôt qu'une attaque en règle. Wurmser, plein d'activité malgré son grand âge, inquiétait, il est vrai, les assiégeants par de fréquentes sorties, mais il était toujours ramené avec perte sous le canon de la place, et ne réussissait pas à communiquer à ses soldats l'ardeur qui l'animait. Mantoue est bâtie au milieu de marais. L'agglomération des soldats, jointe au mauvais air de la localité, avait amené des maladies, qui bientôt dégénérèrent en épidémie. Ainsi, soit par famine, soit par découragement, soit par maladie, la chute de Mantoue n'était plus qu'une question de temps.

L'Autriche, malgré ses défaites, n'avait pas perdu tout espoir de reconquérir ses possessions italiennes. Bien qu'elle eût perdu, avec les deux armées successivement confiées à Wurmser, l'élite de ses troupes, elle n'estimait pas la partie désespérée. Elle se décida donc à tenter un suprême effort, et, six semaines seulement après la bataille de Saint-Georges, une quatrième armée autrichienne et un nouveau général entraient en ligne et se disposaient à envahir l'Italie. Pareille au géant de la fable antique, on eût dit que l'Autriche reprenait des forces en touchant la terre.

Alvinzi était un des plus brillants officiers de l'armée impériale. Il était entré au service à l'âge de quinze ans et s'était tout de suite signalé par son courage héroïque. Véritable chevalier du moyen âge, en présence de l'ennemi il ne cherchait qu'à le joindre. Aussi, dans les nombreux engagements auxquels il assista, reçût-il mainte blessure. A Neerwinden, en 1793, il avait contribué au succès de la bataille et fut récompensé de ses exploits par la dignité de grand-maître de l'artillerie. L'empereur François II, dont il avait été l'instituteur militaire, avait en lui une grande confiance, et le choisit pour commander la dernière armée autrichienne, avec l'espoir qu'il réparerait les malheurs de l'Autriche. Alvinzi, en effet, justifia cette confiance. Ce fut le seul des généraux ennemis qui força Bonaparte à battre en retraite devant lui, et peu s'en fallut qu'il n'arrêtât le jeune conquérant dans sa carrière.

Alvinzi avait sous ses ordres environ 70 000 hommes. C'étaient d'abord les débris des armées de Beaulieu et de Wurmser, qui avaient réussi à se maintenir dans les défilés du Tyrol. C'étaient ensuite tous les régiments qu'on avait pu distraire, sans les compromettre, des armées du Rhin et du Danube. C'étaient surtout les réserves et les recrues fournies par une population nombreuse et dévouée. Venaient enfin des volontaires, car le sentiment national commençait à s'éveiller contre la France. Quelques villes se signalèrent même par leur enthousiasme patriotique. Vienne arma une légion de 4000 jeunes gens, équipés à leurs frais, et appartenant aux meilleures familles. L'impératrice avait de ses mains brodé leur drapeau. De ces éléments divers on avait formé une belle armée. L'administration déployait un zèle extraordinaire pour la bien équiper. On avait pris soin d'encadrer les recrues dans les vieilles troupes, et on était parvenu, en quelques semaines, à mettre sous les armes de nombreux régiments, qui n'avaient peut-être pas la solidité de la garnison de Mantoue, mais qui allaient marcher au feu avec plus d'ardeur et d'entraînement.

Le plan d'Alvinzi était excellent. Il consistait à combiner une double attaque pour débloquer Mantoue. Au nord Davidowich déboucherait du Tyrol, chasserait les Français de leurs positions et descendrait le long des deux rives de l'Adige jusqu'à Vérone. Alvinzi de son côté arriverait par le Frioul, franchirait la Piave et la Brenta, entrerait à Vérone avec le gros de l'armée, et s'y réunirait à Davidowich. Les deux armées, désormais concentrées, marcheraient ensuite de concert à la délivrance de Mantoue. Ce plan était bien conçu, et nous n'étions pas en mesure de résister aux Autrichiens. Bonaparte, malgré ses demandes réitérées, n'avait obtenu que des

ALVINZI.

renforts insuffisants. Aux 70 000 Autrichiens qui marchaient contre nous, nous ne pouvions opposer que 36 000 hommes, fatigués par une triple campagne, décimés par les fièvres qu'ils gagnaient dans les rizières lombardes, et obligés tout à la fois de continuer le siège de Mantoue, de tenir garnison dans les places fortes et de marcher à l'ennemi. « On nous compte, écrivait Bonaparte au Directoire. Des renforts, ou l'Italie est perdue! » Jamais, en effet, l'armée n'avait été aussi exposée. Aux 18 000 hommes de Davidowich, qui descendaient du Tyrol, Bonaparte ne pouvait opposer que les 12 000 soldats de Vaubois; aux 40 000 hommes d'Alvinzi, qui s'avançaient par la Piave et la Brenta sur Vérone, que les 18 000 soldats de Masséna et d'Augereau sur l'Adige; aux 30 000 soldats de Wurmser, enfermés à Mantoue, que la division Sérurier. Il est vrai que les Français, malgré leur infériorité numérique, étaient pénétrés du sentiment de leur valeur personnelle. Ils étaient sûrs d'eux-mêmes et de leurs officiers. Ils étaient tellement habitués à vaincre, qu'ils ne croyaient même plus à la possibilité d'être vaincus.

Les opérations commencèrent en novembre. Davidowich et Alvinzi s'ébranlèrent à la fois, dans la direction de Vérone. Bonaparte donna l'ordre à Vaubois de garder la défensive contre Davidowich, et courut au-devant d'Alvinzi avec les deux divisions Masséna et Augereau. Le 6 novembre, il rencontra l'ennemi près de Bassano. Le champ de bataille avait été récemment illustré par nos troupes : aussi nos soldats étaient-ils pleins d'entrain. La bataille s'annonçait bien : nous avions déjà repoussé Provera et Quasdanowich; mais tout à coup Bonaparte reçut de mauvaises nouvelles du Tyrol. Les 12 000 hommes de Vaubois avaient été repoussés de Trente à Calliano. Davidowich avait profité du désordre pour tourner l'armée française, et Vaubois, pour ne pas être coupé, avait dû battre en retraite vers le sud et se rapprocher de Vérone.

La position devenait critique : Bonaparte volerait-il au secours de Vaubois, ou continuerait-il à attaquer Alvinzi? S'il poursuivait un succès brillamment inauguré, il pouvait, il est vrai, rejeter Alvinzi au delà de la Brenta, mais pendant ce temps Davidowich écrasait Vaubois, entrait à Vérone et prenait Bonaparte entre deux feux. Si, au contraire, Bonaparte renonçait à attaquer Alvinzi, il pouvait secourir Vaubois et réparer le mal. Ce dernier parti était le plus sage : il s'y arrêta. Il ordonne donc à Masséna et à Augereau de battre en retraite dans la direction de Vérone, mais en disputant le terrain pied à pied. Pendant ce temps il court à Rivoli et à la Corona, où il trouve les troupes de Vaubois, heureusement ralliées et déjà en état de tenir tête à Davidowich. Il voulut néanmoins donner une leçon aux régiments qui avaient failli et leur annonça

VÉRONE : PONT SUR L'ADIGE.

qu'ils ne faisaient plus partie de l'armée d'Italie. Les soldats désolés entourèrent leur général et le supplièrent de les envoyer à l'avant-garde, afin de montrer qu'ils étaient encore dignes d'appartenir à l'armée. Bonaparte y consentit, et les laissa disposés à venger leur honneur par une résistance désespérée.

Alvinzi, d'abord étonné de voir les Français battre en retraite au lendemain d'un succès, avait tout de suite compris que ce mouvement en arrière était amené par un succès de Davidowich : aussi précipitait-il sa marche, afin de rejoindre son lieutenant et de cerner l'armée française à Vérone. Il s'arrêta à trois lieues de cette ville, sur les hauteurs du Caldiero, rendez-vous assigné à son lieutenant, et les fortifia en cas d'attaque des Français. La précaution était bonne, car Bonaparte, qui venait d'arriver, arrêta la retraite de ses divisions et les mena à l'ennemi. C'était le 11 novembre. On arriva, le soir, au pied des retranchements. Le 12, au matin, l'attaque commença. La pluie tombait par torrents, ce qui donnait un grand avantage à l'ennemi, car son artillerie se trouvait déjà en position, et la nôtre ne pouvait se mouvoir dans un terrain détrempé. Les attaques se succédèrent pourtant, et Masséna était arrivé sur la hauteur, quand la pluie se convertit en neige, que le vent portait dans la figure de nos soldats. Au même moment, Alvinzi lançait ses réserves et reprenait les positions perdues. Nous dûmes battre en retraite sur Vérone. C'était un échec, le premier que nous eussions subi depuis l'entrée de nos troupes en Italie.

Quelques jours auparavant, la position de l'armée française n'était que mauvaise : elle devenait déplorable. A gauche, Vaubois tenait avec peine contre Davidowich; à droite, Alvinzi marchait sur Vérone et s'apprêtait à l'assiéger; sur nos derrières, Wurmser harcelait par ses sorties la division Sérurier, campée sous les murs de la place de Mantoue; enfin, les princes italiens laissaient éclater leur joie. Déjà le pape avait suspendu l'envoi de sa contribution de guerre et de nouveau prescrit l'armement immédiat de ses troupes.

Le plus grave est que nos soldats se rendaient compte du danger. Les divisions Masséna et Augereau, réduites par deux batailles à 14 ou 15 000 hommes, n'ignoraient pas qu'elles ne pouvaient lutter en rase campagne contre les 40 000 soldats d'Alvinzi. Comme la pluie ne cessait de tomber, notre artillerie, qui jusqu'alors nous avait donné la supériorité, devenait inutile. D'un moment à l'autre on s'attendait à recevoir la nouvelle que Vaubois avait été forcé dans ses retranchements, et que Davidowich, réuni à Alvinzi, allait commencer avec lui le siège de Vérone. Bonaparte lui-même douta un instant de sa fortune. Il écrivit au Directoire, en lui dépeignant sous les plus sombres couleurs la situation critique à laquelle il était réduit par les fautes du gouvernement; mais il eut l'art de dissimuler ses sentiments aux yeux de ses soldats, et au contraire affecta la plus entière confiance. Sa présence et ses paroles relevèrent les courages. Les malades et les blessés, apprenant le péril, sortirent des hôpitaux et grossirent les rangs. L'heure était solennelle. De part et d'autre on comprenait que la bataille décisive allait s'engager.

Le 14 au soir, Bonaparte prit une résolution extraordinaire et exécuta avec une incroyable décision la célèbre manœuvre qui devait lui donner la victoire. Sur les huit heures du soir, l'armée reçut l'ordre de prendre les armes en silence. Elle traversa Vérone et repassa les ponts de l'Adige. Les soldats croyaient qu'on battait en retraite et qu'on cherchait à mettre le fleuve entre eux et l'ennemi. Ils obéissaient avec une résignation muette sans trop comprendre pourquoi le général Kilmaine avait été laissé dans la ville avec une forte garnison : c'était donc qu'on n'avait pas perdu tout espoir d'un retour offensif.

Leur indécision ne fut pas de longue durée. Tout à coup, au lieu de prendre la route de Peschiera, qui conduisait au Mincio, et de s'éloigner de l'Adige, on le longe sur la rive gauche et on descend son cours pendant quatre lieues; puis on arrive à Ronco, où un pont de bateaux avait été préparé. On repasse le fleuve, et, le 15 au matin, l'armée se trouvait de nouveau au delà de l'Adige. La manœuvre était saisissante : les hauteurs du Caldiero se trouvaient tournées, et l'ennemi était obligé d'accepter la bataille sur un terrain choisi par Bonaparte avec une merveilleuse habileté.

Nous nous trouvions en effet à Ronco, couverts d'un côté par l'Adige, de l'autre par de vastes marais traversés par deux routes, la première remontant l'Adige par Porcil et Gambione jusqu'à Vérone, la seconde traversant l'Alpon, petite rivière sans importance, à Arcole, et rejoignant Vérone par Villa Nova sur les derrières du Caldiero. Bonaparte savait qu'au milieu de ces marais tout dépendait des têtes de colonnes, qui se battraient sur les deux chaussées, et il croyait pouvoir compter sur ses soldats. Comme il était inattaquable à Ronco, il avait formé le projet d'étendre ses bras autour de lui. D'un côté, par Porcil et Gambione, il empêcherait l'escalade de Vérone; de l'autre, par Arcole et Villa Nova, il déboucherait sur les derrières d'Alvinzi. Cette combinaison était audacieuse et profonde : nos soldats en comprirent tout de suite la portée, et furent remplis d'espérance.

Bonaparte avait avec lui ses deux infatigables lieutenants, Masséna et Augereau. Il confia au premier la digue de gauche et celle de droite au second. Lui-même resta au centre à Ronco. Masséna par Porcil et Gambione arriva jusqu'à l'extrémité des marais sans rencontrer personne. Augereau fut arrêté à Arcole par un obstacle imprévu : quelques bataillons de Croates s'étaient, à tout hasard, fortifiés sur l'Alpon, au pont d'Arcole. Ils accueillirent l'avant-garde d'Augereau par un feu énergique et le forcèrent à se replier. Augereau accourt : il est aussi repoussé, et forcé de faire halte. A ce moment Alvinzi, enfin prévenu, accourait avec toutes ses forces. Masséna laisse la division Provera s'engager sur la chaussée, puis fond sur elle au pas de course et la disperse. Augereau répète la même manœuvre contre la division Mitrowski; mais quand il veut passer à sa suite le pont d'Arcole, il est, malgré ses efforts, repoussé pour la troisième fois.

Bonaparte voyait avec douleur de grands résultats lui échapper. La résistance imprévue d'Arcole l'empêchait de tomber sur les derrières d'Alvinzi à Villa Nova, et il voyait toute l'armée autrichienne descendre du Caldiero et s'avancer dans les marais. Il crut nécessaire de s'emparer d'Arcole. Il rallie le corps d'Augereau, ranime les soldats par de généreuses paroles, et en ramène quelques-uns sur la chaussée ; mais ce mouvement n'est pas général. Bonaparte, furieux, saisit alors un drapeau, et court sur le pont, au milieu de la mitraille. Les généraux l'entourent. Lannes est blessé ; Muiron tombe mort en le couvrant de son corps ; et une décharge meurtrière jette dans les marais les trois quarts de la colonne. Les soldats restés auprès de Bonaparte l'emportent au milieu du feu et de la fumée et veulent le faire monter à cheval.

LE PONT D'ARCOLE.

A ce moment une colonne autrichienne débouche du pont. Bonaparte tombe dans le marais, et s'y enfonce à mi-corps. Il allait ou périr ou être fait prisonnier. Par bonheur ses soldats le dégagèrent, mais le résultat cherché n'était pas acquis. Arcole restait au pouvoir de l'ennemi, et Alvinzi avait eu le temps de faire filer ses bagages et de se mettre à l'abri.

D'importants résultats avaient été néanmoins acquis dans cette première journée. Alvinzi avait été forcé d'évacuer le Caldiero ; il ne menaçait plus Vérone ; il avait perdu beaucoup de monde dans les marais, et, les deux chaussées étant devenues l'unique champ de bataille, l'avantage était enlevé au nombre et rendu à la bravoure. Aussi nos soldats avaient-ils repris confiance, et la conduite de leur général au pont d'Arcole les avaient remplis d'enthousiasme.

Dans la nuit du 15 au 16 novembre, Bonaparte, qui n'avait pas reçu de nouvelles de Vaubois, voulut se rapprocher de son lieutenant, et ordonna à Augereau de repasser l'Adige, mais en gardant le pont de Ronco. Ce mouvement rétrograde lui réussit. Les Autrichiens, ne trouvant plus personne devant eux, avancèrent des deux côtés à la fois sur les chaussées : mais Bonaparte, qui venait de recevoir de bonnes nouvelles de Vaubois, lance de nouveau Masséna et Augereau contre les ennemis. Les Français font un effroyable carnage, et sur tous les points remportent l'avantage : c'est la seconde bataille d'Arcole.

Dans la nuit du 16 au 17, Bonaparte recommença son mouvement de la veille ; mais, comme il apprit que décidément Davidowich n'osait pas attaquer Vaubois, il résolut de consacrer cette troisième journée à lutter contre Alvinzi. Les Autrichiens n'avaient pas tenu compte des manœuvres des jours précédents, et de nouveau occupaient les digues. Cette fois Bonaparte les aborde avec toutes ses forces. Il leur fait subir de grandes pertes et se décide à franchir l'Alpon à leur suite et à présenter la bataille en plaine : mais, avant d'ordonner l'attaque, il envoie sur les derrières de l'ennemi, et à travers les roseaux, vingt-cinq trompettes avec ordre de sonner la charge. Il prescrit aussi à la garnison de Legnago de sortir de la place, et de se montrer sur le flanc autrichien. Ce double stratagème réussit à merveille. Les Autrichiens se crurent tournés par toute la cavalerie française, et la garnison de Legnago, qu'ils virent sortir de la place, augmenta leur inquiétude. Ils se replièrent en désordre, et nous abandonnèrent un champ de bataille glorieusement conquis par soixante-douze heures de lutte acharnée. C'est la troisième journée d'Arcole.

Jamais encore bataille n'avait été si chaudement disputée. Jamais aussi bataille n'eut de résultats plus considérables. Laissant à sa cavalerie le soin de poursuivre un ennemi désormais découragé, Bonaparte rentra à Vérone, et courut, sans plus tarder, au secours de Vaubois, qui, attaqué par Davidowich, avait été forcé d'évacuer ses positions. Trois jours auparavant cet échec aurait mis l'armée française dans une position critique, mais il était trop tard. Davidowich, au lieu d'Alvinzi qu'il espérait rencontrer à Vérone, ne rencontra que les vainqueurs d'Arcole, qui l'abordèrent résolument, lui reprirent toutes les positions conquises sur Vaubois et le refoulèrent dans le Tyrol. Ces succès extraordinaires avaient épuisé l'armée française. Nous ne pouvions, malgré notre victoire, que rester sur la défensive. Tant que les renforts annoncés ne seraient pas arrivés, il était inutile de songer à poursuivre un ennemi redoutable, qui conservait, malgré ses défaites, sa supériorité numérique.

La victoire d'Arcole causa en France une joie extrême. Le Directoire fut l'interprète des sentiments de tous quand il décréta que les drapeaux portés par Bonaparte et par Augereau au pont d'Arcole leur seraient donnés pour être conservés dans leurs familles. Quant aux Italiens, ils furent frappés de terreur et d'admiration ; les Véronais surtout, qui avaient vu des fugitifs sortir par la porte de Milan et des vainqueurs rentrer par la porte de Venise, ne cachaient pas leur stupéfaction. Désormais il n'entra plus dans la pensée de personne qu'on pût chasser les Français d'Italie. Il ne restait plus à Bonaparte qu'à consolider sa conquête, en assurant ses bons rapports avec les puissances italiennes, en empêchant un retour offensif d'Alvinzi, et en faisant tomber Mantoue, le dernier boulevard de l'Autriche dans la péninsule.

Bonaparte s'occupa d'abord des princes italiens : les uns, il les ménagea ; les autres, il les menaça ou même usa contre eux des droits rigoureux de la guerre. Au roi de Piémont, qui pouvait devenir un si dangereux ennemi, il proposa une alliance offensive et défensive, avec partage des dépouilles futures ; au roi de Naples il promit monts et merveilles ; au duc de Toscane, qui pouvait opérer une diversion sur nos derrières, il rendit Livourne ; il enflamma les convoitises du duc de Parme, en lui faisant espérer un agrandissement territorial. Gênes et Venise armaient : il ferma les yeux et différa toute explication jusqu'à la reddition de Mantoue. Le pape ne se cachait pas pour exprimer son mécontentement : Bonaparte le menaça de lui enlever ses États. Ce fut contre le duc de Modène qu'il usa de rigueur. Ce prince s'était enfui à Venise ; ses États furent occupés et constitués provisoirement en République Cispadane. Restaient les Autrichiens, et tant qu'ils possèderaient Mantoue, tant qu'ils pourraient déboucher du Tyrol en Italie, rien encore n'était définitif. Or tout indiquait un mouvement offensif de leur part. L'inépuisable Autriche avait, pour la quatrième fois, réuni des renforts. 60 000 hommes avaient de nouveau été réunis et, d'un instant à l'autre, ils pouvaient envahir l'Italie et opérer leur jonction avec les 20 à 25 000 soldats de Wurmser. Il est vrai que Bonaparte n'était pas resté inactif. Il avait reçu les renforts attendus ; il avait enrégimenté quelques légions italiennes ; les malades étaient sortis des hôpitaux avec les premiers froids. 45 000 soldats environ étaient présents sous les armes. C'était l'armée la plus forte qui lui eût encore obéi. Pourtant il était encore inférieur en nombre, puisque les Autrichiens, en comptant la garnison de Mantoue, étaient de 80 à 90 000 hommes.

Aux premiers jours de 1797, les opérations militaires furent reprises. La distribution de nos troupes était à peu près la même qu'avant Arcole. Sérurier continuait à bloquer Mantoue ; Masséna à Vérone et Augereau à Legnago gardaient l'Adige ; Joubert, qui avait remplacé Vaubois, était posté à Rivoli. De tous côtés, sauf à Mantoue, nous étions donc sur la défensive, et nous n'avions qu'à attendre les Autrichiens sur nos positions.

L'état-major autrichien avait imaginé un nouveau plan d'attaque. Toutes les routes pour arriver au bas Mincio avaient déjà été essayées, mais on n'avait pas encore cherché à communiquer avec l'Italie du Sud. Le pape, en effet, était alors en état d'hostilité contre la France, et Bonaparte aurait déjà marché contre lui, s'il n'eût craint l'irruption des Autrichiens dans nos lignes. Alvinzi avait donc séparé son armée en deux corps. Il se réservait de conduire le premier, le plus important, 45 000 hommes environ, d'abord sur Vérone, puis sur Mantoue. Le second corps, 20 000 hommes environ, commandé par Provera, opèrerait sur le bas Adige pour débloquer Mantoue et communiquer avec les soldats pontificaux. Le plus grand secret avait été recommandé, en sorte que Bonaparte, ne sachant pas dans quelle direction se ferait là principale attaque, serait obligé de diviser ses troupes.

En conséquence de ce plan, Alvinzi se porta sur Rivoli, mais en masquant le nombre de ses soldats; Provera marcha sur Legnago, mais en mettant au contraire toutes ses forces dehors pour faire illusion. Le 12 janvier, quelques engagements sans importance eurent lieu sur les points menacés. Bonaparte attendit cette journée et celle du lendemain les rapports de ses lieutenants : il se contenta de rappeler à lui la division Masséna qui était à Vérone, et se tint en arrière à égale distance entre Rivoli et Legnago. Il devenait néanmoins urgent de prendre un parti, ou sinon des corps isolés allaient être exposés au choc de l'armée ennemie tout entière. Par bonheur le général auquel il avait confié l'importante position de Rivoli, Joubert, se voyant débordé toute la journée par des forces considérables, annonça qu'il évacuerait Rivoli si on ne lui amenait sur le champ des renforts. Augereau au contraire, sur le bas Adige, n'avait eu affaire qu'à des avant-gardes. Le plan de l'ennemi était enfin démasqué.

Bonaparte ordonne alors à Augereau de se maintenir contre Provera, puis il part aussitôt pour Rivoli avec la division Masséna, et donne rendez-vous sur ce point à toutes les troupes disponibles. Il arriva à Rivoli sur les deux heures du matin. Le clair de lune était éclatant, le froid vif, l'horizon était embrasé par les bivouacs ennemis. Bonaparte en estima le nombre à 40 000, et Joubert n'avait que 10 000 soldats au plus. Il était temps que des renforts arrivassent.

L'Adige jusqu'à Vérone est comme encaissé entre deux chaînes de montagnes : à l'est les Alpes Lésiniennes, à l'ouest, entre le fleuve et le lac de Garde, le mont Baldo. Deux routes sont tracées le long de l'Adige entre ces deux chaînes : la première, sur la rive gauche, va de Roveredo à Vérone par Rivolta, Incanale, Rivoli et Bussolengo. A Incanale, l'Adige baigne le pied même des montagnes, et la route abandonne alors le fleuve et s'élève, par une sorte d'escalier tournant, sur le plateau de Rivoli. Une armée qui occupe ce plateau commande par conséquent les deux rives de l'Adige, qu'elle balaye de son feu. Par malheur il est accessible non pas seulement par l'escalier d'Incanale, mais aussi par de nombreux sentiers dominés par le mont Baldo. Alvinzi avait formé le projet d'attaquer le plateau par toutes les issues à la fois. Comme les sentiers qui conduisent du mont Baldo à Rivoli sont impraticables pour la cavalerie et l'artillerie, il avait dirigé ses artilleurs et ses cavaliers, soutenus par un corps de grenadiers, sur l'escalier d'Incanale. Trois divisions, composées seulement d'infanterie et commandées par Liptaï, Koblos et Ocksay, avaient reçu l'ordre d'arriver à Rivoli en descendant les degrés de l'amphithéâtre formé par le mont Baldo autour du plateau. Un cinquième corps, commandé par Lusignan, devait venir se placer sur les derrières de l'armée française et lui couper le chemin de Vérone. Une dernière division, commandée par Wukassowich, longerait la rive gauche de l'Adige et enverrait ses boulets d'une rive à l'autre.

Bonaparte comprit tout de suite l'importance de la position. Attaqué en face par les trois corps d'infanterie venant du mont Baldo, à droite par la division venant d'Incanale, à gauche par le corps de Vukassowich, sur ses derrières par Lusignan, il était comme cerné, mais aussi sa position centrale lui permettait de prévenir la jonction de ces six armées.

Au point du jour la bataille commença. Bonaparte s'étendit d'abord largement sur le plateau de Rivoli. L'action devint bientôt fort vive. Comme les trois corps autrichiens qui débouchaient du mont Baldo n'étaient que de l'infanterie, et que notre artillerie au contraire était fort bien montée, ils essuyèrent des pertes énormes. Par malheur Liptaï rompit deux régiments à l'extrême gauche. Sans la quatorzième demi-brigade, qui couvrit la ligne et résista avec un admirable courage, il donnait la main à la colonne qui commençait à gravir l'escalier d'Incanale. Bonaparte amène lui-même des secours, prend la trente-deuxième demi-brigade qui

RIVOLI.

s'était déjà illustrée par ses exploits, rallie les fuyards, rétablit le combat et rejette Liptaï sur le mont Baldo. Pendant ce temps, le corps de Koblos avait profité du vide formé dans la ligne pour tenter un suprême effort; de plus, la colonne d'Incanale avait franchi l'escalier, Wukassowich nous lançait de l'autre côté de l'Adige une grêle de boulets pour protéger cette escalade, et Lusignan au loin fermait le chemin à nos réserves. Le moment était critique. Bonaparte ne perd pas son sang-froid. Montrant à ses soldats le corps de Lusignan, « Ils sont à nous! » s'écrie-t-il, puis, sans se préoccuper d'eux, il lance toutes ses forces contre la colonne d'Incanale. Tous chargent à la fois. En un clin d'œil les Autrichiens sont rejetés sur l'escalier. Quelques pièces de canon amenées à propos plongent dans le défilé et y font d'affreux ravages. Prisonniers, canons, fuyards, cadavres, tout s'engouffre, s'entasse et se mêle. Sur ce point la bataille est gagnée. Bonaparte revient alors contre Liptaï, Koblos et Ocksay, qui de nouveau ont marché du mont Baldo sur Rivoli. L'attaque est conduite par Joubert avec tant d'impétuosité, que les trois corps sont enfoncés à la fois et poursuivis à outrance dans les montagnes. Restait la division de Lusignan. Bonaparte lance contre ces troupes fraîches deux régiments, qui s'ébranlent en entonnant le *Chant du Départ* et refoulent bientôt les ennemis sur la route de Vérone; mais ils se heurtent contre une division de renfort qui accourait au bruit du canon, et sont obligés de déposer les armes. Quant à Wukassowich, sur l'autre rive de l'Adige, il assistait à la défaite d'Alvinzi à Incanale, à la fuite dans les montagnes de Koblos, Liptaï et Ocksay, et à la capture de Lusignan.

La victoire était complète. Plusieurs milliers de prisonniers, cent vingt canons, de nombreux drapeaux, tels étaient les trophées de ce foudroyant succès; mais Bonaparte ne se laissa pas éblouir. Laissant à Joubert le soin de la poursuite, il repart avec l'infatigable division Masséna, et vole au secours d'Augereau.

Pendant la route il apprit que Provera, trompant la vigilance de ce dernier, avait franchi l'Adige à Anghiera et marchait sur Mantoue pour débloquer la place. Si Bonaparte n'arrivait pas à temps, la division Sérurier risquait très fort d'être prise entre la garnison de Mantoue et l'armée de secours; mais les quatre régiments de la divi-

VOILA LES CONDITIONS QUE J'OFFRE.

sion Masséna, surexcités par la victoire, franchirent en courant les quatorze lieues qui séparaient Rivoli de Mantoue. Le 15 au soir, ils arrivaient devant la place, et y ralliaient la division Sérurier, fort inquiète de son abandon. Le lendemain 16, la bataille s'engageait. On a nommé cet engagement bataille de la Favorite, du nom d'un des villages de la plaine. Wurmser fut rejeté dans la place et Provera, cerné de tous côtés, attaqué en face par Bonaparte et sur les derrières par Augereau, fut obligé de se rendre avec toute son armée. Les volontaires de Vienne faisaient partie des prisonniers. Après une défense honorable, ils rendirent leurs armes et le fameux drapeau brodé par l'impératrice. 22 000 prisonniers en trois jours, 15 000 hommes hors de combat, à vrai dire l'armée d'Alvinzi n'existait plus.

Le résultat de cette double victoire était prévu à l'avance : c'était la capitulation de Mantoue. Wurmser avait perdu tout espoir de délivrance. Il avait épuisé ses dernières ressources. L'honneur militaire était sauf. Il envoya un de ses aides de camp, Klenau, à Sérurier pour discuter avec lui les conditions de la capitulation. L'officier autrichien dissertait sur les ressources qui restaient encore à son général et énumérait avec complaisance les vivres et les munitions dont disposait la garnison; tout à coup un officier, qui s'était tenu à l'écart enveloppé dans un manteau, se lève, et tendant un papier à Klenau lui dit d'un ton impératif : « Voici les conditions que j'accorde à Wurmser. S'il avait seulement quinze jours de vivres, et qu'il parlât de se rendre, il ne mériterait pas de capitulation honorable, mais je respecte son âge et ses services. Qu'il ouvre ses portes demain ou dans trois mois, il peut attendre son dernier morceau de pain. » Klenau avait déjà reconnu Bonaparte. Après avoir pris connaissance des conditions, il convint que la garnison n'avait plus que trois jours de vivres, et régla la capitulation (2 février). Bonaparte accordait à Wurmser et à tout son état-major de sortir librement. Il lui accordait même une escorte de 500 fantassins, de 200 cavaliers et de 6 pièces montées. Le reste de la garnison serait conduit à Trieste et échangé contre des prisonniers français. Wurmser souscrivit à ces conditions honorables, et même, pour témoigner sa gratitude à son jeune vainqueur, il le prévint d'une tentative d'empoisonnement tramée contre lui dans les États de l'Église. Il aurait voulu le remercier en personne, mais ce dernier, avec une modestie orgueilleuse, s'était dérobé à la satisfaction de voir ses prisonniers défiler devant lui. Wurmser ne trouva que Sérurier pour le recevoir sur les glacis de la citadelle. Bonaparte était déjà parti pour châtier le pape.

L'armée pontificale était entrée en campagne. Elle comptait environ 8000 soldats réguliers et plusieurs milliers de paysans, fanatisés par les moines qui leur prêchaient la guerre sainte. Il n'était pas difficile de disperser ces bandes mal armées. Une première division fut battue à Castel-Bolognese sur le Senio (4 février). Le 8 février, une seconde division était battue à Ancône, et cette importante citadelle tombait entre nos mains. Bonaparte se porta ensuite sur Notre-Dame de Lorette, où des trésors avaient été accumulés depuis des siècles, mais il n'y trouva plus que la madone en vieux bois, dont il ordonna le transfert à Paris, et qu'on put voir, jusqu'à l'époque du Concordat, exposée à la Bibliothèque nationale.

Le saint-siège était à notre merci : Bonaparte fut un instant tenté de détruire la papauté. Il aurait donné Rome au duc de Parme, et gardé Parme pour lui. De la sorte il aurait intéressé la catholique Espagne à la destruction du saint-siège, mais il ne nourrissait pas contre le catholicisme et son chef les préjugés de beaucoup de ses contemporains. Il comprenait, au contraire, la force morale du pouvoir pontifical, et peut-être songeait-il à s'en faire un instrument pour ses futurs desseins. Au lieu de le détruire, il se contenta de le rançonner. Des négociations s'ouvrirent. Le pape, par le traité de Tolentino (19 février), céda à la France, en toute souveraineté, Avignon et le comtat Venaissin ; à la nouvelle République Cispadane Bologne, Ferrare, Ancône et la Romagne. Il paya une contribution de guerre de trente millions et s'engagea à livrer un certain nombre d'objets d'art.

L'Italie tout entière était alors soumise, directement ou non. Les rois de Piémont et de Naples avaient été forcés de reconnaître notre prépondérance. Les ducs de Parme et de Toscane étaient réduits à l'impuissance ; le pape avait perdu la moitié de ses États ; le duc de Modène les avait tous perdus. Venise et Gênes étaient forcées de dissimuler leur mécontentement. Une nouvelle République avait été fondée à l'image de la République française, et les anciens sujets de l'Autriche espéraient qu'ils en feraient bientôt partie. Ces prodigieux résultats avaient été acquis en moins d'un an, du 12 août 1796 au 19 février 1797. Dans cet intervalle, une armée piémontaise, cinq armées autrichiennes et une armée pontificale avaient été détruites et seize batailles rangées gagnées contre une seule perdue. Nous connaissions alors les enivrements de la victoire. La France avait conquis ses frontières naturelles. La Hollande, l'Espagne et l'Italie étaient nos alliées. Nos légions étaient invincibles, conduites qu'elles étaient par Moreau, Desaix, Kléber, Hoche et Jourdan sur le Rhin, par Bonaparte, Masséna, Augereau et Joubert en Italie. Nous avons vu depuis notre France envahie et démembrée, mais au moins il nous reste le droit de nous souvenir et d'espérer !

CHAPITRE XII

CAMPAGNES D'ALLEMAGNE EN 1795 ET 1796

Pendant que l'armée d'Italie et son brillant général remportaient victoires sur victoires et détruisaient les armées autrichiennes qui leur étaient opposées, la guerre continuait sur un autre théâtre, moins féconde en grands évènements, mais où nos légions républicaines de Sambre-et-Meuse et du Rhin furent à la hauteur de leur réputation. C'est un des traits les plus marqués de notre caractère national que de nous prendre d'admiration pour tel ou tel de nos concitoyens, que les hasards de la destinée ou des talents extraordinaires jettent tout à coup en pleine lumière. En 1796, nous n'avions d'yeux et d'oreilles que pour Bonaparte et l'armée d'Italie. Pourquoi ne pas rendre également justice à Jourdan, à Moreau et à leurs braves soldats? Eux aussi ont livré des batailles, eux aussi ont bien mérité de la patrie, et pourtant leurs exploits sont restés dans l'ombre. Essayons de combler cette lacune, ou, du moins, de donner une idée générale des opérations dont l'Allemagne fut le théâtre dans les deux années 1795 et 1796.

Au moment où fut signée la paix de Bâle, quatre armées françaises étaient postées le long du Rhin : celle du Nord, sous Pichegru, était en Hollande aux embouchures du fleuve; celle de Sambre-et-Meuse, avec Jourdan, venait de remporter sur Clerfayt les deux victoires de la Roër et de l'Ourthe; celle de la Moselle, commandée par Moreaux, puis par Hatry, avait refoulé les Prussiens et conquis les Électorats ecclésiastiques; celle du Rhin, sous Michaux, assiégeait Mayence, la seule place qui fût restée au pouvoir de l'ennemi sur la rive gauche du Rhin. Le gouvernement résolut de profiter de la supériorité numérique de nos armées pour poursuivre les avantages de la campagne précédente. Il commença par réduire à trois le nombre de nos armées. Celles du Rhin et de la Moselle furent fondues en une seule, qui fut confiée au brillant vainqueur de la Hollande, à Pichegru. Jourdan avait rendu trop de services à l'armée de Sambre-et-Meuse, et il avait trop la confiance de ses lieutenants et de ses soldats pour qu'on songeât à la remplacer. Quant à l'armée du Nord, elle fut donnée au meilleur des lieutenants de Pichegru, à Moreau. Le rôle de ces trois armées était tout différent : l'armée du Nord devait garder la défensive et protéger la Hollande contre un retour offensif des Anglais. Les armées de Sambre-et-Meuse et de Rhin-et-Moselle devaient au contraire franchir le Rhin et porter la guerre en pays ennemi.

Les Autrichiens occupaient sur le Rhin une excellente position défensive. Leur droite était défendue par les forteresses de Dusseldorf et d'Ehrenbreistein, leur centre par Mayence, leur gauche par Manheim et Philipsbourg. De plus, ils possédaient les deux rivières Mein et Necker, qui prennent leur source non loin du Danube, et pouvaient, par ces deux cours d'eau, non seulement conserver leurs communications avec l'Autriche, et en tirer des subsistances ou des renforts, mais aussi, au cas où ils auraient voulu agir concentriquement sur Manheim, couvrir leurs flancs comme par deux fossés. A Jourdan était opposé Clerfayt, et à Pichegru, Wurmser. Ces deux généraux allaient sans doute profiter des avantages géographiques de leur position pour se concentrer entre le Mein et le Necker, déboucher sur la rive gauche du Rhin par Mayence, et battre alternativement Pichegru et Jourdan. Les généraux français, de leur côté, devaient passer le Rhin et chercher à se concentrer entre le Mein et le Necker pour y battre tour à tour Wurmser ou Clerfayt. De part et d'autre le plan était le même. Tout dépendait de l'armée qui prendrait l'offensive.

Ce furent les Français qui ouvrirent les hostilités. Après bien des lenteurs, Jourdan avait réussi à ramasser un certain nombre de barques et de radeaux. Le 6 septembre, il franchissait le Rhin sans résistance sérieuse; quinze jours plus tard il était déjà sur la Lahn. Ses 82 000 hommes avaient constamment repoussé les 96 000 Autrichiens de Clerfayt. L'opération avait donc réussi, et, pour peu que Pichegru se fût avancé, les deux armées françaises allaient opérer leur jonction. Or Pichegru, de son côté, avait audacieusement franchi le Rhin à Spire, malgré Wurmser, et s'était tout de suite porté contre Manheim. C'était une place redoutable, bien fortifiée, et encore mieux approvisionnée. Elle aurait pu soutenir un long siège. Contre toute attente, elle se rendit aux premières sommations de bombardement, le 20 septembre, le jour même où Jourdan arrivait sur la Lahn. Dès cet instant, tous les avantages étaient pour les Français. Pichegru n'avait qu'à se concentrer à Manheim et qu'à donner la main à Jourdan. Les deux généraux auraient formé une masse accablante, séparé Wurmser de Clerfayt, et les auraient détruits l'un après l'autre. Tout semblait annoncer le succès final et déjà les Autrichiens prenaient leurs dispositions pour assurer leur retraite.

C'est ici qu'il nous faut intercaler le déplorable épisode de la trahison de Pichegru. On a pu, en d'autres temps, lui élever une statue et combler d'honneurs sa mémoire, mais la postérité a fait justice de ces hommages immérités. Pichegru, en effet, a commis un crime heureusement unique dans notre histoire : c'est le seul général qui se soit fait battre volontairement. Il n'avait aucune conviction. Persuadé que la République ne pouvait durer, il voulait assurer son avenir. Il était donc entré en relations avec les émigrés et avec leur chef, Condé. Avide d'honneurs et d'argent, il avait posé des conditions exorbitantes. Il demandait, en effet, le gouvernement de l'Alsace, le château de Chambord, un million en argent, 200 000 livres de rente, douze pièces de canon, les cordons du Saint-Esprit et de Saint-Louis, et la dignité de maréchal. De son côté, il promettait de proclamer Louis XVIII et de marcher avec son armée sur Paris, appuyé au besoin par les Autrichiens. L'intermédiaire de ce honteux marché était un libraire de Neuchâtel, Fauche-Borel. En attendant la réalisation de ses promesses, Pichegru recevait jusqu'à 900 louis à la fois, qui lui étaient fournis par le ministre anglais en Suisse. Il y avait donc relations suivies avec l'ennemi, corruption de la part de l'ennemi, promesses honteuses faites à l'ennemi. Pichegru trahissait effrontément sur tous les points, et n'attendait plus pour agir que le signal qui lui serait donné par une insurrection à Paris et une descente anglaise en Bretagne.

Après la prise de Manheim, Pichegru aurait dû marcher tout de suite sur Heidelberg, le seul point où Wurmser et Clerfayt pouvaient opérer leur jonction. Tout le monde le demandait dans l'armée, car cette manœuvre était indiquée par le bon sens. Au lieu de s'y porter lui-même avec toutes ses forces, il n'y envoya que deux divisions, qui furent complètement battues par Clerfayt. Aussitôt ce dernier donna la main à Wurmser, et nous fit ainsi perdre tout le fruit de l'heureuse attaque de Jourdan et de la prise de Manheim, car les deux généraux autrichiens pouvaient, à leur choix, ou tomber sur Jourdan qui était isolé, et débloquer Mayence, ou tomber sur Pichegru, obligé d'accepter la bataille avec un grand fleuve à dos, et le forcer à battre en retraite. Telle était la première conséquence de la trahison de Pichegru.

Clerfayt se porta d'abord contre Jourdan, qui se trouvait dans une situation fort critique, séparé de l'armée de Rhin-et-Moselle, avec un grand fleuve à dos et une armée victorieuse en face, exposé à perdre ses communications avec les Pays-Bas. Jourdan dut assembler un conseil de guerre, et, de l'avis de tous ses généraux, battre en retraite. Le 20 octobre, il avait repris ses cantonnements sur la rive gauche du fleuve. Il avait été mollement poursuivi par le général autrichien. En effet, Clerfayt ne cherchait qu'à l'éloigner de Mayence, qu'il avait formé le projet de débloquer.

Le 29 octobre, il attaquait les lignes françaises. L'opération fut bien conduite. Malgré la résistance du général Saint-Cyr, les lignes furent forcées, et les Français furent obligés de battre immédiatement en retraite. Saint-Cyr parvint à rejoindre l'armée de Rhin-et-Moselle, et ses collègues Mengaud et Renaud l'armée de Sambre-et-Meuse. Le succès de Clerfayt n'en était pas moins éclatant, puisque, après avoir refoulé Jourdan, il débloquait Mayence et se trouvait dès lors le maître de déboucher, quand bon lui semblerait, sur Jourdan ou sur Pichegru. C'était la deuxième conséquence de la trahison de Pichegru.

La troisième fut plus déplorable encore. A la nouvelle des succès remportés par Clerfayt, Wurmser s'était mis en mouvement avec toute son armée et s'était porté contre Manheim. Au même moment Clerfayt remontait le Rhin et menaçait sur son flanc Pichegru. Ce dernier attendait toujours l'heureux succès des négociations en

CHATEAU DE HEIDELBERG.

cours. Il comprit cependant qu'il ne pouvait se laisser entamer sans essayer au moins un simulacre de résistance. Il laissa donc une garnison à Manheim pour résister à Wurmser et rejoignit le gros de ses forces pour tenir tête à Clerfayt; mais, depuis qu'il avait trafiqué de son honneur, ce général ne commettait plus que des fautes. Il ne laissa dans Manheim qu'une garnison insuffisante, qui dût rendre la place après quelques jours d'une résistance honorable, mais impossible. Quant à lui, avec le reste de son armée, il repassa le Rhin devant Clerfayt, se fit battre par lui sur la Pfrine, abandonna, sans essayer de les défendre, les lignes de la Speierbach et de la Quetch, et se retira très en désordre sur Wissembourg. Nous étions ramenés aux mauvais jours de 1793, puisque les Autrichiens menaçaient de nouveau l'Alsace et la Lorraine. La ligne du Rhin nous restait, il est vrai, en Hollande et dans les Pays-Bas, mais elle était perdue à la hauteur des Vosges, et l'ennemi nous avait enlevé comme un vaste demi-cercle de terrain autour de Mayence.

La campagne d'Allemagne, en 1795, ne nous avait donc pas été favorable. Certes, nos soldats n'avaient rien à se reprocher; quant à leurs chefs, Jourdan s'était signalé par son sang-froid, mais Pichegru, que de reproches ne méritait-il pas! Personne encore ne soupçonnait sa trahison. Personne ne supposait que, par une inaction voulue et calculée, il avait laissé écraser deux de ses divisions à Heidelberg et exposé son collègue et lui-même à une catastrophe. On avait bien trouvé fort étranges ses allées et venues; on avait même remarqué autour de lui quelques visages suspects, mais, en temps de guerre, un général a besoin de se renseigner, et ces inconnus étaient peut-être des espions. Aussi bien la pensée de personne ne s'arrêtait seulement à la possibilité d'une trahison de la part du vainqueur de la Hollande. On préféra ne s'en prendre qu'à son incapacité. Le gouvernement lui enleva la direction de l'armée qu'il avait si mal commandée, et la confia à Moreau. Pour le consoler de cette destitution, on lui proposa l'ambassade de Suède, tant on conservait encore de respect et d'estime pour lui! Pichegru devait témoigner sa reconnaissance en conspirant au grand jour la ruine et l'asservissement de son pays.

Les coupables intelligences de Pichegru avec l'ennemi étaient pourtant dès lors connues, mais par une seule personne, qui crut devoir garder le secret, et se compromit par cette coupable faiblesse. Moreau, quelques jours après son installation, surprit un fourgon autrichien, dans lequel se trouvait la correspondance de l'émigré Klinglin avec le prince de Condé, correspondance qui précisait dans tous ses détails la trahison de Pichegru. Moreau aurait dû dénoncer son ancien général et arrêter une négociation aussi dangereuse : par respect pour l'honneur de l'armée française et par condescendance pour un ancien ami, il cacha cette découverte, ou du moins n'en donna avis que lorsque la trahison de Pichegru fut connue par une autre voie. Les ennemis de Moreau en profitèrent pour l'accuser de connivence avec Pichegru, mais tout démontre qu'il ne méconnut pas alors ses devoirs de général républicain. La correspondance saisie rendait d'ailleurs témoignage de sa fidélité, puisqu'on y lisait en plusieurs endroits qu'il serait impossible de compter sur sa coopération. Aussi bien il allait prouver, dans la campagne de 1796, que, s'il avait pour ami un traître, il restait néanmoins fidèle à ses engagements, et réparait par ses habiles manœuvres les fautes militaires et les crimes politiques de son prédécesseur.

L'armée de Rhin-et-Moselle comptait environ 70 000 hommes, excellentes troupes, bien disciplinées, bien équipées, et animées du meilleur esprit. Le feu sacré des premiers jours les animait encore. Leur simplicité, leur austérité, leurs vertus même formaient un étrange contraste avec le luxe, la gaieté et les vices de l'armée d'Italie. Moreau avait soin d'entretenir parmi ses soldats d'aussi nobles sentiments, et il était admirablement secondé par un état-major d'élite. Parmi ses lieutenants brillaient au premier rang Gouvion-Saint-Cyr et Desaix. On les avait surnommés les Spartiates de l'armée. Ils s'aimaient comme deux frères. Saint-Cyr avait l'amour du devoir et Desaix celui de la gloire. Le premier, laborieux et appliqué, saisissait les occasions ; le second, ardent et enthousiaste, les cherchait. Ils avaient réussi à inspirer à leurs soldats un désintéressement absolu et une grande patience. L'armée du Rhin allait bientôt devenir l'armée modèle. Jourdan, à l'armée de Sambre-et-Meuse, n'avait sous ses ordres que 60 000 hommes, mais bien exercés et commandés par Kléber, Marceau, Championnet et Lefèvre. Ils pouvaient compter sur lui, comme lui sur eux.

Moreau et Jourdan devaient recommencer la tentative de l'année précédente, c'est-à-dire rentrer en Allemagne, et, par leurs victoires, arracher la paix à l'Autriche : mais, par malheur, le gouvernement se trouvait dans une détresse financière inouïe. Pour nourrir l'armée de Sambre-et-Meuse, la Belgique avait été mise à contribution ; pour faire vivre celle du Rhin au milieu des Vosges, on avait fait des efforts extraordinaires sans réussir à lui procurer des moyens de transport, ni à remonter sa cavalerie. A vrai dire, nos deux armées vivaient d'expédients ; aussi attendaient-elles avec impatience le moment d'entrer en campagne et de vivre largement aux dépens de l'ennemi.

L'Autriche, de son côté, enflée de ses derniers succès, se préparait à la guerre avec ardeur et nourrissait les espérances les plus présomptueuses. L'empereur avait changé la disposition de ses armées. Il avait fondu en une seule celles de Wurmser et de Clerfayt, et en avait confié le commandement suprême au jeune archiduc Charles. Ce prince s'était signalé dans la dernière campagne par de nombreux succès. Il aimait avec passion le noble métier des armes. Il n'avait encore donné que des espérances, mais on comptait sur sa jeunesse, son activité, son bonheur, et on lui avait donné une magnifique armée de 150 000 hommes environ. Sous ses ordres, les généraux Latour et Warstenleben devaient l'aider de leur expérience. On s'étonne au premier abord que Clerfayt et Wurmser, qui avaient rendu sur le théâtre même des opérations d'inappréciables services, n'aient pas été maintenus à leur poste, mais on était à ce moment au milieu de l'année 1796. Bonaparte avait déjà battu les Piémontais et enlevé la Lombardie à Beaulieu. Wurmser avait été désigné pour porter des secours à son malheureux collègue. Quant à Clerfayt, malgré les services qu'il avait rendus, il était alors victime d'une intrigue de cour. Il avait déplu aux ministres autrichiens par sa franchise brutale, et on l'avait destitué. Ce fut certainement un des plus habiles capitaines qui nous furent opposés. Il réunissait les qualités privées aux vertus guerrières. Sa bourse était ouverte aux malheureux. La veille de sa mort, il brûla tous ses titres de créance, en disant qu'il était moins sûr de ses héritiers que de lui-même. Les jours de bataille seulement il mettait son grand uniforme, prétendant que c'était un jour de fête pour le soldat. Clerfayt nous a fait du mal, c'est le véritable auteur du désastre de Neerwinden, mais c'était un devoir que de lui rendre justice.

Carnot, qui n'avait pas cessé de diriger les opérations militaires,

L'ARCHIDUC CHARLES.

avait formé pour la campagne de 1796 un plan malheureux. Comme il avait remarqué qu'en débordant de deux côtés à la fois les ailes d'une armée, on avait des chances pour en compromettre le centre, il avait érigé cette remarque, fort juste d'ailleurs, en principe fondamental. Le mathématicien avait fait de la conduite des opérations militaires une sorte de théorème géométrique, et voulait de son axiome déduire toutes les conséquences possibles, oubliant qu'à la guerre il faut s'accommoder aux circonstances, ou, sinon, être battu contre toutes les règles de l'art. Il ordonna donc à Jourdan de franchir le Rhin, de remonter la vallée du Mein et de rejeter l'ennemi sur la Bohême. Moreau devait, pendant ce temps, pénétrer dans la vallée du Necker et entrer dans celle du Danube. Rien de mieux si l'ennemi avait uniquement cherché à tenir tête à chacune des deux armées ; mais, en isolant ainsi ces armées dans leur marche parallèle, n'inspirerait-on pas à l'archiduc Charles l'idée de concentrer ses forces, pour aller tomber successivement sur Jourdan et sur Moreau ? Le simple bon sens indiquait cette manœuvre. Carnot avait donc eu tort de prescrire à ses généraux une marche aussi difficile. Son plan était vicieux. Il ne devait amener que des revers.

Les hostilités recommencèrent en juin 1796. Il s'agissait d'abord de passer le Rhin. C'était facile pour Jourdan, qui possédait sur le fleuve deux têtes de pont, Dusseldorf et Neuwied. En effet, Kléber déboucha par Dusseldorf et battit une première fois les Autrichiens à Altenkirchen (4 juin). Jourdan rejoignit son lieutenant par Neuwied (5 juin), et le 6 juin les 45 000 hommes de l'armée de Sambre-et-Meuse se trouvaient réunis sur la Lahn. A cette nouvelle, l'archiduc Charles concentra ses forces et se porta contre Jourdan, qu'il rencontra et battit à Wetzlar (7 juin). Cet échec était sans conséquence, et Jourdan aurait pu tenir la campagne, mais il n'osa pas se risquer à une grande bataille avec le fleuve à dos. D'ailleurs, son but avait été d'attirer à lui le gros des forces autrichiennes pour faciliter à l'armée du Rhin le passage du fleuve, et ce but était atteint. Il ordonna donc la retraite, qui se fit en bon ordre. Jourdan revint à Neuwied et Kléber à Dusseldorf, non sans avoir frappé un coup vigoureux, à Ukerath, contre les Autrichiens, qui le serraient de trop près. L'armée de Sambre-et-Meuse n'avait voulu opérer qu'une diversion : la diversion avait réussi.

Moreau profita en effet de l'éloignement des Autrichiens pour forcer le passage du Rhin à Strasbourg, et l'opération était difficile, car, depuis la misérable reculade de Pichegru, nous ne possédions aucun pont de ce côté du fleuve. Le 25 juin, toute l'armée française était en Allemagne. Si Moreau avait eu de l'audace, comme il n'avait en face de lui que des corps disséminés, il aurait pu les disperser avant que l'archiduc ne fût revenu de la Lahn et s'ouvrir le chemin de l'Autriche ; mais cet esprit lumineux, ferme, plein de sang-froid et de présence d'esprit, manquait des inspirations soudaines et des éclairs de génie qui font les grands capitaines. Il se contenta de concentrer ses troupes et de s'étendre jusqu'à la Forêt-Noire. Il n'avait alors en face de lui que le contingent saxon et la petite armée de Latour. Au lieu de négliger les Saxons, fort démoralisés par le passage du Rhin, et qui s'enfuyaient dans le Wurtemberg, il détacha contre eux son aile droite. Il commit encore la faute d'envoyer au centre Gouvion-Saint-Cyr s'emparer des Alpes Noires, et ne se porta qu'avec le tiers de ses forces environ contre Latour. Sans doute, il n'avait de la sorte négligé aucune position et commis aucune faute stratégique ; mais il aurait pu remporter une grande victoire et il n'obtint qu'un demi-succès. Latour s'était posté sur la Murg, un des nombreux cours d'eau qui descendent des Alpes Noires pour se jeter dans le Rhin. Abordé vigoureusement sur toute la ligne, il dut abandonner le champ de bataille (5 juillet).

Cette première victoire n'éclaira pas Moreau sur la nécessité d'accabler Latour avant qu'il eût été rejoint par l'archiduc. Il perdit un temps précieux, quatre jours, à rallier Gouvion-Saint-Cyr. L'archiduc profita de cette inaction pour accourir avec 25 000 hommes de renfort, opéra sa jonction avec Latour et présenta la bataille à Moreau (9 juillet).

Ce fut la bataille de Rastadt, du nom de la ville près de laquelle elle fut livrée. La lutte fut vive. En plaine, grâce à la supériorité de leur cavalerie, les Autrichiens réussirent à enfoncer quelques bataillons, mais sur la montagne nous fûmes vainqueurs, grâce à Gouvion-Saint-Cyr et à Desaix, et c'était le point important, car il s'agissait d'occuper ces montagnes pour enlever à l'archiduc les débouchés du Necker et le rejeter sur le Rhin. Le prince autrichien comprit les dangers de sa position, et battit en retraite. On l'a blâmé de sa résolution, bien à tort. Sans doute, la guerre allait être transportée de la vallée du Rhin dans celle du Necker et bientôt dans celle du Danube, mais ce fleuve était le rempart de l'Autriche. De plus, l'archiduc était là chez lui, maître des deux rives du fleuve, au centre de ses ressources matérielles et militaires, tandis que les Français allaient maintenant manœuvrer fort loin de leur base d'opérations. Sa résolution froissait peut-être l'amour-propre national, mais elle était patriotique et surtout dictée par les circonstances.

L'armée de Sambre-et-Meuse, en effet, profitant des succès de Moreau, venait de franchir de nouveau le Rhin, et poussait devant elle le second lieutenant de l'archiduc, Warstenleben. Le prince, afin de reprendre ses avantages, résolut de livrer à Moreau une grande bataille. Elle porte le nom de bataille de Neresheim. Elle fut livrée le 11 août, et vivement disputée. Un moment, l'archiduc se crut vainqueur, car les deux ailes de l'armée française étaient débordées et déjà les bagages et les parcs d'artillerie avaient filé en arrière; mais Moreau, sans se laisser ébranler par le désordre de ses ailes, attaqua vivement et enfonça le centre autrichien. L'archiduc dut battre en retraite, repasser le Danube, et en brûler tous les ponts jusqu'à Donawerth. Sa position n'était plus critique : elle devenait périlleuse. C'est alors qu'éclairé par le désespoir il prit une résolution qui décida en sa faveur du sort de la campagne.

L'armée de Sambre-et-Meuse avait jusqu'alors remporté de brillants succès. Jourdan avait occupé Francfort, Wurtzbourg, Bamberg, Amberg. Il était le maître du cours du Mein, et déjà même avait détaché une division dans la direction de Moreau. Si la jonction s'opérait, l'archiduc était perdu, et les Français marchaient droit à Vienne. Déjà les princes de Bade, de Wurtemberg et de Bavière, toujours habiles à se tourner vers le soleil levant, avaient abandonné la coalition. L'archiduc, en ce pressant danger, résolut de ne laisser devant Moreau qu'un rideau de troupes, de se porter avec le gros de ses forces au secours de Warstenleben, et d'accabler Jourdan par cette concentration imprévue. A une aussi grande distance de sa base d'opérations, Jourdan ne pourrait résister. Il serait rejeté sur le Rhin, et, comme conséquence de cette défaite, Moreau battrait en retraite, à moins qu'il ne fût prévenu par l'archiduc et accablé à son tour. C'était une conception de génie, et elle était due à un jeune homme : c'était un jeune homme aussi qui conquérait l'Italie au même moment.

Tout se passa comme l'avait prévu l'archiduc. Cinq jours après Neresheim, le 16 août, il dessinait son mouvement. Il rencontrait tout d'abord à Neumarkt la division Bernadotte, détachée par Jourdan pour se mettre en communication avec Moreau, et la battait. Aussitôt il opérait sa jonction avec Warstenleben, et tombait sur Jourdan, qui ne s'attendait pas à l'orage qui fondait sur lui. Assailli par des forces plus que doubles, Jourdan essuya un premier échec à Amberg, et regagna précipitamment le Mein par des chemins de traverse. Il y arriva le 29 août, et s'arrêta à Wurtzbourg, car il venait d'apprendre que Moreau continuait sa marche victorieuse, et il aurait cru manquer à l'honneur militaire s'il eût quitté la Franconie sans combattre et abandonné son collègue en Bavière, car cette noble armée de Sambre-et-Meuse se chargeait toujours des rôles sacrifiés. N'était-ce pas elle qui avait vaincu à Wattignies, à Fleurus, sur l'Ourthe, sur la Roër? Ne venait-t-elle pas, à deux reprises, d'attirer sur elle les Autrichiens, afin de laisser le champ libre à Moreau? Aussi commençait-elle à se lasser de ce rôle et désirait-elle, malgré l'infériorité de ses forces, trouver une occasion de se mesurer avec les Autrichiens. Jourdan y consentit, et résolut de livrer bataille. C'est la bataille de Wurtzbourg (3 septembre). 30 000 Français y luttèrent contre 66 000 Autrichiens. La cavalerie nous manquait, et les escadrons ennemis couvraient la plaine. Jourdan fut obligé de battre en retraite. Il n'avait perdu que cinq à six mille hommes dans toute la campagne, mais parmi eux l'héroïque Marceau, frappé dans la retraite par un chasseur tyrolien, et qu'on ne put emporter du champ de bataille. L'archiduc Charles le fit entourer de soins, mais il expira bientôt, regretté des deux armées, et salué à ses funérailles par leur double artillerie. Le 20 septembre, l'armée de Sambre-et-Meuse avait repassé le Rhin. C'était une campagne malheureuse, mais non sans honneur. Jourdan en publia plus tard, en 1818, l'attachante relation. Il raconte les faits sans orgueil, mais aussi sans modestie affectée. C'est le langage d'un homme de cœur qui ne craint pas de reconnaître ses fautes et en accepte la responsabilité.

Restait l'armée du Rhin, fort aventurée en pleine Allemagne, car Moreau, fort de ses victoires de la Murg, de Rastadt et de Neresheim, avait continué son offensive : il avait lancé une division dans le

Tyrol, pour y donner la main à Bonaparte, et, enhardi par le succès, pressait la marche de ses soldats contre Munich. Pourtant il commençait à s'inquiéter de ne pas recevoir de nouvelles de Jourdan. Aucun des officiers détachés n'avaient percé les lignes ennemies. Il apprit enfin que Jourdan, battu à Wurtzbourg, avait été rejeté sur la rive gauche du Rhin et que son brillant vainqueur accourait à marches forcées pour lui fermer la retraite. Isolé en Bavière, obligé pour gagner le Rhin de repasser les Alpes Noires, attaqué en face par les 40 000 soldats de Latour, menacé sur ses derrières par l'archiduc, il pouvait se croire perdu. Tout autre général eût désespéré de la partie; mais Moreau avait du calme et du sang-froid. Il commandait à une superbe armée de 60 000 hommes, enhardie par trois victoires. Il ne s'effraya pas autrement de sa position, mais se décida sur-le-champ à regagner la France. Alors commença cette fameuse retraite, qui l'a placé si haut dans l'estime des tacticiens.

Au lieu de s'engager dans la vallée du Necker et de reprendre le chemin déjà parcouru par ses troupes, ce qui l'exposait à rencontrer devant lui l'archiduc Charles et les troupes victorieuses à Wurtzbourg, Moreau résolut de remonter la vallée du Danube pour rejoindre directement celle du Rhin par la route des villes forestières. Il exécuta ce mouvement avec précision et tranquillité. On eût dit une promenade militaire. Les parcs et les bagages marchaient en avant; les régiments suivaient, et quand, par hasard, les escadrons de Latour essayaient de changer la défaite en déroute, l'arrière-garde les repoussait. Il n'y eût pas une voiture, pas un canon, pas un homme de pris. Moreau ramena même avec lui deux drapeaux, dix-huit canons et sept mille prisonniers. Il parvint sans encombre jusqu'à la source du Danube, et se disposa à franchir la Forêt-Noire pour déboucher dans la vallée du Rhin. Un seul défilé conduit d'une vallée dans l'autre : c'est le Val d'Enfer, longue et étroite gorge, où Moreau ne voulait à aucun prix être refoulé. Il résolut donc de s'arrêter avant de le franchir et de livrer bataille à Latour. Ce dernier, qui ne s'attendait pas à ce retour offensif, fut complètement battu à Biberach (2 octobre). C'était la quatrième bataille rangée que gagnait l'armée du Rhin depuis son entrée en Allemagne. Elle raffermit singulièrement le moral des soldats.

C'est dans cet engagement que les grenadiers de Saint-Cyr, avant de se lancer contre l'ennemi, demandèrent à leur général la permission de « mettre au pillage » les canons de l'ennemi.

Aussitôt apres la victoire de Biberach, Moreau continua sa marche. Il s'empara du Val d'Enfer, dispersa les petits corps autrichiens qui s'opposaient à son passage et pénétra dans la

MOREAU.

vallée du Rhin (12 octobre). Il pouvait à son gré rentrer en France par Huningue ou par Brisach, car l'archiduc, qui n'avait pas réussi à le prévenir au débouché de la Forêt-Noire, était déjà à Kehl, dont il avait commencé le siège, et ses avant-postes inquiétaient notre armée. Moreau fit aussitôt filer ses bagages sur le pont de Huningue, mais, au lieu de passer lui-même à Brisach, il voulut remonter la rive droite du fleuve jusqu'à Kehl. C'était une manœuvre imprudente, car l'archiduc et Latour avaient enfin opéré leur jonction, et s'exposer à une grande bataille avec le Rhin à dos était une imprudence gratuite. Peut-être le sage Moreau écoutait-il trop en cette circonstance son amour-propre, et voulait-il se donner la stérile satisfaction de prouver à l'Europe qu'il était le maître de ses mouvements. Il répara bientôt cette faute. Après un sanglant et inutile combat à Emmendingen (19 octobre), il comprit l'impossibilité de percer jusqu'à Kehl, et revint par Brisach, dont il franchit le pont, en plein jour, en présence de toute l'armée autrichienne. Désormais le Rhin séparait les belligérants. Telle fut cette fameuse retraite, qui valut à Moreau une grande réputation. On lui sut un gré infini d'avoir ramené de si loin, et non sans gloire, l'armée compromise en Bavière. Dès ce jour, Moreau eut pour lui tous ceux qui, dans une république ou sous n'importe quel gouvernement, préfèrent aux qualités brillantes les facultés secondaires.

En résumé, cette campagne n'avait pas été heureuse. Nous avions perdu la bataille de Wurtzbourg, et, malgré les quatre victoires de la Murg, Rastadt, Neresheim et Biberach, nos deux armées avaient été ramenées derrière le Rhin. L'archiduc Charles y gagna une grande réputation. On le représenta dans l'Europe entière comme le prochain vainqueur de Bonaparte; mais ces prédictions ne devaient jamais se réaliser.

CHAPITRE XIII

PAIX DE CAMPO-FORMIO

L'Autriche, battue en Italie, avait été victorieuse en Allemagne, mais ses défaites italiennes lui étaient bien plus à cœur que ses victoires allemandes. Aussi se détermina-t-elle à un effort suprême pour essayer de conserver ses possessions d'au delà les monts, et, sans renoncer à continuer la guerre en Allemagne, se décida-t-elle à porter de nouveau en Italie ses meilleures troupes et son meilleur général.

Bien que la campagne de 1797 ait pour théâtre à la fois l'Italie et l'Allemagne, c'est en Italie que se concentre tout l'intérêt de la lutte. Les deux armées les mieux exercées de l'Europe, les deux généraux les plus réputés se trouvent en présence. C'est comme un duel en champ clos auquel l'Europe entière assiste avec anxiété, car de l'issue du combat dépend l'avenir de deux grandes nations. Bonaparte, en 1797, avait vingt-neuf ans. Il était dans tout l'éclat de la jeunesse, dans toute la vivacité de l'ambition. Il avait détruit plusieurs armées, il avait conquis l'Italie du Nord et soumis à ses lois peuples et souverains. Il avait sous ses ordres d'excellents soldats et d'incomparables lieutenants. Sa popularité était immense. Depuis Pichegru nul général en France n'avait excité tant de sympathie. Les Italiens, au milieu desquels il vivait depuis plusieurs mois, et qu'il avait comme grisés de l'espoir de recouvrer leur nationalité perdue, le considéraient comme leur compatriote et nourrissaient pour lui une admiration fanatique. L'archiduc Charles était plus jeune encore que Bonaparte : il n'avait que vingt-six ans en 1797. Sa gloire était récente, mais éclatante, car il avait vaincu Jourdan, forcé les soldats de Sambre-et-Meuse à reculer devant lui, et chassé d'Allemagne l'armée du Rhin. Sans nul doute, s'il eût été mieux secondé sur un autre théâtre, s'il eût conservé la libre disposition de son armée, il aurait reporté à la France, par une invasion sur la rive gauche du Rhin, la terreur que Bonaparte inspirait alors à l'Autriche, en menaçant son territoire immédiat. Mais l'archiduc était mal entouré. De plus, il se défiait de lui-même. La pensée de compromettre sa gloire naissante en luttant directement avec Bonaparte paralysait ses moyens. Il n'ignorait pas qu'une défaite avait pour lui de tout autres conséquences que pour Bonaparte. Enfin et surtout, malgré d'incontestables talents, il n'avait pas cette inspiration, ce ressort dans les circonstances et ce manque absolu de scrupules qui feront de Bonaparte le plus grand capitaine des temps modernes.

Des généraux, passons aux lieutenants. Le meilleur de ceux de Bonaparte, non pas le plus brave, ils l'étaient également, mais le plus instruit était Masséna. Augereau venait en seconde ligne, mais il ne servait plus à l'armée d'Italie. Bonaparte l'avait envoyé à Paris pour y porter les trophées des dernières campagnes. Joubert, qui par sa fermeté avait tellement contribué au gain de la bataille de Rivoli ; Sérurier, qui avait triomphé devant Mantoue de l'obstination de Wurmser, nous sont déjà connus. Bernadotte mérite une mention spéciale. C'était un général de l'armée du Rhin, que le Directoire venait de détacher avec sa division et d'envoyer en Italie, pour grossir les rangs de l'armée diminuée par tant de combats. Les lieutenants de Bonaparte étaient tous capables de diriger les opérations d'une grande armée, et tel d'entre eux le prouvera bientôt, quand il agira sous sa propre responsabilité. Les lieutenants de l'archiduc leur étaient de beaucoup inférieurs. Ce n'étaient pas des parvenus, des soldats d'aventure arrivés par leur courage et leur capacité aux premiers rangs de la hiérarchie militaire, mais de grands seigneurs, braves, instruits, trop instruits même, car ils étaient routiniers. Imbus de traditions méthodiques, ils manœuvraient toujours d'après les règles ; aussi étaient-ils déconcertés par les mouvements imprévus de leurs adversaires. Provera, Kerpen, Laudon, Bayalitsch ou Lusignan ne comprenaient ni les temps nouveaux, ni la méthode nouvelle, et ils étaient toujours vaincus.

Après les officiers, les soldats. L'armée française avait reçu d'importants renforts. Le Directoire, comprenant que les coups décisifs se frapperaient en Italie, avait détaché de l'armée de Sambre-et-Meuse la division Bernadotte, et de l'armée du Rhin la division Delmas. Jourdan et Moreau avaient fait les plus grands efforts pour représenter dignement en Italie leurs deux armées. Par un sentiment aussi honorable que délicat, ils avaient choisi l'élite de leurs soldats et épuisé leurs magasins pour les équiper. Ces deux divisions fran-

BERNADOTTE.

chirent les Alpes au mois de janvier. Le voyage fut pénible. Elles furent arrêtées par une tempête, mais on sonna la charge, et on passa à travers la neige, enseignes déployées. Les nouveaux arrivés, par leur simplicité, leur tenue sévère et leur discipline, formaient un singulier contraste avec les soldats d'Italie, fiers de leurs victoires, enrichis des dépouilles de leurs vaincus, fougueux et intempérants. Les soldats d'Italie se moquaient volontiers de leurs camarades : ils les nommaient le contingent, par allusion aux contingents allemands qui, dans l'armée autrichienne, se battaient toujours avec mollesse. Les soldats du Rhin supportaient ces railleries avec impatience, et déjà bon nombre de coups de sabre avaient été échangés. Une salutaire émulation régnait entre les deux corps. On était impatient d'en venir aux mains, et de faire ses preuves aux dépens de l'ennemi. Bonaparte avait aussi à sa disposition quelques régiments lombards et modénais, de récente formation, auxquels il réservait le rôle de tenir garnison dans les places fortes, car ils n'étaient pas suffisamment exercés. Il disposait alors d'environ 75 000 hommes. C'était la meilleure et la plus forte armée qu'il eût encore commandée.

L'archiduc Charles avait sous ses ordres une armée fort inférieure à la nôtre, même sous le rapport du nombre : d'abord les débris des cinq armées autrichiennes d'Italie, mais ces soldats étaient démoralisés par leurs défaites répétées ; puis de nombreuses recrues, surtout des Hongrois, braves sans doute et bien disposés, mais ne connaissant qu'imparfaitement leur métier. Il est vrai que, par un virement semblable à celui qu'avait ordonné le Directoire, six divisions autrichiennes, formant un ensemble de 40 000 hommes, avaient été détachées du Rhin, mais ce mouvement de concentration avait été exécuté trop tard, et l'armée de renfort n'avait pas encore opéré sa jonction.

Carnot, qui dirigeait toujours les opérations militaires, avait imaginé une marche concentrique sur Vienne. Bonaparte et l'armée d'Italie, Moreau et l'armée du Rhin, Hoche qui venait de remplacer Jourdan, démissionnaire, et l'armée de Sambre-et-Meuse devaient prendre l'offensive tous les trois à la fois et accabler l'Autriche par cette triple invasion. De ces trois généraux, Bonaparte était le mieux placé pour frapper le coup décisif. Il n'avait devant lui qu'une armée inférieure en nombre. Il était le moins éloigné de Vienne, et ses soldats, bien équipés, étaient pleins d'ardeur. Au contraire, Hoche et Moreau avaient en face d'eux la masse des armées autrichiennes. Il leur fallait traverser toute l'Allemagne avant d'arriver à Vienne, et leurs armées, bien que valeureuses, n'avaient ni la force, ni l'ardeur de l'armée d'Italie. De plus il aurait fallu, pour que les trois armées combinassent leurs opérations, attendre quelques mois encore; mais Bonaparte avait hâte de commencer l'attaque avant que les six divisions détachées du Rhin eussent rejoint l'archiduc. En ouvrant les hostilités avant l'arrivée des renforts, il comptait le battre aisément et le refouler jusque sous les murs de Vienne. Il espérait alors que l'empereur consentirait à la paix, et cette paix serait son œuvre particulière. Il n'aurait à en partager la gloire avec personne. Ces motifs stratégiques se confondant dans son esprit avec les convoitises d'une ambition sans bornes, il se décida à entrer en campagne avant que ses deux collègues fussent en état de commencer les hostilités.

C'était pourtant une audacieuse entreprise que cette marche sur Vienne. Bonaparte avait, il est vrai, 75 000 hommes, mais il était obligé d'en laisser au moins le tiers en Italie, car la République vénitienne ne cachait plus son mécontentement. Elle avait armé ses régiments esclavons, distribué des armes aux montagnards et aux paysans. Il était manifeste qu'au premier échec elle se jetterait sur nos derrières et couperait nos communications. Il fallait donc, de toute nécessité, surveiller ses démarches et occuper son territoire. Quant aux gouvernements de Gênes, de Toscane, de Naples, de Rome, et même de Turin et de Parme, indignés et épouvantés des progrès de la Révolution, ils n'attendaient qu'une occasion pour se soulever. Bonaparte était donc également forcé de les surveiller. Enfin le Tyrol appartenait encore à l'Autriche : c'était comme un coin qui pénétrait profondément en Italie, et menaçait notre flanc gauche. Il fallait donc encore prévenir toute irruption de ce côté. Or 20 000 soldats pour surveiller l'Italie, 15 à 18 000 pour garder les débouchés du Tyrol, il ne restait plus à Bonaparte que 30 à 35 000 hommes pour marcher sur Vienne. Jamais encore armée française n'avait paru sous les murs de cette capitale, et on croyait en Europe que ces victoires étonnantes allaient trouver leur terme. Cette fois encore Bonaparte allait faire mentir toutes les prophéties de mauvais augure et forcer l'admiration par une nouvelle série de succès éclatants.

La marche sur Vienne ne pouvait réussir qu'à la condition d'être menée avec une rapidité sans égale, et Bonaparte avait cette fois à triompher non seulement de la résistance de l'armée autrichienne, mais aussi des obstacles que lui présentaient la nature, le terrain et la saison. On était alors au mois de mars, et les Alpes, qu'il fallait franchir à tout prix avant d'arriver à Vienne, étaient encore couvertes de neige. On sait que les Alpes, après avoir décrit un vaste demi-cercle autour de l'Italie du Nord, s'infléchissent vers le sud-est et forment la vallée de l'Adriatique. On les nomme, dans cette partie de la chaîne, Alpes Carniques et Juliennes. Au pic des Trois-Seigneurs se détache un puissant contrefort qui, sous le nom d'Alpes Noriques et Styriennes, vient mourir non loin de Vienne. Dans le vaste triangle formé par les Alpes Noriques au nord-est, par les Alpes Carniques et Juliennes au sud-est, coulent divers affluents du Danube, Leitha, Raab, Muhr, Drave et Save. Des Alpes Carniques et Juliennes sortent divers torrents parallèles entre eux, Isonzo, Tagliamento, Piave, qui se jettent dans le golfe de Venise. Le problème à résoudre pour Bonaparte était d'occuper les vallées de la Save, de la Drave et de la Muhr, puis de s'avancer sur Vienne, mais il n'en était plus à son coup d'essai, et il avait bien étudié le pays dans lequel il voulait conduire son armée.

Trois routes traversent la partie des Alpes que Bonaparte voulait franchir : à gauche la route du Brenner qui débouche dans le Tyrol, au centre la route de Taarwis qui débouche dans la Carinthie ; à droite la route qui traverse le Tagliamento et l'Isonzo et débouche en Carniole par le col d'Adelsberg. Bonaparte croyait d'abord que l'archiduc Charles se porterait avec le gros de ses forces dans les inextricables défilés du Tyrol, où il aurait été rapproché des renforts qu'il attendait. Telle avait été en effet la pensée de l'archiduc, qui comprenait la nécessité de ne pas s'éloigner des renforts annoncés, et savait que Bonaparte n'aurait jamais tenté d'attaque directe contre Vienne, tant que son adversaire aurait été couvert par la gigantesque forteresse naturelle du Tyrol ; mais le Conseil aulique lui avait ordonné de couvrir à tout prix Trieste et la Carniole. Lié par ces ordres absurdes, l'archiduc avait obéi, très à contre-cœur, et s'était porté sur la troisième route, celle du col d'Adelsberg. Il avait laissé Lusignan à Taarwis, Laudon et Kerpen au Brenner, et avait ordonné que, des six divisions qu'il attendait, deux renforçassent le corps qui gardait le Brenner, deux le corps qui gardait Taarwis, et deux sa propre armée. D'ailleurs les Alpes étaient couvertes de neiges et de glaces, et personne en Europe ne supposait qu'on songeât à gravir, en pareille saison, et à la tête d'une armée la crête de ces montagnes.

Bonaparte y songeait pourtant. Il envoya, dans le Tyrol, Joubert avec 20 000 hommes environ, et lui confia la mission de refouler Laudon et Kerpen au delà du Brenner, puis de rejoindre le gros de l'armée par la route qui conduit en Carinthie par Brixen et Villach. Au centre, Masséna devait se lancer contre Lusignan sur la route de

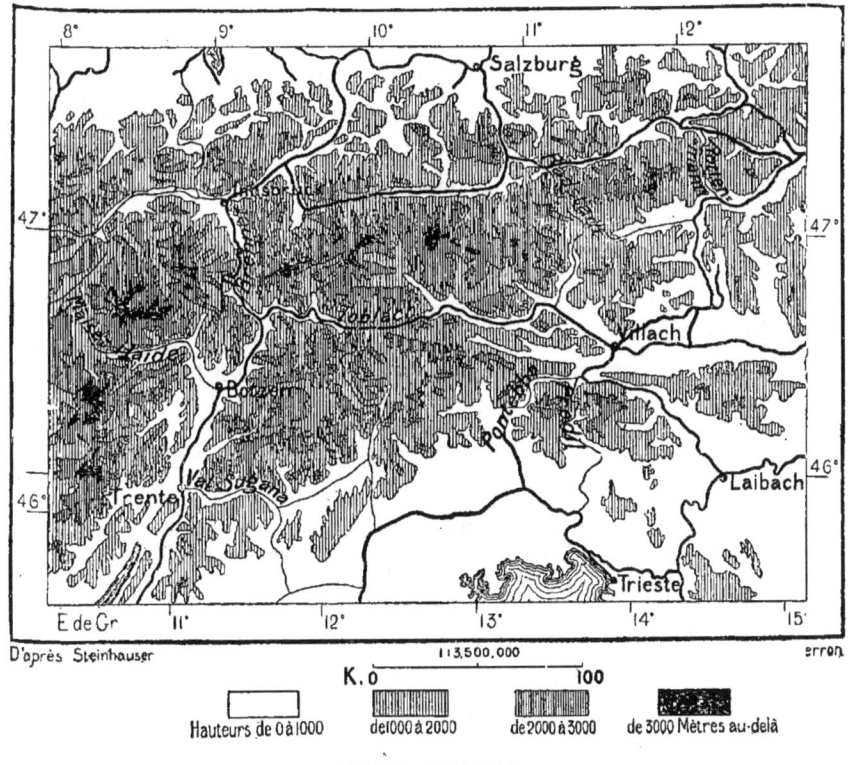

EUROPE CENTRALE.

la Ponteba qui conduit au col de Taarwis. Cette opération nous rendrait maîtres des débouchés de la Carinthie, c'est-à-dire nous ouvrirait la route la plus directe sur Vienne. A gauche, enfin, avec le gros de ses forces, Bonaparte marcherait contre l'archiduc Charles, qui s'était porté derrière le Tagliamento. Son projet était de le refouler en Carniole, de se rabattre ensuite vers la chaussée de Carinthie, de donner la main à Masséna, d'opérer sa jonction avec Joubert, et de marcher tous ensemble sur Vienne.

Le 10 mars 1797, par un froid rigoureux et plusieurs pieds de neige sur la montagne, l'armée se mit en mouvement. Le 16 mars, Bonaparte et l'archiduc se trouvaient en présence sur les bords du Tagliamento, non loin de Valsavone ; mais Bonaparte, trouvant l'armée autrichienne trop bien préparée à le recevoir, donna tout à coup l'ordre de préparer les bivouacs et de faire la soupe. Les Autrichiens se laissèrent tromper par ce stratagème, pourtant bien grossier. Ils abandonnèrent leurs positions et rentrèrent au camp. Aussitôt Bonaparte fait reprendre les armes à toute l'armée, qui marche au fleuve dans un ordre admirable, avec la même tranquillité que dans une parade. La division Bernadotte, entraînée par son général au cri de « Soldats du Rhin, l'armée d'Italie vous regarde ! » s'élance dans la rivière et repousse les avant-gardes ennemies. Les autres divisions franchissent le fleuve avec le même entrain, et, après quelques heures d'une résistance honorable, l'archiduc est obligé de battre en retraite, en nous abandonnant quelques centaines de prisonniers. Cette victoire de Tagliamento, le premier engagement de la campagne, était d'un heureux augure pour nous.

L'archiduc Charles, qui avait le sentiment de son infériorité, comprenant que Bonaparte allait se rabattre sur Masséna et opérer avec lui sa jonction, aurait voulu prévenir cette jonction. D'un autre côté, ses instructions lui prescrivaient de couvrir Trieste. Il adopta un moyen terme, funeste à tous égards, car il se décida à battre en retraite derrière l'Isonzo, dont il nous disputerait le passage, et détacha en même temps de son armée trois divisions dont il donna le commandement à Bayalitsch, avec ordre d'arriver au col de Taarwis pour y prévenir Masséna. Il espérait de la sorte rester fidèle à ses instructions, c'est-à-dire couvrir Trieste, tout en fermant aux Français la route de Taarwis.

Bonaparte, qui avait deviné les intentions de l'archiduc, détache Bernadotte de son armée et lui ordonne de s'attacher à l'archiduc et de le repousser en Carniole. Lui-même, avec le reste de son armée, remonte l'Isonzo à la suite de Bayalitsch et le pousse dans la direction de Taarwis. Les Autrichiens s'attendaient à trouver le col encore au pouvoir de leurs troupes. Ils espéraient que Lusignan y avait résisté à Masséna, et qu'ils opèreraient leur jonction avec lui ;

mais ils comptaient sans l'impétuosité de Masséna, qui avait battu le corps de Lusignan, fait prisonnier le général lui-même et s'approchait de Taarwis. S'il y arrivait avant Bayalitsch, comme ce dernier était déjà suivi en queue par Bonaparte, Masséna n'aurait qu'à l'arrêter au passage, pour prendre ce corps d'armée tout entier. La position devenait grave pour l'armée autrichienne. L'archiduc Charles, averti du mouvement offensif de Masséna, et comprenant la nécessité de le prévenir à tout prix au col de Taarwis, à la fois pour garder la crête des Alpes et pour empêcher le désastre imminent des divisions Bayalitsch, courut à Klagenfurth, y rallia les débris de Lusignan, s'élança à Taarwis avec quelques régiments de renfort, qui le rejoignirent très à propos, et refoula les avant-postes de Masséna. Si l'archiduc se maintenait sur le col, non seulement il donnait la main à Bayalitsch, mais encore il conservait une excellente ligne de défense et pouvait empêcher notre marche sur Vienne. Si, au contraire, il perdait cette position, Bayalitsch était anéanti, le passage des Alpes, c'est-à-dire la route de Vienne était ouvert, et désormais l'archiduc n'était plus en état de nous opposer une résistance sérieuse. On le sentait des deux côtés. De la possession de Taarwis dépendait le sort de la campagne.

Le combat qui s'engagea sur ces âpres sommets, entre Masséna et l'archiduc, fut acharné. C'est une des rares batailles qui se soient livrées au-dessus des nuages. C'était, en effet, à plusieurs centaines de mètres au-dessus du niveau de la mer que les régiments français et autrichiens se heurtaient dans une affreuse confusion. On voyait des lignes entières de cavalerie renversées sur la glace, et, de temps à autre, comme des grappes humaines qui tombaient dans les précipices. L'archiduc fit donner jusqu'à son dernier bataillon, et plusieurs fois paya de sa personne. Masséna ne s'épargnait pas davantage. Une charge impétueuse, qu'il conduisit lui-même, lui donna enfin la victoire. L'archiduc dut se retirer d'un champ de bataille si vivement disputé, abandonner par conséquent les divisions Bayalitsch et renoncer à la défense des Alpes. Ce beau succès était entièrement dû à Masséna. On le nomme bataille de Taarwis (24 mars).

Le résultat de cette victoire était indiqué à l'avance. Bayalitsch, pris en tête par Masséna et poursuivi par Bonaparte, ne pouvait même pas essayer de lutter. Bon nombre de ses soldats, natifs de la Carniole ou de la Croatie, et qui connaissaient tous les sentiers de la montagne, s'enfuirent par des chemins détournés ; mais 6000 prisonniers restèrent entre nos mains avec 400 voitures, tous les bagages, toutes les administrations, et tous les parcs d'artillerie qui avaient suivi cette route. De plus Bonaparte et Masséna, réunis sur la crête des Alpes, pouvaient descendre le versant opposé, et de là marcher sur Vienne.

Pendant ce temps, Bernadotte, à l'aile droite, remplissait avec intelligence sa mission. Il s'emparait de Palma Nova et de Gradisca, non sans avoir éprouvé sous les murs de cette place des pertes sérieuses, car ses soldats, froissés des railleries de l'armée d'Italie, voulurent monter à l'assaut avant qu'on eût ouvert le feu. La prise de ces deux places nous assurait la possession de la Carniole et de l'Istrie. Bernadotte reçut le commandement de ces deux provinces et s'occupa de les organiser de façon à prévenir tout retour offensif.

Sur notre gauche, dans le Tyrol, Joubert, qui venait de recevoir l'ordre de rejoindre l'armée principale, remporta une première victoire à Saint-Michel contre Kerpen, une seconde à Newmark contre Laudon, une troisième à Klausen contre Kerpen et Laudon réunis, et les refoula jusqu'au col de Brenner, qu'ils franchirent à la hâte, dans un état de complète désorganisation. Joubert n'ayant plus aucun danger à craindre pour le Tyrol, et comprenant que tout ce qui se passerait dans cette province était désormais secondaire, conduisit son armée à Brixen, et prit à droite la chaussée qui mène du Tyrol en Carinthie.

On était au 1er avril. Bonaparte, rassuré sur ses flancs, à la veille d'opérer sa jonction avec Joubert, n'avait plus qu'à pousser droit devant lui, avant que l'archiduc eût rallié ses débris et les eût réunis aux troupes qui arrivaient du Rhin. Malgré l'attitude hostile des Vénitiens, malgré l'éloignement des armées françaises du Rhin, il pensa que la rapidité était pour lui comme une nécessité de position. Il descendit donc en Carinthie par le col de Taarwis, et arriva à Villach, et bientôt à Klagenfurth. Il se trouvait en pleine Allemagne, fort aventuré. Aussi, comprenant les dangers de sa position, prescrivit-il aux soldats de traiter les habitants avec la plus grande douceur, et surtout de payer argent comptant tout ce dont ils auraient besoin. En même temps, il rassurait les populations par d'habiles proclamations, et se présentait à elles non pas en conquérant, mais en ami. C'est alors que la coopération des armées de Sambre-et-Meuse et du Rhin lui eût été bien utile ; mais la pénurie du Directoire était telle, que Moreau n'avait pas assez d'argent pour acheter un équipage de pont. Ni lui ni Hoche ne pouvaient, par conséquent, entrer en campagne. Il était évident que toutes les forces de la monarchie autrichienne allaient être dirigées contre Bonaparte. Si nos régiments ne prévenaient en vitesse et en activité les troupes ennemies, fatalement elles auraient le dessous. Au milieu même de ses victoires, Bonaparte était donc exposé aux plus grands dangers. Il lui fallait vaincre, vaincre toujours, ou sinon l'armée d'Italie était perdue, ou tout au moins compromise.

Si la cour de Vienne avait eu la constance de prolonger la lutte, si l'Empereur, abandonnant sa capitale, avait eu le courage de s enfuir en Hongrie et de soulever l'énergique population de ce royaume, comme le fit en 1740 son aïeule Marie-Thérèse, rien encore n'était désespéré ; mais on avait peur des Français. Mille bruits extraordinaires avaient été répandus sur leur compte. Aussi, malgré les exhortations de l'archiduc, désirait-on une paix immédiate. Il est vrai que Bonaparte augmentait ces inquiétudes en se rapprochant de Vienne avec une rapidité foudroyante, et en exterminant les corps d'armée qu'il rencontrait sur son chemin, le 1er avril à Friesach, et le 2 avril à Neumarkt. Le combat fut vivement disputé, car l'archiduc avait été rejoint par quatre divisions détachées du Rhin, mais l'obstination autrichienne fut brisée par la furie française. Le lendemain, 3 avril, une troisième bataille était livrée à Unsmarkt, et encore gagnée par les Français. Désormais la marche de l'archiduc n'était plus une retraite, mais une déroute.

Le 7 avril, l'armée française arriva à Léoben. Elle y opéra sa jonction avec le corps de Joubert, venant du Tyrol. Les deux armées victorieuses formaient une masse irrésistible d'environ 50 000 hommes. Léoben n'est qu'à vingt-cinq lieues de Vienne. Des hauteurs du Sömmering, qui dominent cette petite localité, et qui furent aussitôt occupées par l'avant-garde de Masséna, on apercevait les clochers de la capitale. Les soldats battaient des mains : ils savaient que leur triomphe était désormais assuré. Aucun obstacle, en effet, ne nous séparait plus de Vienne, et Bonaparte s'apprêtait à continuer sa marche en avant, lorsqu'on lui annonça les généraux Bellegarde et Merfeld, qui, de la part de l'Empereur, venaient lui demander une suspension d'armes de dix jours. Bonaparte en accorda une de cinq, et se disposa à frapper un nouveau coup et à augmenter la terreur de la cour impériale, si cet armistice n'était pas suivi de préliminaires de paix. En cas de reprise des hostilités, il aurait eu au moins 60 000 hommes sous la main, car il avait ordonné à Bernadotte d'accourir à marches forcées du fond de la Carniole, et ceux des régiments de Joubert qui n'avaient pas encore opéré leur jonction, arrivaient d'heure en heure. Il savait en outre que les deux armées de Sambre-et-Meuse et du Rhin étaient enfin entrées en campagne, et empêchaient par conséquent l'archiduc de recevoir des renforts. Or, à Vienne, tout se disposait à terminer cette guerre de six ans, qui avait eu pour la monarchie de si déplorables résultats. L'influence anglaise était discréditée. L'archiduc Charles avait perdu tout espoir. L'Empereur se décida donc et envoya à Léoben Merfeld et de Gallo avec pleins pouvoirs pour signer des préliminaires qui serviraient de base à la paix définitive. Ils arrivèrent le 13 avril au matin, au moment même où expiraient les cinq jours de l'armistice. Bonaparte leur montra ses régiments sous les armes et prêts à marcher sur Vienne. Il n'était que temps !

Un petit jardin fut neutralisé près de Léoben, et les négociations commencèrent au milieu des bivouacs de l'armée française. La première préoccupation des plénipotentiaires autrichiens fut un règlement d'étiquette. D'après un ancien usage, l'Empereur et ses représentants avaient le pas sur tous les autres souverains. Merfeld et de Gallo proposèrent à Bonaparte de reconnaître tout de suite la République française, si on conservait l'ancien cérémonial. « La République n'a pas besoin d'être reconnue, répondit fièrement Bonaparte. Elle est, en Europe, comme le soleil sur l'horizon. Tant pis pour les aveugles qui ne savent ni la voir ni en profiter ! » Il refusa donc la reconnaissance, mais consentit à ce que demandaient les plénipotentiaires. « C'est une farce, écrivait-il au Directoire, à laquelle j'ai bien voulu me prêter pour ménager leur puérile vanité. »

On aborda ensuite les questions essentielles. Le premier et le plus important des articles était la cession à la France des Pays-Bas autrichiens. Après ses défaites répétées, l'Autriche ne pouvait plus la refuser. Elle renonça donc à ses provinces et déclara en outre qu'elle consentait à l'annexion à la France de la rive gauche du Rhin. Restait la question des indemnités, et c'était le point délicat. Bonaparte avait bien dans sa main une indemnité toute trouvée, la restitution à l'Autriche du Milanais et du Mantouan : mais pouvait-il décemment remettre sous le joug autrichien des populations qui avaient fait pour nous tant d'efforts et de sacrifices, des soldats qui combattaient dans nos rangs, des citoyens qui s'étaient compromis pour nous soutenir? C'eût été un acte odieux, une vraie faiblesse, et notre situation nous permettait davantage. Au prix de cette restitution, les plénipotentiaires lui promettaient la paix définitive : Bonaparte refusa cette ouverture, et les pria de chercher ailleurs des indemnités.

Deux solutions se présentaient : indemnités en Allemagne, indemnités en Italie. La première idée avait plus d'une fois préoccupé nos diplomates. Ils auraient voulu soit donner la Bavière à l'Empereur, soit séculariser à son profit un certain nombre de principautés ecclésiastiques. Si l'on donnait la Bavière, sans doute on commettait un attentat contre le droit des gens, mais la Bavière nous avait déclaré la guerre, et d'ailleurs nous n'aurions pas anéanti sa nationalité en la cédant à une puissance allemande. Si on sécularisait quelques États ecclésiastiques, on se conformait aux idées du temps, et d'ailleurs il semblait ingénieux de faire payer à des prêtres allemands les agrandissements de la République française. Par malheur, l'Empereur ne se souciait que médiocrement d'une indemnité territoriale en Allemagne.

Où trouver en Italie, sans froisser le sentiment national, une indemnité suffisante pour l'Empereur ? Une idée toute simple s'était déjà présentée plusieurs fois, qui avait excité les convoitises autrichiennes et l'épouvante de la ville menacée. Il s'agissait en effet d'indemniser l'Autriche avec les États vénitiens. C'était une iniquité, mais elle n'était pas sans précédents dans l'histoire, et, de plus, elle tranchait à point nommé toutes les pifficultés. Ce crime politique, dont nous subissons peut-être aujourd'hui les déplorables conséquences, fut donc commis, et commis par des mains françaises.

L'aristocratie vénitienne avait, il est vrai, donné à Bonaparte de justes motifs de ressentiment. Elle n'avait pas caché sa haine, et tout récemment, le jour de Pâques, quelques centaines de fanatiques avaient à Vérone massacré nos malades et nos blessés. Venise méritait une punition, mais non une destruction. Bonaparte saisit

MASSACRE DES FRANÇAIS A VÉRONE.

avec empressement ce prétexte et proposa à l'Autriche les dépouilles de Venise. Cette proposition inespérée fut accueillie avec bonheur, et, le 18 avril, les préliminaires de Léoben étaient signés sur les bases suivantes : Cession à la France des Pays-Bas et de la rive gauche du Rhin. — Cession du Milanais et du Mantouan, qui formeront un État indépendant. — Cession de Venise à l'Autriche. — Retraite de l'armée française jusque sur l'Isonzo et dans le Tyrol.

— Ouverture de deux congrès : à Berne pour la paix avec l'Autriche, à Rastadt pour la paix avec l'Empire. — Signature de la paix dans les trois mois.

Il n'y avait plus que des arrangements de détail à régler, et les préliminaires étaient convertis en paix définitive. Or Bonaparte n'avait point qualité pour signer un pareil acte. Il crut néanmoins pouvoir prendre sur lui d'outrepasser ses instructions, et, suivant son habitude, rendit compte au Directoire de ce qui s'était passé après la signature de l'acte. Sans doute le Directoire aurait pu ne pas ratifier ces préliminaires, mais il y eut, à cette nouvelle, à Paris et dans toute la France, une telle explosion de joie, qu'il n'osa pas braver l'opinion publique. Il ne manqua pas cependant, même alors, de sages politiques et d'honnêtes citoyens qui déplorèrent l'acte coupable par lequel nous achetions la paix en détruisant une République qui datait de quinze siècles ; il ne manqua pas non plus de Français qui s'indignèrent des prétentions outrecuidantes du vainqueur de l'Autriche et entrevirent, dans un avenir rapproché, la ruine de nos jeunes libertés. Ce furent surtout les armées de Sambre-et-Meuse et du Rhin qui furent comme désespérées du contretemps qui les arrêtait dans leur offensive : elles venaient d'entrer en campagne. Hoche avait débouché par Neuwied, battu les Autrichiens à Heddesford, passé le Sieg et la Lahn, et, par une brillante manœuvre, était sur le point de faire prisonnière toute l'armée autrichienne, quand il fut arrêté par la nouvelle de l'armistice. Moreau, de son côté, avait franchi le Rhin près de Strasbourg, battu les Autrichiens à Diersheim et pénétré dans la Forêt-Noire. Il s'apprêtait à donner la main à Hoche, quand il fut à son tour arrêté par la nouvelle imprévue de la signature des préliminaires. Les deux généraux obéirent, mais à regret, car ils perdaient ainsi l'occasion de s'illustrer par de nouveaux services.

Les négociations pour la paix définitive s'ouvrirent à Udine. Bonaparte avait été cette fois investi de pleins pouvoirs pour traiter, mais il se fatigua bientôt de ces discussions diplomatiques stériles, et revint en Italie pour y jouir de sa gloire et organiser sa conquête. Installé à Montebello, près de Milan, entouré des représentants de toutes les provinces italiennes, il tenait une cour véritable et réglait en maître absolu les destinées des États italiens. C'est ainsi qu'il envoya Baraguey d'Hilliers à Venise pour détruire l'antique République et la livrer à l'Autriche, mais il eut soin de s'emparer auparavant des richesses de l'arsenal, et de tous les vaisseaux vénitiens, qu'il dirigea aussitôt sur les îles Ioniennes et particulièrement sur Corfou, qui, dans sa pensée, allait devenir un établissement militaire de premier ordre. Les affaires de Gênes attirèrent ensuite son attention. La noblesse génoise, menacée dans ses privilèges, cherchait un appui dans le fanatisme de la populace. Quelques Français isolés furent assassinés. Bonaparte exigea une réparation, et le sénat génois lui envoya des députés à Milan, qui signèrent une convention établissant le régime démocratique. Gênes devint la République Ligurienne (15 juin). Quelques semaines plus tard, il fondait en une nouvelle République, la Cisalpine, les deux États qu'il aurait voulu créer sur les deux rives du Pô, et qui auraient porté le nom de Républiques Cispadane et Transpadane. La Cisalpine se composait du Milanais, du Mantouan, du Modénais, de la Romagne, des Légations et de Brescia (9 juillet). Les habitants de la Valteline, qui cherchaient à se soustraire à la tyrannie des Suisses, et avaient choisi Bonaparte comme médiateur, furent également annexés à la nouvelle République. Bonaparte aurait bien voulu lui donner des institutions conformes au génie italien, mais le Directoire le contraignit à y promulguer la constitution française.

Pendant ce temps, les négociations continuaient à Udine. L'Autriche, qui voulait profiter de nos discordes intérieures, cherchait à gagner du temps et faisait d'énormes préparatifs militaires. Elle avait transporté la plus grande partie de ses forces en Carinthie. Une incomparable cavalerie s'exerçait sur les rives du Danube. Des recrues, en nombre considérable, avaient comblé les vides des précédentes campagnes. L'Autriche en un mot se préparait, en cas de rupture des négociations, à une vigoureuse défensive; mais le coup d'État du 18 fructidor ramena en France un ordre relatif, et Bonaparte reprit une attitude menaçante. Ce n'était pas qu'il tînt à une nouvelle campagne, car il aurait eu à lutter contre toutes les forces de la monarchie autrichienne, et il désirait jouir de sa gloire. De nouvelles victoires ne l'auraient pas beaucoup augmentée, tandis qu'en signant la paix, il s'attachait les Français par la reconnaissance. Plus il désirait cette paix, moins il le laissait deviner.

BONAPARTE BRISANT LE CABARET DE PORCELAINE.

Les plénipotentiaires autrichiens, épouvantés de ses nouvelles exigences, se décidèrent enfin à des concessions. L'un d'entre eux, Cobentzel, subtil, ingénieux, fécond en ressources, avait d'abord essayé de lutter contre Bonaparte. Il avait élevé d'incroyables prétentions et les appuyait par une intarissable faconde. Bonaparte répondait sèchement en formulant d'autres prétentions, et écoutait sans mot dire. Les débats se prolongeaient. On était arrivé au 16 octobre, et rien encore n'était décidé. Bonaparte, fatigué, posa un ultimatum : Venise à l'Autriche, l'Adige et Mantoue à la Cisalpine, le Rhin et Corfou à la France. Cobentzel riposta en annonçant que ses voitures étaient prêtes et qu'il allait partir. Il restait toutefois, et énumérait avec complaisance tout ce que cédait l'Empereur. Il se permit même de reprocher à Bonaparte son ambition, et le menaça de l'intervention de la Russie. Le général se leva alors et, saisissant un cabaret de porcelaine que la czarine Catherine avait donné à Cobentzel, il le brisa par terre dans un mouvement de fureur, peut-être simulée, et, d'une voix tonnante : « Vous le voulez, s'écrie-t-il, eh bien ! la guerre est déclarée : mais, souvenez-vous qu'avant la fin de l'année je briserai votre monarchie comme je brise cette porcelaine ! » Puis il sort, en annonçant partout que la campagne commence, et envoie un aide de camp à l'archiduc, pour lui annoncer la rupture des négociations.

Quelques heures après, Cobentzel acceptait l'ultimatum. Le lendemain, 17 octobre, le traité était signé. On lui donna le nom de Campo-Formio, petit village situé entre les deux armées.

La France acquérait ses limites naturelles. On lui cédait même les îles Ioniennes. C'était un immense avantage. Un nouvel État était créé en Italie sous sa protection : c'était un nouvel avantage; mais nous ne les obtenions qu'aux dépens de l'infortunée Venise. On abandonnait à l'Autriche ce boulevard de l'Italie. Après tant de défaites, cette puissance obtenait une concession qu'elle eût à peine attendue de la victoire. C'était une lourde faute et un crime politique qui a longtemps pesé sur nos destinées.

Monge et Berthier furent chargés de porter à la signature du Directoire le traité de Campo-Formio. Bonaparte lui avait formellement désobéi et avait outrepassé ses instructions en cédant Venise à l'Autriche. Le Directoire, soutenu par les clameurs des citoyens honnêtes et désintéressés, songea un instant à le mettre en accusation; mais la nouvelle de la paix s'était répandue, et la joie était à son comble. Comment tromper l'attente générale? Comment punir le triomphateur et l'enlever à ses soldats? Comment enfin renoncer aux avantages positifs que nous assurait la paix? Le Directoire étouffa donc la voix de l'honneur, qui lui imposait de ne pas sacrifier la nation vénitienne. Il n'écouta que son intérêt immédiat et donna sa ratification. Le même jour il nommait Bonaparte général en chef de l'armée d'Angleterre, plénipotentiaire au congrès de Rastadt, et l'invitait, lui et ses officiers, à une grande fête triomphale.

Quel moment dans la vie de Bonaparte! Bien qu'il n'eût signé ce traité que par égoïsme, et qu'il l'eût souillé d'une tache ineffaçable, la destruction et le partage de Venise, on oubliait tout pour admirer. L'enivrement était universel. Bonaparte avait remporté une série de victoires et fondé des États. Il assurait à la France la plus glorieuse des paix qu'elle eût jamais signées. La foule, les soldats, les fonctionnaires n'avaient de regards et d'applaudissements que pour ce jeune homme pâle et chétif, au regard ardent et profond, au costume simple, aux manières réservées. On se jetait dans ses bras, ou plutôt à ses pieds. Son orgueil, sa désobéissance aux ordres du Directoire, sa brusquerie, son dédain inouï pour les hommes, son manque absolu de scrupules, chimères que tout cela! On ne voyait en lui que le conquérant de l'Italie, le pacificateur de Campo-Formio. On oubliait même les héroïques efforts de la nation en 1793 et 1794. Les guerres de la défense pâlissaient en regard des conquêtes italiennes. Lodi, Arcole, Rivoli rejetaient dans l'ombre Wattignies, Fleurus, Wissembourg, la Montagne-Noire. Lui seul était déjà la France! Lui seul était la Révolution!

CHAPITRE XIV

LA SECONDE COALITION

Le traité de Campo-Formio avait été signé le 17 octobre 1797. Jamais encore la France ne s'était trouvée dans une situation aussi brillante. Nous avions conquis nos frontières naturelles, nous étions entourés comme d'une ceinture d'États alliés, Espagne, Hollande, Piémont, Suisse, ou de républiques vassales, Cisalpine, Ligurienne. Nous avions, par nos victoires, forcé l'Autriche à s'avouer vaincue. La Russie, malgré son mauvais vouloir, n'osait pas intervenir. La Prusse et l'Allemagne étaient à nos pieds. Les États du Nord briguaient notre alliance. L'Angleterre seule était encore en armes, mais elle redoutait l'attaque directe de la France, elle sentait l'Irlande s'agiter sourdement, elle voyait nos côtes se hérisser de batteries et de nombreux soldats se disposer à tenter le passage. Elle pensait donc à reconnaître, à son tour, la République française. Le gouvernement atteignit alors son plus haut degré de puissance. Il était fort et glorieux, l'Europe tremblante, les partis vaincus.

Cette grandeur ne fut qu'éphémère. Les Directeurs n'étaient que de simples bourgeois, parvenus tout à coup aux affaires, éblouis par leur rapide fortune et comme grisés de leurs succès. Ils s'imaginèrent, dans leur naïf orgueil, qu'ils n'auraient qu'à commander pour que l'Europe obéît. Ils crurent que la République était invincible, et, avec une érudition rétrospective qui faisait honneur peut-être à leurs connaissances, mais non pas à leur jugement, ils prirent pour modèle le sénat romain et la politique romaine. Ce n'était pas tout que de porter la toge et le laticlave comme au Forum, ou d'affecter la pompe et l'emphase des discours consulaires; ce n'était pas tout que de ressusciter des maximes antiques, des noms oubliés ou des fêtes d'un autre âge, il fallait encore le bon sens et la persévérance, qui furent comme les qualités distinctives des sénateurs romains; or les Directeurs n'eurent que de l'ambition et des convoitises. Il fallait de plus ne trouver en face de soi que des ennemis ou divisés ou incapables de résistance; or l'Europe était comme aux aguets, prête à profiter de nos moindres fautes, et à se coaliser de nouveau contre la France, pour peu qu'elle prêtât le flanc à son attaque.

Néanmoins l'impression de terreur produite en Europe par nos victoires avait été si profonde, et nos soldats ainsi que nos généraux passaient tellement pour invincibles, que personne en Europe n'osa de longtemps protester contre les injustes agressions et les usurpations du Directoire. On peut ranger ces fautes du gouvernement français sous deux catégories distinctes : 1° immixtions maladroites et intempestives dans les affaires intérieures des États alliés; 2° annexions brutales et contraires au droit des gens. Examinons-les successivement.

La politique du Directoire à l'égard de nos alliés semblait toute tracée. Il fallait à tout prix les ménager, car nos intérêts étaient communs, et leur concours d'une utilité réelle. L'Espagne et la Hollande, nos voisins immédiats au sud et au nord, pouvaient, à cause de leur marine encore imposante et de leurs richesses, nous aider singulièrement dans la guerre que nous soutenions alors contre l'Angleterre. Si nous eussions, sans arrière-pensée, travaillé de concert avec les Espagnols et les Hollandais à détruire la prépondérance ou plutôt la tyrannie maritime de l'Angleterre, l'équilibre des forces eût été peut-être rétabli à notre avantage. C'était l'intérêt et le désir de ces deux puissances, qui n'auraient pas mieux demandé que de contribuer à l'abaissement de l'Angleterre: mais le Directoire ne sut que leur intimer des ordres, et mécontenta leur amour-propre. Godoï dirigeait alors le ministère espagnol: il faut lire dans ses mémoires le récit incroyable des outrages presque quotidiens que les ambassadeurs du Directoire infligeaient à la cour de Madrid. Certes l'alliance était bien comme une nécessité entre les deux peuples pour que le roi d'Espagne cédât ainsi à toutes les prétentions du Directoire. Malgré les sympathies françaises, les Espagnols commençaient pourtant à se lasser de l'outrecuidance de leurs impérieux alliés.

Ce fut bien pis en Hollande. Il y avait dans ce pays des précédents et des traditions. La bourgeoisie tenait à ses habitudes, à ses prérogatives, et surtout à ses préjugés. Elle était fière de son indépendance, de ses richesses, du rôle glorieux qu'elle avait longtemps et souvent joué. Les Hollandais consentaient à être les alliés de la France contre l'Angleterre, parce que c'était leur intérêt, mais ils entendaient rester les maîtres de leur politique et de leur gouvernement. Au lieu de profiter de ces excellentes dispositions, le Directoire sembla s'attacher à froisser leur amour-propre, et surtout il commit la grave faute de se mêler à leurs dissensions intestines. Il y avait divers partis en Hollande. L'ancien stathouder avait conservé des partisans : on les nommait les Orangistes. Les Fédéralistes voulaient maintenir l'ancienne constitution, les Unitaires ou Jacobins cherchaient au contraire à fonder une république unitaire. Au lieu de laisser les Hollandais s'arranger à leur guise et se contenter de leur indiquer la ligne politique qui leur convenait, le Directoire commit la faute de se prononcer en faveur des Unitaires, ce qui, tout de suite, tourna contre lui les partis opposés, Fédéralistes et Orangistes. Le représentant de la France, Delacroix, excita les Unitaires à un coup d'État. Il osa dans un festin solennel se plaindre de ce que « personne en Hollande ne fût assez hardi pour poignarder le règlement sur l'autel de la patrie ». Un semblable appel aux passions, et dans une telle bouche, eut des conséquences fâcheuses. Les Unitaires, encouragés par Delacroix, se réunirent, expulsèrent par force du parlement les députés de l'opposition, et improvisèrent ou plutôt bâclèrent une constitution qui ressemblait à la constitution française. Ce coup d'État se fit en janvier 1798. Il produisit en Europe le plus déplorable effet, car on répéta que la France avait été l'unique auteur de cette révolution, et qu'en établissant en Hollande une république démocratique, elle n'avait cherché qu'à déguiser une conquête et s'étendre jusqu'au Texel.

La conduite du Directoire fut plus maladroite encore dans un pays voisin, qui assurait la sécurité de notre frontière de l'est, et que nous allions désigner à l'Europe comme le futur champ de bataille de la coalition. La Suisse, depuis plusieurs siècles, était constituée en république fédérale, c'est-à-dire que les treize cantons suisses, tout en conservant leur indépendance locale, reconnaissaient pourtant, en cas de danger ou d'intérêt commun, une autorité centrale. Par malheur ces treize petites républiques se jalousaient réciproquement, et quelques-unes d'entre elles exerçaient une intolérable tyrannie sur leurs sujets. A Berne, quelques familles s'étaient emparées de la direction des affaires et avaient constitué une véritable aristocratie, d'où étaient soigneusement exclues les familles nouvelles. A Saint-Gall, le couvent du même nom gouvernait tout le canton, comme au temps de la féodalité. En général, les villes dominaient les campagnes, et toutes ces aristocraties bourgeoises se montraient aussi pleines de préjugés et d'orgueil qu'en Angleterre. Aussi la guerre civile était-elle comme en permanence en Suisse, car tous les opprimés cherchaient à revendiquer leurs droits. Il y avait alors par toute l'Europe des réfugiés suisses, bannis de leurs pays, ou exilés volontaires.

Quand éclata la révolution française, elle fut accueillie en Suisse par des sentiments bien divers. Les persécutés tendirent leurs mains et adressèrent leurs vœux à la France. Les persécuteurs au contraire ne surent témoigner que de la haine ou du moins que de la malveillance à notre pays. Moins divisés, ils n'auraient pas hésité à se joindre à la coalition; mais, s'ils n'osèrent pas s'aventurer à une déclaration de guerre, au moins leur neutralité à notre égard fut presque hostile. Non seulement ils reçurent à bras ouverts nos émigrés, mais encore Berne devint comme le quartier général des intrigants soldés par l'Angleterre. C'est de Berne que l'ambassadeur anglais Wickam organisait la contre-révolution et lançait en France des émissaires gorgés d'or et les mains pleines de promesses. Maintes fois le gouvernement français fut tenté de tirer une vengeance éclatante de ces sourdes hostilités, mais la Suisse était alors le seul pays par lequel nous communiquassions avec le continent, et la Convention eut la sagesse de ménager cette précieuse neutralité. Le Directoire, enivré par ses succès, crut le moment venu pour intervenir. Un double motif l'excitait. Il voulait en premier lieu étendre à la Suisse le gouvernement unitaire et démocratique qu'il avait déjà imposé à la Hollande : ce qui n'était fondé ni en droit, ni en intérêt, car en conquérant la Suisse, république respectée par les monarchies européennes, on affaiblissait, au lieu de l'étendre, l'influence française. Il voulait en second lieu prendre, en occupant la Suisse, une position militaire formidable, qui lui permettrait de braver une seconde coalition : ce qui était une faute stratégique, car les Alpes cessaient d'être une barrière commune, et, au contraire, allaient servir de champ de bataille aux armées européennes. Le Directoire aurait dû imiter la sage modération de la Convention, mais il se garda bien de ne pas commettre cette nouvelle faute.

Les Vaudois, ou habitants de Lausanne et des bords du lac de Genève, étaient sujets de Berne. Ils s'insurgèrent pour obtenir des droits politiques, et réclamèrent la protection de la France, à laquelle les rattachait la communauté de langue, de mœurs et de religion. Le Directoire ne se contenta pas de les protéger : il envoya une armée à leur secours. Aussitôt les Vaudois proclament leur indépendance, et, à leur exemple, l'Argovie, Zurich, Schaffhouse et Lucerne firent aussitôt leur révolution démocratique. L'aristocratie bernoise, les « messieurs de Berne », comme on les nommait, ne se tinrent pas pour battus. Ils avaient à leur disposition quelques-uns de ces solides régiments qu'on recherchait alors dans toutes les armées de l'Europe à cause de leur discipline et de leur bravoure. Ils les réunirent sous le commandement du baron d'Erlach, leur adjoignirent quelques milliers de paysans, et les portèrent sur l'Aar entre Fraubinnen et Neueneck. Les Français n'avaient encore envahi que le canton de Vaud. A cette nouvelle, leur général, Brune, les conduisit au-devant de l'armée bernoise. Le choc eut lieu en avant de Berne, le 5 mars 1798. Les Suisses firent une belle résistance, surtout les régiments réguliers, mais ils furent enfoncés. Avant d'entrer à Berne, nos soldats durent s'ouvrir un passage à travers des montagnards fanatisés et désespérés, qui venaient jusque sous nos baïonnettes chercher une mort inutile. La prise de Berne décida la soumission des grands cantons. Aussitôt les partisans d'une révolution démocratique entourent Berne et la forcent à créer une république unitaire sous le nom de République Helvétique. Brune pourtant savait que les Suisses aiment leur indépendance locale, et c'était à contre-cœur qu'il avait consenti à constituer ainsi, sans transition, un gouvernement unitaire. Les résistances,

BERNE. — VUE GÉNÉRALE.

en effet, commencèrent bientôt, et il fallut en triompher. Excités par les prêtres et les nobles, et persuadés que les Français porteraient atteinte à leur culte et à leur autonomie, les montagnards d'Uri, de Glaris, de Schwitz et de Zug se soulevèrent. On les battit et ils prêtèrent serment à la nouvelle constitution, mais leur soumission n'était qu'apparente. Les habitants du Valais et de l'Unterwalden s'insurgèrent à leur tour, et, pour les dompter, il fallut les massacrer et brûler leurs villages. La nouvelle république n'était pas née viable. Nous avions cru étendre au loin notre influence, et nous n'avions réussi qu'à augmenter nos points faibles, qu'à fournir à nos ennemis de nouveaux prétextes de plaintes, et qu'à nous préparer de nombreux embarras.

Que dire de notre immixtion en Italie? Là encore nous n'avions que des alliés, des amis. Notre politique semblait toute tracée. Les républiques que nous avions fondées, Cisalpine et Ligurienne, il fallait les soutenir, mais leur laisser au moins les apparences de la liberté. Il fallait surtout s'intéresser à leur progrès et leur donner la libre disposition de leurs ressources. Or notre intervention fut toujours maladroite et souvent immorale. Les Cisalpins et les Génois avaient des traditions et des habitudes opposées aux nôtres : la constitution française ne leur convenait donc pas ; mais le Directoire ne voyait alors dans ces provinces italiennes que des pays auxquels on avait laissé une ombre de liberté pour les exploiter plus facilement. Sous prétexte que les Cisalpins et les Génois n'avaient pas encore de forces nationales, il laissait en Italie une armée considérable, nourrie et payée aux frais des Italiens. Sous prétexte que la constitution française était le modèle idéal des gouvernements, ils l'imposèrent à des citoyens habitués depuis des siècles à des libertés individuelles et municipales, et malheur aux Génois ou aux Cisalpins qui exprimaient leur mécontentement; il fallait obéir ou sinon être traité en peuple conquis. Ce n'était pas une vaine menace. En 1798, les conseils de la République Cisalpine ayant protesté contre une réclamation de dix millions qu'on leur adressait, le général Berthier procéda militairement contre eux, les expulsa de la salle de leurs séances, et les remplaça par des commissions exclusivement composées de ses créatures. Dès ce moment Milan et Gênes, qui pourtant avaient salué avec tant de joie l'arrivée des Français en Italie, furent très mal traitées. Une nuée d'agents avides, de fournisseurs, ou plutôt d'enleveurs, se jeta sur ces infortunées provinces. Nous étions encore aimés en 1797. En 1798, on rêvait déjà et on projetait presque notre expulsion. Ce n'était plus contre les Autrichiens, mais bien contre nous, qu'allait bientôt retentir le vieux cri national : *Fuori i barbari !*

Une faute analogue, plus grave encore, commise par le Directoire, fut la création en Italie d'une nouvelle république vassale de la France, la République Romaine. La cour de Rome ne nous avait, il est vrai, pardonné ni les humiliations du traité de Tolentino, ni la propagande révolutionnaire qui agitait l'Italie, mais elle avait rempli tous ses engagements ; elle avait même, pour acquitter les contributions imposées, vendu les meubles précieux des palais et les pierreries du trésor. Le Directoire aurait donc dû, puisque le gouvernement pontifical avait fidèlement exécuté le traité, ne pas se donner les torts d'une intervention que rien ne justifiait, mais son ambition était de démocratiser l'Europe, et il voulait entourer la France de républiques vassales, non point pour se défendre comme la Convention, mais par esprit de propagande ou plutôt par fanatisme politique. Aussi les démocrates de tout pays étaient-ils à l'avance assurés que le Directoire viendrait à leur aide, s'ils tentaient un soulèvement, et il y en avait à Rome, qui déclamaient contre un gouvernement sénile, un pape abattu par l'âge et des cardinaux étrangers à la direction des affaires. Le Directoire nourrissait en outre contre la papauté une haine véritable. Détruire ce qu'il appelait la vieille idole catholique lui paraissait une œuvre méritoire. Aussi, quand les Romains commencèrent à s'insurger dans les provinces pontificales, il leur prodigua les encouragements ; mais les troupes pontificales battirent sans peine les insurgés et forcèrent quelques-uns d'entre eux à se réfugier dans le palais de l'ambassade française. L'ambassadeur était Joseph Bonaparte. Pour éviter un massacre, il essaya de s'interposer entre les combattants, mais les dragons pontificaux, sans respect pour sa personne, firent feu et tuèrent à ses côtés un jeune général de talent et d'avenir, Duphot. Cet assassinat produisit une grande impression. Les ambassadeurs de toutes les puissances rédigèrent une énergique protestation ; Joseph Bonaparte réclama une punition exemplaire, et nos soldats campés en haute Italie demandèrent à marcher tout de suite contre Rome.

Il n'en fallait pas tant pour décider le Directoire à la guerre. Joseph reçut l'ordre de demander ses passeports et le général Berthier de se diriger contre Rome à la tête de l'armée d'Italie. Il n'y eut, pour ainsi dire, pas de résistance. Le 10 février 1798, les Français arrivèrent en vue de la capitale. Les portes leur en furent aussitôt ouvertes par les démocrates. Nos troupes firent le même jour leur entrée au milieu d'une populace en délire. C'étaient les mêmes hommes qui, quelques semaines auparavant, avaient aidé à massacrer Duphot. Les Italiens sont très mobiles. Ils l'étaient surtout à cette époque d'ignorance, et passaient facilement d'un extrême à l'autre, avec une bonne foi absolue. Ils étaient sincères en assassinant Duphot; sincères furent-ils encore lorsque au Campo-Vaccino, l'ancien Forum, entourés des débris de leur glorieux passé, ils proclamèrent la République Romaine et firent rédiger par un notaire l'acte en vertu duquel ils déclaraient reprendre l'exercice de leur souveraineté et se constituer en république.

Restait le pape : il s'était enfermé au Vatican. On lui demanda son abdication. Il la refusa, en alléguant qu'il n'avait pas le droit de disposer d'une propriété qui ne lui appartenait pas. Nos généraux goûtèrent peu ces raisons. Ils le traitèrent avec de grands égards, mais l'enlevèrent et le conduisirent à Sienne, puis à la chartreuse de Cassiano près de Florence, à Parme, à Plaisance, à Turin et enfin à Valence, où il n'arriva, le 14 juillet 1799, que pour y mourir quelques jours après (29 août).

Une cinquième république était donc fondée : ce ne fut pour nous qu'un embarras de plus. Nos soldats eurent le tort de considérer les Romains comme des vaincus, et d'odieux excès déshonorèrent nos troupes. Nos officiers eux-mêmes donnèrent le signal du pillage. Les agents du Directoire, le Suisse Haller et Masséna, le successeur de Berthier, se signalèrent par leur scandaleuse avidité. Palais et couvents dépouillés, musées volés, propriétés confisquées, tous les abus de la force accablèrent la nouvelle république. Les Romains se soulevèrent contre ces excès : ils furent brutalement réduits à l'ordre, mais l'armée d'Italie fut coupée en deux tronçons. La première moitié retint dans le devoir les Républiques Cisalpine et

Ligurienne, et la seconde la République Romaine. Certes mieux aurait valu punir sévèrement le meurtre de Duphot, et laisser aux Romains la libre disposition d'eux-mêmes. Au lieu d'étendre notre influence en Italie, nous l'avions diminuée. Nous n'étions plus des protecteurs, mais déjà des conquérants, c'est-à-dire des ennemis. Aussi bien nous allions être bientôt punis de nos fautes par la nécessité d'en commettre de nouvelles.

Le roi de Naples, en effet, exaspéré déjà par la présence et les progrès des Français en Italie, excité par l'Angleterre, qui venait d'envoyer à Naples Nelson, le vainqueur d'Aboukir, et croyant pouvoir compter sur l'Autriche, qui lui avait prêté le général Mack pour commander ses troupes, se détermina à nous attaquer. Cette folle agression conduisit ce prince à la perte de son royaume, mais fut pour la France l'occasion d'une faute nouvelle, la création d'une sixième République, la République Parthénopéenne.

Mack et Nelson avaient imaginé un plan merveilleux. A les entendre il suffisait de pousser devant soi les quinze à vingt mille Français qui gardaient la République Romaine. Les Piémontais seconderaient ce mouvement par une insurrection. Une division anglaise débarquerait à Livourne pour couper la retraite à nos soldats, et les Autrichiens, appuyés par les Russes, déboucheraient dans la Haute Italie. Le roi Ferdinand, qui ne manquait pas de bon sens, aurait voulu ne pas se mettre en avant, mais sa femme, dominée par l'ambassadrice d'Angleterre, Emma Hamilton, inventa, dit-on, une fausse lettre de l'empereur d'Allemagne, qui provoquait le commencement des hostilités. Le pauvre roi se laissa persuader et somma les Français d'évacuer l'État romain. Sans attendre leur réponse, Mack entra aussitôt en campagne. S'il avait formé de ses 40 000 hommes une seule masse, il aurait peut-être triomphé : mais ce plan était trop simple pour lui convenir. Ne s'avisa-t-il pas de diviser son armée en six colonnes qui, par des chemins isolés, devaient tomber sur les Français isolés, et infailliblement les écraseraient. Le général en chef de l'armée française, Championnet, un des héros de l'armée de Sambre-et-Meuse, évacua Rome dès qu'il apprit l'arrivée des Napolitains, et se retira en arrière, dans une excellente position défensive, pour y concentrer ses forces. Il savait que ce sacrifice ne serait que momentané et qu'au premier succès la capitale retomberait en son pouvoir. Les Napolitains entrent aussitôt à Rome (29 novembre 1798) et s'associent à la populace pour piller les maisons des libéraux. On était encore dans l'exaltation de ces faciles victoires, quand on apprend que deux des colonnes napolitaines ont été écrasées. Mack comprend sa faute, et, avec le gros de ses forces, vient présenter la bataille à Championnet, non loin de Civita Castellana. Les Napolitains se dispersèrent au bruit du canon, et la déroute commença. A Terni, à Otricoli, partout où Mack veut tenir tête, il est battu. Il essaye de résister à Rome, mais, abandonné par ses généraux et par le roi lui-même, il évacue la capitale, où Championnet rentre en triomphe après dix-sept jours d'absence.

La prudence conseillait à Championnet de se maintenir à Rome, mais, comme il appréciait à leur juste valeur la bravoure des Napolitains et les talents de leur général, il résolut de pousser en avant, bien que ce fût une entreprise aventureuse que de s'enfoncer dans un pays presque inconnu, et loin de ses communications, avec une aussi faible armée. Il poursuivit donc Mack à outrance, et le rejeta sur le Vulturne. Découragé par la lâcheté de ses soldats, et désespérant de la partie, Mack se réfugia dans le camp français, pendant que Championnet poursuivait contre Naples sa marche victorieuse. Cette ville était alors en pleine anarchie, car tout gouvernement régulier avait disparu. A l'approche de nos soldats, la cour napolitaine avait été comme saisie de folie. Elle avait distribué des armes à la populace, aux lazzaroni, qui menaçaient pourtant d'égorger ministres et généraux, et en effet les massacres avaient commencé. Le roi et la reine résolurent de passer en Sicile. Les lazzaroni, qui se doutaient de cette fuite, voulaient à tout prix l'empêcher, mais Nelson prêta les mains à ce départ clandestin; c'est à bord de son propre vaisseau, le *Vanguard*, que s'embarqua la famille royale. Il est vrai que les Anglais, avant de quitter Naples, firent comme à Toulon, et incendièrent la flotte napolitaine, sous prétexte de ne pas laisser tomber entre les mains des Français des ressources qui pourraient leur servir. Le service que l'Angleterre rendait aux Bourbons en les transportant en Sicile, ne valait-il pas le sacrifice de quelques méchants vaisseaux?

Pendant ce temps Championnet s'approchait de Naples. Les laz-

NAPLES, VUE PRISE DU PAUSILIPPE.

zaroni défendirent la ville avec vigueur, et la lutte aurait pu se prolonger dans les rues, si les modérés, qui avaient peur des excès de la populace, ne nous avaient aidés à triompher de sa résistance. La prise de la capitale assurait à Championnet la possession de toute la partie continentale du royaume. Le Directoire le chargea de consolider sa conquête, en organisant le pays en république. Championnet s'adressa au parti libéral, qui se rallia aussitôt à lui et adopta ses vues politiques. La haute bourgeoisie, les nobles suspects à la cour, les propriétaires et les industriels acceptèrent ses propositions et devinrent républicains par esprit de conservation. On décida qu'une nouvelle république serait instituée et que sa constitution serait modelée sur la constitution française. On la nomma République Parthénopéenne, du nom jadis porté par Naples; mais elle avait trop d'ennemis intéressés à sa perte, et devait bientôt succomber.

À l'exception de la Toscane et du Piémont, qui appartenaient encore à leurs souverains, et de Venise où l'Autriche se maintenait par la terreur, l'Italie tout entière était donc française ; mais nous avions adopté, pour obtenir ce résultat, la plus déplorable des politiques, celle qui consiste à vouloir appliquer partout et toujours un système qui ne convient qu'à certains peuples et à des circonstances déterminées, en sorte que nous étions forcés ou de conquérir l'Europe ou de la pousser à bout par nos injustes agressions, et la réunir tout entière et dans un suprême effort contre nous. L'Europe cependant assistait impassible et silencieuse à ces interventions que rien ne justifiait. On eût dit qu'elle se réservait : en réalité elle avait peur, et peut-être aurait-elle patienté longtemps encore, si les provocations du Directoire n'avaient dépassé la mesure. Le Directoire en effet entra tout à coup dans la période des conquêtes brutales, et renonça aux principes de désintéressement qui avaient fait la gloire de la France nouvelle, pour adopter la politique odieuse de la force et du fait accompli. Ainsi que Louis XIV avec ses fameuses chambres de réunion, il prononça en pleine paix l'annexion à la France de nombreux territoires, et souleva contre lui, par ces imprudents défis, les colères et les revendications de l'Europe.

La première de ces annexions fut celle de Genève. Certes, par sa

GENÈVE, VUE PRISE DU QUAI.

position géographique, par ses traditions, par sa langue, par la fréquence de ses relations industrielles et commerciales avec notre pays, Genève devrait être française; mais, depuis plusieurs siècles, cette ville s'était constituée en république indépendante, et avait glorieusement maintenu son autonomie contre de puissants voisins. Habitués à leur vie municipale, les Genevois se souciaient peu d'y renoncer, même en devenant partie intégrante de la grande République française. Le Directoire en décida autrement. Sous prétexte de stratégie et de contrebande, il annexa violemment Genève à la France. On essaya de lui faire oublier la perte de sa liberté en y installant le chef-lieu du département du Mont-Blanc, mais c'était une maigre compensation, car jamais les Genevois ne renoncèrent à l'espoir de redevenir indépendants.

L'annexion de Mulhouse était plus légitime. Mulhouse, enclavée dans le département du Haut-Rhin, en relations quotidiennes avec la France, n'attendait qu'une occasion pour rompre les liens qui la rattachaient à la Suisse. Il n'y eut pas d'opposition lorsque le Directoire prononça son annexion. Au contraire, elle s'attacha tout de suite à sa patrie d'adoption et cette cité généreuse est si vite devenue française, qu'elle n'a pas encore accepté sa séparation d'avec la France.

Une petite ville allemande, appartenant au duc de Wurtemberg, et enclavée dans le département du Doubs, Montbéliard, fut aussi annexée à cette époque. Elle nous est restée depuis, non sans exciter les convoitises de nos voisins.

Genève, Mulhouse, Montbéliard, à la rigueur l'Europe aurait consenti à l'annexion de ces trois villes, bien que contraire à tous les traités; mais une quatrième annexion que rien ne justifiait, ni les convenances stratégiques, ni les nécessités de la géographie, l'annexion du Piémont, exaspéra l'Europe et détermina la seconde coalition.

Le roi de Piémont, Charles-Emmanuel, n'exerçait plus que l'ombre de l'autorité royale, depuis que ses États de terre ferme étaient comme cernés par les quatre Républiques Française, Helvétique, Cisalpine et Ligurienne, et que nos soldats tenaient garnison dans ses places fortes. Les principes démocratiques ou plutôt démagogiques avaient fait leur chemin en Piémont. Encouragés par le voisinage de la France, les mécontents réclamaient la chute de la dynastie savoisienne, et appuyaient par les armes ces réclamations. La guerre civile était en permanence dans ce malheureux pays, et, malgré l'attachement des soldats piémontais à leur souverain, ils étaient impuissants à rétablir l'ordre. Le Directoire ne cherchait que l'occasion d'étendre l'influence ou plutôt la domination française. Il eut un instant la pensée de réduire le Piémont en république, mais ce territoire qui, pour ainsi dire, continuait la France au delà des Alpes et lui ouvrait l'Italie, ces places fortes, ces populations énergiques et industrieuses, tout en un mot excitait ses convoitises. Notre représentant à Turin, Ginguené, reçut l'ordre d'exagérer les prétentions et de grossir outre mesure les exigences françaises ; car on ne cherchait qu'un prétexte pour mettre la main sur le Piémont. Aux protestations de Charles-Emmanuel, le Directoire répondit par l'envoi de Joubert et d'un corps d'armée. Le roi signa aussitôt son abdication et quitta le Piémont. Joubert prit alors possession des provinces abandonnées, qui furent réduites en départements et annexées à la France.

Ce manque absolu de ménagements, cette violation des traités et les principes affichés par le Directoire provoquèrent une explosion. L'Europe émue, indignée, terrifiée, se ligua de nouveau contre nous, et la seconde coalition se forma. Elle comprenait l'Angleterre, la Turquie, l'Autriche, la Russie, la Sicile et la Sardaigne. Moins nombreux qu'en 1793, les membres de la seconde coalition étaient plus redoutables, car il y avait entre eux plus de cohésion, et les apparences du droit étaient cette fois en leur faveur.

Depuis 1793 l'Angleterre n'avait pas posé les armes. Seule de toutes les puissances belligérantes, elle n'avait renoncé ni à ses haines ni à ses espérances. Il est vrai que la guerre ne lui avait pas été défavorable. Sans doute elle avait dépensé beaucoup d'argent et essuyé bien des désastres sur le continent ; mais aussi que de victoires sur mer, que de conquêtes à nos dépens, et quelle perspective de triomphes, pour peu que la lutte se prolongeât ! Par amour-propre national, par entêtement et par passion, l'Angleterre s'acharnait à cette guerre. Le peuple détestait et jalousait la France ; les bourgeois et les négociants commençaient à comprendre que, par l'isolement de notre pays, l'Europe tout entière deviendrait bientôt leur tributaire; quant à l'aristocratie, à ce qu'on nomme en Angleterre les classes dirigeantes, la guerre avec la France était devenue pour elle une question de vie ou de mort. Si la France triomphait, c'est-à-dire si les principes français de liberté et d'égalité l'emportaient, c'en était fait de ses privilèges, de ses richesses, de sa puissance. Elle savait combien sa domination était mal assise en Irlande; elle n'ignorait aucun des projets de Bonaparte sur la Méditerranée : aussi, menacée dans ses possessions de l'Hindoustan, était-elle comme saisie d'anxiété. Pitt lui-même avait cru la partie désespérée. Il avait envoyé en France un de ses amis, lord Malmesbury, avec mission de négocier. A deux reprises ces négociations échouèrent, car il n'y avait de bonne volonté ni d'un côté ni de l'autre. Le parti de la guerre l'emporta de nouveau. Pitt, pour faire oublier sa défaillance momentanée, se lança avec ardeur dans la mêlée, et réussit à réunir contre la France un faisceau d'alliances bien autrement redoutable qu'en 1793.

La première puissance qui se déclara contre nous fut la Turquie. Les ressentiments du sultan Sélim étaient plus que légitimes. Le Directoire n'avait pas hésité à l'attaquer sans motif, lui le plus ancien et le plus fidèle allié de la France. Il venait de iriger une flotte en Égypte, province tributaire; il excitait à la révolte ses sujets d'Albanie et de Morée : aussi le sultan joignit sans hésiter ses armées et ses flottes aux régiments et aux vaisseaux anglais. Ce dut être pour Pitt un grand bonheur que d'entraîner ainsi dans une guerre contre la France le plus ancien de nos alliés.

Pitt n'eut pas de peine non plus à décider la Russie. La czarine Catherine était morte en 1796, en protestant contre les empiètements et les principes de la France, mais sans envoyer contre elle un seul homme. Son fils et successeur, Paul Ier, se chargea d'exécuter ses menaces. C'était un prince à moitié fou, fantasque, emporté, brutal. Catherine II, qui se défiait de lui, l'avait constamment tenu à l'écart. Elle lui avait même interdit de prendre part aux nombreuses expéditions qui illustrèrent son règne. A peine sur le trône, le nouveau czar chercha l'occasion d'acquérir cette gloire militaire dont il était si avide, et crut la rencontrer en déclarant la guerre à la France. Son éducation, son entourage, les traditions de sa famille le rendaient hostile à toute innovation. Aussi détestait-il la

Révolution française, et ne voyait-il que de misérables parvenus dans les hommes d'État ou les généraux qui dirigeaient nos affaires. Paul Ier avait pris à sa solde tous les émigrés; il avait donné asile au prétendant, Louis XVIII, dans la ville de Mittau; il avait offert sa protection au congrès de Rastadt; enfin il se préparait à la guerre, lorsque la prise de Malte par Bonaparte lui fournit le prétexte dont il avait besoin. Quelques chevaliers avaient protesté contre l'abdication du grand-maître Hompesch, et offert la grande-maîtrise au czar. Ce dernier l'accepta avec empressement et nous déclara la guerre. Deux flottes et trois armées russes entrèrent aussitôt en campagne. Ces forces accablantes, bien conduites, furent pour nous la cause de grands désastres. Pitt signa aussitôt avec Paul Ier une alliance offensive et défensive. Pour la première fois la Russie allait se mesurer avec les puissances occidentales, et elle paraissait sur ces nouveaux champs de bataille avec des ressources considérables. Il est vrai que, dans cette guerre étrange, le czar avait pour alliés le sultan, dont il convoitait les dépouilles, et le roi d'Angleterre, dont les intérêts étaient opposés aux siens. Ce n'était donc de sa part qu'une guerre de passion et d'entraînement: aussi l'alliance ne devait-elle pas être de longue durée.

Les deux cours de Naples et de Turin avaient été dépossédées de leurs États de terre ferme par les Français. Le roi de Naples s'était retiré en Sicile, et le roi de Piémont en Sardaigne. Ni l'un ni l'autre n'avaient pardonné à la France, le premier la création de la République Parthénopéenne, le second la perte de ses provinces continentales. Protégés dans leurs îles par les canons anglais, ils prirent part à la coalition, et, bien que fort réduits, contribuèrent, dans la mesure de leurs forces, à lutter contre nous.

Une sixième puissance, mais redoutable, se joignit aux coalisés. L'Autriche n'avait jamais considéré la paix de Campo-Formio que comme une trêve passagère. Elle ne pouvait se consoler de la perte de la Belgique et du Milanais, et ne pardonnait pas à la France d'étendre outre mesure le système de ses alliances et le nombre des républiques vassales. Néanmoins, comme ses revers lui avaient enseigné la prudence, elle ne voulut pas s'engager à la légère. Elle aurait voulu que l'Allemagne tout entière se déclarât, en même temps qu'elle, contre la France. Un congrès avait été réuni à

Rastadt pour régler la question des frontières et des indemnités territoriales. Diverses questions y avaient été agitées, et n'avaient pas encore reçu de solution. Les intrigues autrichiennes, les sourdes menées de l'Angleterre et les exigences contradictoires des princes allemands entravaient en effet la marche des négociations. Elles continuaient pourtant, et nos plénipotentiaires, Roberjot, Debry et Bonnier, s'efforçaient de concilier tous les intérêts. Or l'Autriche apprit sur ces entrefaites le désastre subi par notre flotte à Aboukir. Elle savait que Bonaparte et la meilleure de nos armées étaient pour longtemps, pour toujours peut-être, retenus en Égypte. Dès lors elle n'hésita plus, et mit sur pied toutes ses armées. En même temps elle réclama des indemnités à la France pour compenser les conquêtes faites en Italie, et, sur son refus, nous déclara la guerre.

L'Autriche aurait bien voulu y entraîner la Prusse et l'Empire; mais le nouveau roi de Prusse, Frédéric-Guillaume III, persistait dans une neutralité qui lui assurait le protectorat de l'Allemagne, et les princes de l'Empire ne paraissaient pas disposés à se lancer de nouveau dans de périlleuses aventures. Irritée de la neutralité prussienne et de l'indifférence allemande, l'Autriche prit sur elle de rompre le congrès. Elle ordonna à tous les plénipotentiaires de quitter Rastadt, qu'elle entoura de troupes. Nos envoyés réclamèrent des passeports : on les leur refusa. A peine avaient-ils quitté la ville avec leurs familles, qu'ils furent arrêtés par des hussards autrichiens, qui les accablèrent d'injures, les arrachèrent de leurs voitures, et, malgré les supplications de leurs femmes, les frappèrent à coups de sabre et les jetèrent sur la route. Bonnier et Roberjot furent tués. Debry, laissé pour mort, parvint à rentrer à Rastadt et fut recueilli par le ministre de Prusse. C'était, dans les annales du droit des gens, un attentat inouï. Le cabinet autrichien chercha plus tard à s'excuser, en prétendant qu'il avait seulement voulu punir les plénipotentiaires de leur raideur et de leur fierté; mais alors pourquoi insulter leurs familles, pourquoi voler leurs papiers, pourquoi les massacrer? La conséquence de cet acte inqualifiable fut que la France, qui jusqu'alors répugnait à la guerre, l'accepta avec entraînement. Elle qui n'avait plus confiance en son gouvernement, se serra autour de lui. L'armée était, pour ainsi dire, réduite à ses cadres : en quelques semaines de nouvelles légions sortirent de terre et la grande guerre recommença.

MASSACRE DES PLÉNIPOTENTIAIRES.

Avant d'en raconter les péripéties, qu'il nous soit permis de revenir en arrière et de raconter les principaux épisodes de la guerre maritime soutenue par la France contre l'Angleterre.

CHAPITRE XV

CAMPAGNES MARITIMES

La marine française s'était singulièrement relevée dans les dernières années du xviiie siècle. Le roi Louis XVI s'était attaché, avec raison, à nous donner une flotte imposante, des officiers distingués et des équipages exercés. Ses efforts avaient été heureux. Dans la guerre d'indépendance des États-Unis d'Amérique, la marine française avait non seulement réparé les désastres et la honte de la guerre de Sept Ans, mais encore, unie aux marines espagnole et hollandaise, elle avait plus d'une fois inspiré des craintes sérieuses à l'Angleterre. Les amiraux de Grasse, de Guichten, d'Orvilliers, de Suffren avaient soutenu l'honneur du pavillon français, et le traité de Versailles qui termina la guerre avait comme sanctionné nos victoires en nous restituant bon nombre de colonies. Mais il existait alors dans la marine un singulier usage : tous les grades étaient réservés à des nobles. Certes ils avaient de la valeur et de l'instruction; ils étaient tout à fait à la hauteur de leurs fonctions, mais ils constituaient à eux seuls l'état-major tout entier de nos vaisseaux. Or, quand éclata la Révolution, nos officiers de marine émigrèrent presque tous, et, du jour au lendemain, nos amiraux et nos capitaines disparurent. Il était fort difficile de les remplacer par des officiers subalternes, car un officier de marine ne peut pas être improvisé. Il lui faut des connaissances spéciales. Il doit connaître les mathématiques et la théorie nautique. Il doit en outre être exercé dans le maniement du canon. L'émigration de notre état-major maritime fut donc une première cause d'infériorité.

Une seconde cause, plus grave encore, fut l'insuffisance de notre armement naval. Lorsque éclata la guerre entre la France et l'Europe coalisée, aux premiers mois de 1793, nous possédions 76 vaisseaux portant 6000 canons; mais l'Angleterre, à elle seule, en avait 115 portant 8718 canons, la Hollande 49, l'Espagne 56, le Portugal 6, et Naples 4, c'est-à-dire 230 vaisseaux et environ 15000 canons! Nous n'étions évidemment pas en état de résister à de pareilles forces. Il est vrai que quelques-uns de nos navires, le *Commerce de Marseille*, par exemple, ou le *Pompée*, étaient de superbes vaisseaux. Ils excitaient l'admiration des capitaines anglais par leur masse imposante et l'épaisseur de leurs murailles qui semblaient impénétrables aux boulets, mais ils devaient bientôt tomber au pouvoir de nos ennemis et leur servir de modèles.

Une troisième et dernière cause d'infériorité fut que de bonne heure nous crûmes la partie désespérée, et qu'au lieu de concentrer sur mer notre activité, nous nous contentâmes de garder la stricte défensive. Nos ennemis, au contraire, eurent tout de suite le sentiment de leurs forces. Convaincus qu'ils trouveraient dans leurs victoires maritimes une large compensation à leurs désastres continentaux, ils se jetèrent avec ardeur dans la lutte. D'excellents officiers, Nelson, Jervis, Hood, Howe, Collingvood, Sidney Smith, les conduisirent à des triomphes certains, et ils ne cessèrent pas un instant de profiter de leurs avantages pour nous accabler et ruiner définitivement notre marine.

Ainsi donc, manque d'officiers, insuffisance de notre armement naval, sentiment exagéré de notre faiblesse, telles sont les trois causes principales de nos désastres : vaisseaux capturés, équipages prisonniers, colonies perdues, côtes insultées, c'est une sombre énumération. Presque toujours nous eûmes le dessous. Si la guerre maritime fut malheureuse, elle fut héroïque. On n'a pas assez insisté sur les difficultés qu'eurent à surmonter nos marins. Il fallait que ces hommes fussent animés d'un dévouement et d'une abnégation bien exaltées pour consentir à engager leur honneur et leur responsabilité dans des entreprises fatalement destinées à d'aussi déplorables issues. « Le succès, disait Nelson, suffit pour couvrir bien des fautes, mais combien de belles actions restent à jamais ensevelies sous une défaite ! »

Pour tracer un tableau complet de nos campagnes maritimes,

CHAPITRE XV

CAMPAGNES MARITIMES

La marine française s'était singulièrement relevée dans les dernières années du xviiie siècle. Le roi Louis XVI s'était attaché, avec raison, à nous donner une flotte imposante, des officiers distingués et des équipages exercés. Ses efforts avaient été heureux. Dans la guerre d'indépendance des États-Unis d'Amérique, la marine française avait non seulement réparé les désastres et la honte de la guerre de Sept Ans, mais encore, unie aux marines espagnole et hollandaise, elle avait plus d'une fois inspiré des craintes sérieuses à l'Angleterre. Les amiraux de Grasse, de Guichten, d'Orvilliers, de Suffren avaient soutenu l'honneur du pavillon français, et le traité de Versailles qui termina la guerre avait comme sanctionné nos victoires en nous restituant bon nombre de colonies. Mais il existait alors dans la marine un singulier usage : tous les grades étaient réservés à des nobles. Certes ils avaient de la valeur et de l'instruction; ils étaient tout à fait à la hauteur de leurs fonctions, mais ils constituaient à eux seuls l'état-major tout entier de nos vaisseaux. Or, quand éclata la Révolution, nos officiers de marine émigrèrent presque tous, et, du jour au lendemain, nos amiraux et nos capitaines disparurent. Il était fort difficile de les remplacer par des officiers subalternes, car un officier de marine ne peut pas être improvisé. Il lui faut des connaissances spéciales. Il doit connaître les mathématiques et la théorie nautique. Il doit en outre être exercé dans le maniement du canon. L'émigration de notre état-major maritime fut donc une première cause d'infériorité.

Une seconde cause, plus grave encore, fut l'insuffisance de notre qui n'avaient jamais navigué furent placés à bord des vaisseaux. On éleva de simples officiers aux plus hauts grades. Les arsenaux et les chantiers du port reprirent leur animation. Les ouvriers furent encouragés et contenus. A Cherbourg et à Lorient mêmes résultats. A Toulon, dès que nous le reprîmes aux Anglais, on répara les vaisseaux arrachés à l'incendie, et on en construisit de nouveaux, mais en les faisant payer aux Toulonnais, qui avaient livré leur port à l'ennemi. Aussi, en quelques mois, de l'aveu même des Anglais, réussirent-ils à créer une flotte assez puissante. C'était un immense service qu'ils rendaient au pays. L'esprit de parti s'est pourtant attaché à flétrir leur conduite. On a prétendu qu'ils se faisaient accompagner par deux guillotines et qu'ils rendirent la liberté aux forçats : leurs seules exécutions se bornèrent à des destitutions d'officiers traîtres ou incapables; quant aux bagnes, au lieu d'en ouvrir les portes, ils publièrent à l'usage des forçats un règlement sévère. Jean Bon Saint-André et Prieur méritent donc notre estime. Ils ont fait leur devoir.

La France, au mois de janvier 1794, était menacée de la famine. La récolte de 1793 avait été fort mauvaise, et celle de 1794 s'annonçait mal. En un pareil temps d'agitations et de bouleversements, les paysans avaient négligé leurs travaux habituels. De plus nos ports étaient bloqués par les marines coalisées, et toutes nos frontières attaquées à la fois. Si la France ne trouvait pas en elle de ressources suffisantes, la coalition triomphait de nous par l'épuisement. La Convention avait essayé de prévenir cette catastrophe. Elle s'était adressée à toutes les puissances neutres, aux Danois, aux Suisses, aux Génois, jusqu'aux Turcs et aux Algériens. Elle avait surtout fait appel à la jeune République américaine, et les Américains, moitié par reconnaissance, moitié par intérêt, avaient préparé un énorme armement de deux cents voiles. Il s'agissait d'aller à la rencontre de cette flotte, de la protéger contre toute insulte et de la conduire en France, ou sinon la famine éclatait. L'amiral van Stabel, un des rares officiers de l'ancienne flotte qui n'eût pas émigré, fut chargé de cette difficile opération. L'amiral Villaret-Joyeuse reçut la mission d'aller au-devant des Anglais qui voudraient interrompre la marche de ce convoi, et de combattre si le salut du convoi l'exigeait impérieusement.

Van Stabel n'avait avec lui que cinq ou six vaisseaux. Il pouvait facilement échapper aux Anglais. Villaret-Joyeuse avait de tout autres difficultés à surmonter, car il prenait la mer avec vingt-cinq vaisseaux de ligne, seize frégates ou corvettes, et les Anglais allaient diriger contre lui tous leurs efforts. Heureusement l'amiral français était un homme de tête et d'énergie. De même que van Stabel, il appartenait à l'ancien état-major et n'avait pas cru devoir sacrifier son pays à ses opinions personnelles. Villaret s'était déjà distingué par des actions d'éclat. En 1782, il avait avec une simple frégate lutté pendant huit heures contre un vaisseau anglais de 64 canons, et ne s'était rendu qu'avec huit pieds d'eau dans la cale et coulant bas. Jean Bon Saint-André appréciait vivement sa fermeté et ses talents. Pour encourager non pas l'amiral, mais ses matelots encore bien novices et ses officiers encore bien expérimentés, il se décida à monter sur l'escadre, et donna l'ordre de marcher à l'ennemi.

Le 20 mai 1794, la flotte française sortit de Brest. Elle se dirigea vers les Açores, à la rencontre de van Stabel et du convoi. De nombreux navires anglais de commerce croisaient alors dans la Manche. Ils tombèrent tous entre les mains de Villaret-Joyeuse. « Vous nous prenez en détail, disaient les capitaines anglais, mais patience ! L'amiral Howe va vous prendre en gros ! » En effet, l'Angleterre, n'imaginant pas que les Français oseraient seulement entrer en lutte, n'avait pas pris la précaution de surveiller le port de Brest. Stupéfaite de notre audace, mais déterminée à empêcher à tout prix l'entrée en France du convoi de vivres, elle ordonna à l'amiral Howe de rallier tous les vaisseaux disponibles et de fondre sur les Français. Howe eut bientôt réuni 33 vaisseaux de ligne, 12 frégates et courut à notre poursuite. Le 28 mai, nos vigies signalèrent une flotte à l'horizon. Nos équipages impatients regardaient grossir ces points noirs. Quand ils reconnurent le pavillon anglais, ils poussèrent des cris de joie et demandèrent le branle-bas. Villaret-Joyeuse malgré son courage ne se souciait pas, avec 25 vaisseaux contre 33 et des matelots à peine exercés, d'engager la lutte. D'ailleurs ses instructions lui recommandaient une grande prudence ; mais Jean Bon Saint-André, entraîné par l'enthousiasme général, consentit à étendre ces instructions et ordonna de se préparer à la bataille. Les deux flottes s'avancèrent donc à la rencontre l'une de l'autre : mais un seul vaisseau, *le Révolutionnaire*, réussit à atteindre les Anglais. Entouré par des forces supérieures, il s'esquiva péniblement. La nuit seule empêcha l'action de devenir générale.

Le lendemain 29 mai les deux escadres s'étaient rapprochées. L'amiral anglais manœuvra contre notre arrière-garde, et réussit à isoler deux de nos vaisseaux, l'*Indomptable* et le *Tyrannicide*, mais non pas à triompher de leur résistance. Villaret donna aussitôt l'ordre de les dégager. Ses ordres furent ou mal compris ou mal exécutés. Un instant il se trouva tout seul avec son vaisseau amiral, la *Montagne*, mais notre escadre le rejoignit et la bataille s'engagea. Nous n'avions plus l'avantage du vent, mais le feu de nos canons fut si bien dirigé et si terrible, que les Anglais durent renoncer à s'emparer de l'*Indomptable* et du *Tyrannicide*, et nous abandonnèrent le champ de bataille, fort maltraités et très surpris de la vivacité de notre attaque.

Rien encore n'était décidé. Le 30 et le 31 mai une brume épaisse enveloppa les deux armées navales. En de pareilles conditions engager le combat eût été de la folie. Villaret ne chercha qu'à détourner les Anglais de la route que devait suivre le convoi, et y réussit en partie, mais les deux escadres ne se quittèrent pas et le 1er juin un soleil éclatant se leva pour éclairer l'engagement définitif.

Villaret n'avait plus que 26 navires et les Anglais 36, mais nos matelots demandaient à se battre. Sur les neuf heures du matin les deux flottes s'entre-choquèrent. Howe cherchait à couper notre ligne. Une fausse manœuvre du *Jacobin* le lui permit. Dès lors tous ses efforts se portèrent sur notre gauche, mais nos vaisseaux soutinrent ce combat inégal avec énergie et non sans bonheur, car les Anglais, supérieurs dans la manœuvre, perdaient cet avantage dans la lutte de vaisseau à vaisseau, où les Français suppléaient par leur courage à leur défaut d'instruction. Le vaisseau amiral, la *Montagne*, un instant entouré par six navires, se dégage en en coulant un. L'*Impétueux* sauve le *Terrible*, mais est accablé par le nombre. Le *Vengeur*, tout démâté et près de sombrer, refuse d'amener son pavillon, et son équipage se laisse abîmer dans les flots en chantant *la Marseillaise*. On a prétendu que tous avaient péri. Barère à la Convention s'empara de ce glorieux épisode et l'amplifia outre mesure. Ce mensonge officiel fut accepté par tout le monde. Les poètes les plus réputés de l'époque, Lebrun, Parny, Rouget de l'Isle, composèrent même sur cet héroïque sujet quelques odes déclamatoires; mais bientôt la vérité se fit jour. Le capitaine du *Vengeur*, Renaudin, avait été fait prisonnier, et 267 de ses hommes partageaient son infortune. Certes la résistance du *Vengeur* fut héroïque, car, sur un équipage de 723 hommes, 456 périrent dans le combat ou s'engloutirent avec le vaisseau, mais enfin ils ne périrent pas tous jusqu'au dernier. Comme il est inutile d'enfler outre mesure nos exploits, et de prêter ainsi le flanc aux critiques malveillantes de nos envieux ou de nos ennemis, nous avons cru nécessaire de nous inscrire en faux, sur ce point, contre l'opinion courante.

Les Anglais étaient comme épouvantés de notre résistance. Ils avaient détruit ou pris six de nos vaisseaux, mais toute notre aile gauche encore intacte arrivait sur eux à pleines voiles, et ils avaient été singulièrement éprouvés dans le combat. Ils furent les premiers à suspendre le feu, et, bien que vainqueurs, nous cédèrent le champ de bataille. Villaret rallia aussitôt le reste de la flotte et se mit à leur poursuite. Il voulait de nouveau fondre sur eux, mais, malgré l'enthousiasme des équipages, Jean Bon Saint-André refusa cette fois de commettre aux hasards d'une bataille ce qui restait de la flotte française et de compromettre avec elle le salut du convoi. Les Anglais rentrèrent donc paisiblement dans leurs ports, mais étonnés de leur victoire et comprenant qu'ils eussent été vaincus si l'instruction des Français eût été à la hauteur de leur courage.

Cette bataille de six jours, qu'on désigne sous le nom de bataille du 1er juin ou du *Vengeur*, se livra à deux cents lieues à peu près au large des côtes de Bretagne. Ce ne fut pas une défaite pour nous, puisque nous avions lutté non sans honneur contre des forces supérieures, et ce fut presque une victoire, car le but que s'était proposé la Convention se trouva atteint : aucune flotte anglaise ne se présenta pour arrêter le convoi si impatiemment attendu. Quelques jours plus tard, Van Stabel et ses deux cents bâtiments chargés de grains et d'approvisionnements de tout genre traversaient le champ de bataille encore couvert de glorieux débris, et Villaret-Joyeuse, qui tenait encore la mer, avait la satisfaction d'accompa-

LE VENGEUR.

gner jusqu'à Brest le convoi qui sauvait la France de la famine. La campagne n'avait donc pas été infructueuse et nos marins improvisés avaient rendu à la patrie un inappréciable service. En même temps, et dans des mers bien différentes, d'autres marins, nos fameux corsaires, allaient devenir la terreur du commerce anglais.

II

Nos corsaires ont été de tout temps réputés pour leur courage. Dès le moyen âge ils étaient redoutables. C'est surtout à partir de Louis XIV, dans les longues guerres qui marquèrent ce règne, qu'ils devinrent pour notre marine d'utiles auxiliaires. Dunkerque et

CORSAIRE DE BOULOGNE.

Saint-Malo étaient les principaux ports d'où ils s'élançaient contre les Espagnols, les Hollandais ou les Anglais. Quelques-uns d'entre eux sont devenus célèbres, Jean Bart, Duguay-Trouin, Nesmond, Pointis, Ducasse, et toute cette légion de flibustiers, comme on les appelait, l'Olonnais, Ogeron de la Boire, Montbars l'exterminateur, qui portèrent au loin la terreur de notre pavillon. Ce genre de guerre convient en effet à notre caractère : nous aimons l'imprévu, l'audace, la témérité. De plus, dans ces engagements où la valeur personnelle l'emporte sur l'habileté nautique, dans ces terribles abordages de navire à navire, nos qualités nationales se développent plus aisément. Si nos grandes flottes ont souvent été battues et détruites, nos corsaires ont presque toujours été vainqueurs. Au xviii° siècle il ne manqua pas non plus de vaillants aventuriers qui conservèrent les traditions de leurs devanciers : aussi, quand de nouveau fut déclarée la guerre à l'Angleterre en 1793, bon nombre de nos capitaines marchands demandèrent et obtinrent des lettres de marque, et, moitié par patriotisme, moitié par intérêt, s'élancèrent sur les navires anglais. Ils firent éprouver à leurs ennemis des pertes sérieuses, car lord Stanhope constatait avec regret dans le Parlement que, dès 1794, nos corsaires avaient pris 410 bâtiments anglais. Il serait difficile d'énumérer ici tous leurs exploits. Nous ne parlerons que de deux d'entre eux, Victor Hugues et Robert Surcouf.

Hugues naquit à Marseille. Il appartenait à une honorable famille de négociants. La turbulence de sa jeunesse força ses parents à l'envoyer de bonne heure à Saint-Domingue, près d'un oncle et d'un frère qui y étaient établis. Quand éclata la Révolution, Hugues était entrepreneur de la boulangerie qui fournissait du pain à nos troupes. Forcé de rester en France, après avoir vu périr ses parents, il devint accusateur public près les tribunaux de Rochefort et de Brest, et fut désigné par Jean Bon Saint-André pour aller aux Antilles françaises retenir dans le devoir les colons qui, fatigués des excès révolutionnaires, parlaient de se rendre aux Anglais. Nous possédions alors aux Antilles non seulement la Martinique, la Guadeloupe, Marie-Galante, les Saintes et la Désirade que nous avons conservées, mais encore Sainte-Lucie, Saint-Eustache, Tabago et Saint-Domingue que nous avons perdus. La conservation de ces colonies était pour la France d'une importance capitale. Or, en arrivant en vue de la Guadeloupe, Hugues aperçut le pavillon anglais qui flottait sur les forts, et une barque détachée du rivage lui apprit que la Guadeloupe, la Martinique et Sainte-Lucie venaient de se rendre aux Anglais, et que ceux-ci étaient disposés à repousser par la force toute tentative de descente. Hugues n'avait sous ses ordres que quelques centaines d'hommes, mais la pensée d'un combat inégal ne les effrayait pas. Au lieu d'aller chercher des secours à Saint-Domingue ou dans les Antilles restées fidèles, il voulut profiter de l'ardeur de ses compagnons, et, sans plus tarder, donna le signal de l'attaque. Les Anglais ne s'attendaient pas à cette hardiesse. Ils n'avaient envoyé sur la plage que quelques compagnies, plutôt comme démonstration que comme résistance effective. Les compagnies furent dispersées, et Hugues, profitant de ce premier succès, s'empara du fort Fleur-d'Épée, qui dominait Basse-Terre, une des deux villes principales de l'île. Les Anglais, revenus de leur stupeur, concentrèrent alors leurs forces. Les planteurs, qui avaient tout à craindre des vengeances françaises, se réunirent à eux. Le sol de l'île, très accidenté, coupé de gorges et de défilés, permettait heureusement à nos aventuriers de tenir la campagne malgré leur infériorité numérique. Hugues eut constamment l'avantage. Il parvint à reprendre aux Anglais la ville de Pointe-à-Pitre, et força successivement les généraux Graham et Prescott à capituler avec leurs soldats et à évacuer la Guadeloupe.

Ce premier et magnifique succès valut à Victor Hugues une grande réputation. Tous les aventuriers, toujours nombreux aux Antilles, vinrent le rejoindre, espérant trouver sous un pareil chef argent et bataille. Hugues en effet improvisa une sorte de marine et ses corsaires firent au commerce anglais dans les mers du Mexique un tort irréparable. Les négociants des Antilles françaises, alléchés par l'espoir du butin, lui proposèrent aussi d'équiper des navires afin de participer aux chances de la piraterie. Hugues s'empressa de leur donner cette autorisation, et la Guadeloupe devint bientôt un nid de pirates. Hugues ne songeait pas seulement à sa fortune. Dès qu'il se vit à la tête de forces suffisantes, il entreprit la conquête des Antilles encore au pouvoir des Anglais, et réussit à leur reprendre la Désirade, les Saintes, Marie-Galante, Sainte-Lucie et Saint-Eustache. Il est vrai que parfois il avait outrepassé ses instructions et ses droits. Il avait surtout exigé de tous ses subordonnés une obéissance passive, et quelques-uns d'entre eux croyaient avoir à se plaindre de lui. Ils le dénoncèrent en France. Ces accusations ne furent seulement pas écoutées par le Directoire. Au contraire, un décret déclara qu'Hugues avait bien mérité de la patrie. Plus tard, sous l'Empire, ces accusations furent reprises, et Hugues fut traduit devant un conseil de guerre. Il fut acquitté à l'unanimité, mais dès lors il disparut de la politique. Son nom est resté populaire aux Antilles.

Robert Surcouf, plus encore que Victor Hugues, est le type du corsaire français, simple, brusque, emporté, sensible, généreux et d'un courage à toute épreuve. Aussi bien le sang qui coulait dans ses veines l'obligeait en quelque sorte. Il descendait par sa mère de Duguay-Trouin, et, comme lui, était né à Saint-Malo. Sa jeunesse fut orageuse. A l'âge de dix ans, il s'échappait du collège où il faisait ses études, pour éviter une punition d'ailleurs méritée. A l'âge de treize ans, son père, qui connaissait son goût pour la marine, le mit à bord d'un petit bâtiment de cabotage. A dix-sept ans, il était déjà lieutenant. Lorsque éclata la guerre, il passa comme enseigne à bord d'une corvette, mais il se lassa bientôt de servir en sous-ordre, et équipa, aux frais de quelques amateurs de l'île de France, un petit navire de 180 tonneaux, qu'il nomma l'*Émilie*. Il n'avait que trente hommes d'équipage et quatre méchants canons. Dans une première campagne de six mois il enleva six navires, dont un, le *Triton*, monté par 150 matelots et garni de vingt-six canons. Un désappointement l'attendait à l'île de France. Surcouf avait négligé de prendre des lettres de marque. Le gouverneur prononça la confiscation de ses prises et le tribunal de commerce maintint la confiscation. Surcouf en appela au Directoire, qui établit un partage entre les armateurs et les équipages. La campagne avait été si fructueuse, que, pour sa seule part, Surcouf eut 1 700 000 francs, somme énorme à cette époque.

Dès lors Surcouf entreprit la croisière à ses risques et périls. En 1798, avec la *Clarisse*, montée cette fois par 140 hommes et quatorze canons, il captura deux bâtiments chargés de poivre, un navire danois qui portait une cargaison anglaise, un portugais avec une valeur de 116 000 piastres, et un anglais chargé de riz. Son plus beau combat fut celui qu'il engagea contre le *Kent*, vaisseau de la compagnie des Indes, monté par 400 hommes d'équipage et portant trente-huit canons. Il parvint à s'en rendre maître après un combat meurtrier. Dès lors Surcouf devint la terreur du commerce anglais dans les mers du Bengale. On arma contre lui une flotte véritable, et ce n'est qu'après mille péripéties, qui tiennent du roman plutôt que de l'histoire, qu'il parvint à rentrer en France et à y mettre ses prises en sûreté. Pendant tout l'Empire, Surcouf continua son aventureux métier. Il y acquit une immense fortune. Napoléon aurait voulu en faire un chef d'escadre, comme Louis XIV de Jean Bart; mais Surcouf avait la modestie de se rendre justice : pour enlever un navire à l'abordage ou pour un coup de main audacieux, il n'eût pas reculé, mais il ne se sentait pas capable de conduire une flotte. Il refusa donc, mais accepta les faveurs et les compliments de l'Empereur, et, jusqu'à la fin de cette guerre de vingt-cinq années, ne cessa d'inspirer aux Anglais une véritable épouvante.

Par malheur nous n'avions que des corsaires à opposer aux amiraux anglais, et, malgré leur héroïsme, ces corsaires ne pouvaient empêcher ni la chute de nos colonies ni la ruine de notre marine. Rien encore n'était cependant désespéré. Ce qui prouverait qu'on pouvait encore soutenir la lutte, c'est que diverses expéditions faillirent réussir, qui, mieux conduites, auraient été pour l'Angleterre de vrais désastres : telles furent les expéditions d'Irlande et d'Égypte.

III

L'Irlande a toujours été traitée par les Anglais en pays conquis. Ce fut surtout Cromwell, qui, pour mieux affermir son autorité, prit contre les Irlandais une série de mesures atroces. Non seulement il les déporta en masse aux îles américaines et installa dans leurs propriétés des colons anglais, mais encore, afin de mieux trancher la séparation entre les vainqueurs et les vaincus, interdit aux Irlandais de prendre l'habillement anglais, de contracter des mariages avec les Anglais, d'élever leurs enfants avec les enfants anglais, d'arriver aux emplois publics. Il leur défendit même de se livrer au commerce ou de fonder des manufactures. Les catholiques, qui formaient la masse de la population, furent dépouillés de leurs biens, parqués dans la province de Connaught, et contraints de payer une dîme au clergé anglican. On ne trouve pas dans l'histoire moderne trace de traitements semblables infligés à une nation vaincue. Aussi les Irlandais détestaient-ils cordialement les Anglais. Ils nourrissaient contre eux une de ces haines vigoureuses, qui se transmettent de génération à génération et ne s'oublient jamais. L'histoire de l'Irlande est l'histoire des révoltes incessantes de ces insulaires contre leurs oppresseurs, et aussi l'histoire de la répression terrible de ces révoltes. Les Irlandais conspirèrent d'abord au grand jour, mais ils furent écrasés. De la guerre franche et ouverte ils passèrent alors à la guerre de trahisons et d'embuscades. Jadis ils tenaient la campagne comme belligérants; désormais ils se contentèrent d'assassinats et de soulèvements isolés. Il y avait autrefois des armées irlandaises; il n'y eut plus que des sociétés secrètes irlandaises.

La Révolution française fut accueillie en Irlande avec enthousiasme. Les Irlandais étaient persécutés dans leurs croyances et obligés de subvenir aux dépenses d'un culte détesté : la France ne proclamait-elle pas la liberté des cultes! Les Irlandais étaient exclus des emplois publics, du commerce, de l'industrie : la France n'admettait-elle pas l'admissibilité de tous aux fonctions publiques et la liberté absolue des transactions? Les Irlandais étaient courbés sous une tyrannie plusieurs fois séculaire, et la France créait l'égalité sociale. La terre en Irlande appartenait à quelques grands seigneurs, qui maintenaient leurs tenanciers dans une misère systématique : la France au contraire, en ordonnant la vente des biens du clergé, distribuait la terre aux paysans. Aussi les Irlandais tressaillirent d'espérance en apprenant les progrès de la Révolution française. Partout des meetings s'organisèrent, et des adresses de félicitation furent envoyées au peuple français.

Pitt surveillait ces manifestations de l'opinion publique. Au moment où il voulait s'engager dans une lutte à outrance contre la Révolution française, c'eût été de sa part plus que de l'imprudence que de laisser aux sympathies irlandaises pour la France le loisir de se développer. Armé par le Parlement de pouvoirs extraordinaires, il suspendit l'exercice des lois dans tous le pays, afin d'y réprimer par la terreur toute velléité d'insurrection. Les Irlandais ne se résignèrent pas. Comme la résistance ouverte était impossible, ils s'organisèrent en sociétés secrètes qui frappaient dans l'ombre et qui, par leur discipline, échappaient aux poursuites des troupes ou aux vengeances judiciaires. Les *enfants blancs* (on les nommait ainsi parce qu'ils mettaient par-dessus leurs vêtements une souquenille blanche, qui pendant la nuit les faisait ressembler à des fantômes) mettaient à contribution les protestants, et faisaient à l'autorité anglaise une guerre d'embûches. En même temps qu'eux, les *cœurs de chêne*, les *cœurs d'acier* et les *enfants justes* se répandirent dans le pays. Les derniers obéissaient à un chef suprême, mystérieux, qu'ils nommaient le Juste. Redresseurs de tous les torts, ils punissaient les propriétaires qui spéculaient sur la misère du peuple. Les punitions étaient de divers genres. Tantôt ils brûlaient les maisons des ennemis, tantôt ils arrachaient de son lit par une froide nuit d'hiver l'homme signalé à leurs vengeances, lui faisaient faire, dans le plus simple des costumes, une effroyable course à cheval, puis l'enterraient jusqu'au menton, non sans lui avoir coupé une oreille ou brisé quelques dents. D'autres fois ils mutilaient le bétail ou enlevaient les femmes et les filles des riches propriétaires.

Un avocat distingué, Wolf Tone, se dégoûta de ces manœuvres secrètes, et forma au grand jour, sous le nom d'Irlandais unis, une vaste association qui réclamait, mais par les voies légales, une réforme complète. Bientôt leurs prétentions grandirent. Ils réclamèrent la séparation complète de l'Irlande et de l'Angleterre. Tel est encore aujourd'hui le but avoué de la fameuse société des *fenians*. C'est alors que le gouvernement français envoya en Irlande de nombreux agents, et fit des promesses de secours. Il y eut une prise d'armes générale. La seule province d'Ulster fournit 150 000 insurgés.

Certes le danger était grave pour l'Angleterre. Pour peu que la France eût envoyé quelques régiments en Irlande, cette diversion aurait précipité la crise. Le Directoire le comprit ainsi et se détermina à une grande expédition. Le difficile était de transporter en Irlande un corps d'armée suffisant, car les flottes anglaises couvraient la Manche, et, depuis l'insurrection, toutes les communications avec la France étaient rigoureusement interdites. C'est là que nos flottes auraient dû se rendre utiles. Chasser les Anglais de la

Manche par une victoire, et ouvrir le passage à une armée de débarquement, c'est ce que Tourville avait essayé de faire, au temps de Louis XIV, et il y avait réussi. Le Directoire chercha à renouveler cette tentative. Il venait de nommer Hoche général en chef de l'armée des côtes de l'Océan. Le 16 décembre 1796, une escadre réunie à Brest et commandée par l'amiral Bouvet, mit à la voile. Elle portait 18 000 hommes. Huit jours après, malgré le gros temps qui la dissémina, la plus forte partie de l'escadre aborda dans la baie de Bantry, s'apprêtant à jeter nos soldats sur la plage. Par malheur la frégate qui portait Hoche n'avait pas encore été ralliée. Le sentiment de sa responsabilité écrasait l'amiral Bouvet. D'ailleurs une flotte anglaise approchait. Bouvet donna le signal d'appareiller et revint à Brest. Quelques heures plus tard Hoche débarquait à son tour dans la baie de Bantry, mais, ne trouvant personne au lieu du rendez-vous, il rentra aussi en France.

L'expédition n'avait donc pas réussi. Pendant ce temps les Anglais avaient débarqué en Irlande des forces considérables et presque partout battu les insurgés, qui reconnurent l'inutilité de la résistance et se soumirent, mais pas pour longtemps, car ils apprirent qu'une nouvelle flotte française venait à leur aide et qu'une armée de secours allait opérer à leurs côtés. Aussitôt ils reprirent les armes. Le 4 août 1798 en effet quelques navires débarquaient à Killala, dans le Connaught, plusieurs centaines de Français commandés par le général Humbert. Une seconde escadre, plus nombreuse, était annoncée. Les nouveaux débarqués établirent leur quartier général au palais de l'évêque. Ils avaient sur leur bannière une harpe avec la devise si chère aux enfants de l'Irlande : « Erin pour toujours. » Ce renfort rendit l'espoir aux Irlandais, qui reprirent les armes. Humbert n'avait sous ses ordres que 884 soldats et ne pouvait lutter contre les forces régulières de l'Angleterre. Il avait pourtant du talent et de l'énergie, mais ne disposait pas de moyens suffisants de résistance. Enveloppé à Connangen (8 septembre) par les 15 000 hommes de Cornwallis, il fut obligé de capituler. Ses instructions tombèrent entre les mains du gouvernement anglais, qui les fit imprimer. Prisonnier sur parole, Humbert, cet ex-marchand de peaux de lapins, eut des succès dans la haute société anglaise, pourtant si réservée. Aussi obtint-il d'être échangé promptement.

Quelques jours après la capitulation de Connangen arrivèrent les renforts, mais il était trop tard : ils furent dispersés. Parmi les prisonniers se trouvait Wolf Tone. Traduit devant une cour martiale, il ne put même pas obtenir la mort du soldat, et fut pendu.

Malgré ces tristes débuts, le Directoire ne se découragea pas. La paix de Campo-Formio venait d'être signée, et nous n'avions plus que l'Angleterre pour ennemie dans toute l'Europe. Les flottes hollandaise et espagnole combattaient à côté des nôtres. Nous pouvions espérer que l'équilibre des forces s'établirait promptement. Le Directoire nomma alors Bonaparte général en chef de l'armée d'Angleterre, et le chargea d'engager avec notre dernière ennemie une lutte à outrance. Il lui donna des pouvoirs plus étendus qu'à Hoche ou qu'à Humbert, et lui recommanda une descente en Irlande. Bonaparte roulait alors dans sa tête de tout autres projets. L'Orient l'attirait. Il proposa donc au Directoire de frapper l'Angleterre au cœur en conquérant l'Égypte, c'est-à-dire en lui enlevant le chemin des Indes. Cette expédition romanesque mais imprudente, qui nous détournait d'un projet de descente directe en Angleterre, fut résolue et Bonaparte désigné pour la diriger.

CHAPITRE XVI

EXPÉDITION D'ÉGYPTE

L'Égypte, à la fin du xviiie siècle, appartenait ou était censée appartenir au sultan; car, depuis de longues années, elle obéissait à la milice guerrière des mamelucks, qui reconnaissaient, pour la forme, la suprématie de Constantinople, mais en réalité n'avaient d'autres chefs que les beys qu'ils élisaient eux-mêmes. Ces mamelucks étaient des esclaves achetés en Circassie. Transportés tout jeunes en Égypte, élevés dans l'ignorance de leur origine, dans le goût de la pratique des armes, ils devenaient les plus braves et les plus agiles cavaliers de l'univers. Ils étaient à peu près 12 000, et étendaient sur le pays entier une intolérable tyrannie.

Au-dessous d'eux venaient les anciens possesseurs ou les anciens conquérants de la contrée, Coptes, Arabes et Turcs : les premiers, abrutis et méprisés, voués aux travaux les plus ingrats et toujours courbés sous le bâton du plus fort; les Arabes descendaient des compagnons de Mahomet : ils étaient propriétaires, paysans, conducteurs de caravanes ou brigands de profession; quant aux Turcs, ils servaient en qualité de janissaires ou de fonctionnaires civils. Ces trois peuples, superposés les uns aux autres, n'étaient nullement unis. Les vrais et seuls maîtres du pays étaient les vingt-quatre beys des mamelucks, qui se disputaient le pouvoir effectif. La population totale dépassait à peine le chiffre de trois millions d'habitants : tel était le pays dont Bonaparte proposa tout à coup la conquête au Directoire.

La question égyptienne avait déjà été posée en France à diverses reprises. D'après la tradition, la première idée de la conquête du pays fut donnée par un captif de Philippe-Auguste et de Richard Cœur de Lion pendant la troisième croisade. Ce captif, nommé Caracux, annonça que les chrétiens ne se maintiendraient en Orient qu'en prenant l'Égypte, mais il ne fut pas écouté. En 1215, au concile de Latran, la question fut de nouveau posée et non résolue. En 1219, le roi de Hongrie et le légat Pélage essayèrent de débarquer en Égypte, mais furent bientôt obligés de battre en retraite. Le roi de France Louis IX ne fut pas plus heureux lors de la septième croisade. Le désastre qu'il éprouva détourna même du pays l'attention des peuples chrétiens. C'est seulement au XVI° siècle que le grand cardinal Ximénès forma de nouveau le projet de s'emparer de la vallée du Nil. Dès lors cette question est pour ainsi dire à l'ordre du jour. Depuis Bacon, qui composa un traité *de Bello sacro*, jusqu'au père Joseph, le confident de Richelieu, qui trouva le temps d'écrire un long poème, *la Turciade*, pour inviter les chrétiens à la délivrance de Constantinople, de Jérusalem et d'Alexandrie, de nombreux écrivains, protestants ou catholiques, les uns par politique, les autres par religion, proposèrent de s'emparer de l'Égypte. Le plus complet et le mieux étudié de ces projets est le *Consilium Ægyptiacum*, composé par Leibniz. Louis XIV méditait alors la conquête de la Hollande : Leibniz espéra qu'il détournerait l'ambition du roi en le lançant sur l'Orient. C'était une conception hardie de la part de cet écrivain qui cherchait à faire le bien de son pays, tout en offrant à la France de magnifiques compensations. Le *Consilium Ægyptiacum* se divise en deux parties : la première est destinée à prouver l'opportunité et la facilité de la conquête; la seconde est une revue des États européens qui trouveront leur intérêt ou qui s'opposeront à cette conquête. C'est un précieux monument de saine raison et de science politique achevée. S'il fut présenté à Louis XIV, il ne paraît pas avoir produit sur son esprit une grande impression; en tout cas, il fut laissé de côté et tellement oublié, que ce fut seulement en 1803 que le général Mortier, qui occupait alors le Hanovre, envoya au premier consul la copie, non pas du mémoire, mais du résumé du mémoire, composé également par Leibniz. Bonaparte ne fut donc pas, comme on l'a prétendu, le plagiaire de Leibniz.

Il est vrai qu'à défaut du *Consilium Ægyptiacum*, Bonaparte eut à sa disposition de nombreux travaux relatifs au même sujet. Pendant tout le XVIIIe siècle, publicistes et hommes d'État continuèrent à s'occuper dé l'Égypte. Une opinion s'était répandue en France, d'après laquelle, la chute de l'empire ottoman étant considérée comme inévitable, il fallait s'assurer une part des dépouilles. Nos ambassadeurs à Constantinople revenaient avec insistance, dans leurs rapports au gouvernement, sur cette probabilité de la dissolution de l'empire ottoman et sur la nécessité pour la France de

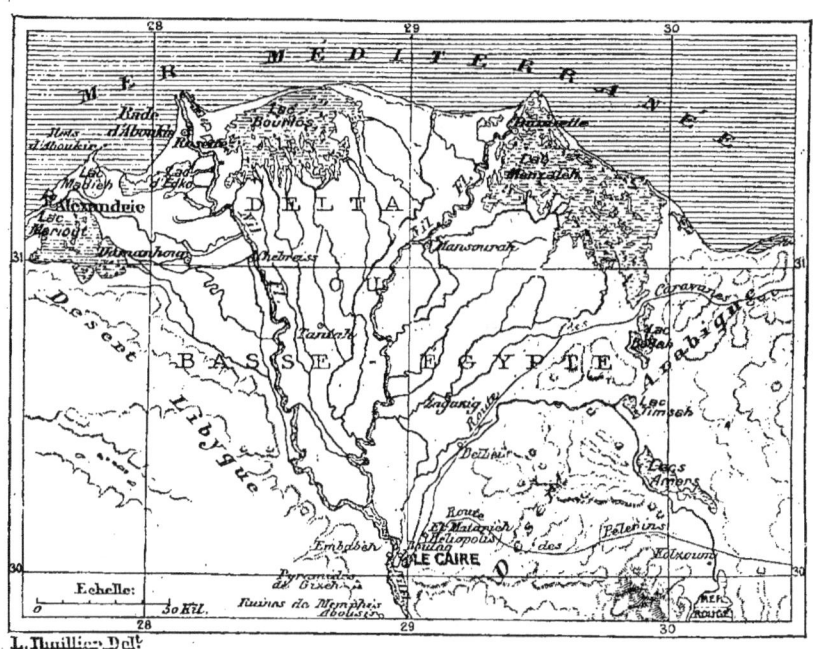

CARTE DU DELTA

ne pas se laisser devancer par les puissances intéressées au partage. D'après Saint-Priest, l'unique moyen de conserver notre influence en Orient était de recouvrer les pays possédés au moyen âge, et particulièrement la Syrie et l'Égypte. Vergennes déclarait qu'il ne fallait pas se sacrifier pour un État condamné à la décadence, et que la plus vulgaire prudence conseillait de songer d'abord à soi, c'est-à-dire de s'emparer de l'Égypte. Choiseul-Gouffier, plus explicite encore, réclamait l'annexion immédiate de l'Égypte, de la Syrie et des Échelles du Levant. Persuadé par l'unanimité de ces rapports de l'imminence de la crise, Louis XVI avait, dès 1784, envoyé des émissaires en Orient chargés de rechercher les points dont la France devait s'emparer. Héritière des projets monarchiques, la première République se tint prête à tout évènement. Un officier du génie, chargé d'une mission en Turquie, Lazowsky, venait d'adresser au gouvernement un mémoire, où il démontrait que la France devait renoncer à l'alliance de la Porte, et s'approprier, sans hésiter, les provinces qui échappaient à sa domination. Presque au même moment, Magalon, consul de France au Caire, et Prix Réal, négociant dans cette ville, victimes des avanies journalières que les mamelucks imposaient aux Français, adressaient leurs plaintes à Paris et suggéraient l'idée d'une conquête, dont ils faisaient ressortir la facilité. Les ministres acceptèrent cette proposition, mais ils en ajournèrent l'exécution jusqu'à la paix générale.

La pensée du démembrement de la Turquie avait occupé Bonaparte au milieu des merveilles de la campagne d'Italie. L'occupation des îles Ioniennes n'était pour lui que le prélude de conquêtes plus importantes. Dès le 13 septembre 1797, il écrivait à Talleyrand : « Il faudrait nous emparer de l'Égypte. Ce pays n'a jamais appartenu à une nation européenne. Les Vénitiens seuls y ont eu une certaine prépondérance, mais précaire. L'on pourrait partir d'ici avec 25 000 hommes, escortés par huit ou dix bâtiments de ligne ou frégates vénitiennes, et s'en emparer. » Talleyrand lui envoya aussitôt les documents conservés aux affaires étrangères, les mémoires adressés à Choiseul et à Louis XVI, ainsi que les rapports de Lazowsky et de Magalon. Bonaparte se mit alors au travail. Il étudia et chargea de notes les ouvrages spéciaux et fit parcourir les Échelles du Levant par un habile agent, Poussielgue, qui lui communiqua de nombreux renseignements. Aussi, quand il revint à Paris, après la paix de Campo-Formio, était-il résolu à s'emparer de l'Égypte. Seulement, comme tout était grandiose, ou, pour mieux dire, chimérique dans son imagination, il songeait non pas seulement à conduire en Égypte une colonie française, mais encore à bouleverser tout l'Orient. Ruiner les établissements anglais dans l'Inde, chasser les Turcs de Constantinople et les renvoyer en Asie, grâce à un immense soulèvement des populations grecques et chrétiennes, puis revenir à Paris en prenant l'Europe à revers, tels étaient les projets dont l'occupation de l'Égypte ne formait que le simple préliminaire.

Restait à savoir comment le Directoire accueillerait ces projets. La situation était grave : au dedans, le gouvernement était discuté et mal obéi; au dehors, l'Angleterre et la Russie n'avaient pas déposé les armes, et tout annonçait l'imminence d'une prochaine coalition. C'était donc une grave imprudence que d'envoyer en Égypte, c'est-à-dire dans un pays avec lequel il serait difficile de conserver des relations régulières, l'élite de nos soldats et de nos généraux. Aussi bien, nous n'avions aucun prétexte pour envahir ce pays. Sans doute, les mamelucks maltraitaient nos négociants et ne tenaient aucun compte de nos réclamations, mais, pour les rappeler au respect des traités, il n'était pas besoin de diriger contre eux une expédition. Une simple démonstration navale sur les côtes du Delta aurait suffi. En réalité, le grand et à vrai dire l'unique motif de l'entreprise projetée était l'ambition de Bonaparte.

Bonaparte nourrissait déjà la pensée de se mettre à la tête des affaires. Comme il comprenait que le Directoire n'était pas encore assez usé, ni lui assez populaire, il voulait se rendre indispensable en frappant les imaginations par une guerre lointaine, dans un pays inconnu, mais cependant fameux. Pendant que ses rivaux s'useraient à Paris dans de mesquines intrigues, lui, tout en ne travaillant que pour lui, semblerait travailler à la grandeur du pays. C'était la tactique de César conquérant les Gaules, pendant que Crassus et Pompée se compromettaient à Rome. Le Directoire hésitait, car il ne s'abusait pas sur les intentions de Bonaparte, mais il était déjà difficile de rejeter une demande du vainqueur de l'Italie. On a prétendu qu'il se décida par l'espoir d'être débarrassé d'un soldat dont la réputation l'écrasait. On a également affirmé qu'il fut séduit par la grandeur de l'entreprise. Pourtant des hommes tels que Rewbell ou La Revellière-Lépeaux étaient peu suspects de basse jalousie ou d'entraînement irréfléchi. Toujours est-il qu'ils finirent par ne plus prêter qu'une attention médiocre aux difficultés de l'expédition projetée, aux inconvénients d'une rupture avec la Turquie, aux dangers de la France privée d'une armée et compromise dans sa marine, et qu'ils accordèrent enfin à Bonaparte l'autorisation sollicitée.

Les décrets relatifs à l'expédition d'Égypte furent signés le 12 avril 1798, mais tenus secrets, car il importait de ne pas donner l'éveil aux Anglais. Ces décrets investissaient Bonaparte d'une véritable royauté à l'étranger. Ils remettaient entre ses mains des forces considérables de terre et de mer avec pouvoir discrétionnaire. Les divisions françaises établies en Italie ou à Corfou, toutes les forces françaises de la Méditerranée et jusqu'aux frégates stationnant dans la mer des Indes étaient mises à sa disposition; permission de choisir dans les armées de la République les généraux et les officiers qui lui inspiraient confiance; permission d'emmener les savants, les littérateurs et les artistes qui voudraient bien s'associer à sa fortune; autorisation de nommer à tous les grades et à toutes les fonctions. A vrai dire il avait tous les pouvoirs entre les mains, et certes n'était pas homme à ne pas s'en servir.

Bonaparte en effet profita largement de la latitude qu'on lui laissait. 12718 hommes, tous vétérans d'Italie, se concentrèrent à Toulon; 4580 à Marseille; 6252 à Gênes et 5852 à Civita Vecchia; en tout 29402 hommes présents sous les armes, plus 8 à 9000 marins. Ces soldats étaient commandés par d'incomparables officiers. A son ancienne armée d'Italie, Bonaparte avait en effet emprunté Berthier, si précieux pour son talent d'administrateur; Lannes et Murat, ces héros; Marmont le calculateur, Junot l'impétueux, le froid et solide Vaubois. Masséna et Augereau avaient été laissés de côté. Ils avaient rendu dans les campagnes précédentes trop de services. Les armées du Rhin lui donnèrent Kléber, Desaix, Reynier, Bon et tant d'autres. La flotte était commandée en chef par Brueys qui avait sous ses ordres Ganteaume, Villeneuve, Perrée, Decrès et Duchayla; enfin, et c'est par là que cette expédition devait nous rapporter autre chose que de stériles victoires, Bonaparte emmenait encore quelques savants destinés à étudier les ressources de sa future conquête : Monge, physicien et mathématicien, les chimistes Berthollet et Conté, Fournier, Jomard, les chirurgiens Desgenettes et Larrey, l'ingénieur Lepère, les administrateurs attachés à l'armée, Jullien, Say, Bourrienne, Poussielgue, etc. La colonie était comme l'élite de Paris et de la France.

Tout à coup arrive une grave nouvelle : Bernadotte, ambassadeur de France à Vienne, a été insulté. La guerre avec l'Autriche est imminente. Il faut donc que Bonaparte reste en Europe avec l'armée destinée à conquérir l'Égypte. Le général recula en effet devant la responsabilité que ferait peser sur lui l'éloignement d'une telle armée dans des circonstances si périlleuses pour la République. Il déclara qu'il ne partait plus. L'incident de Bernadotte n'eut pas d'autres suites, et Bonaparte put de nouveau songer au départ. Il paraîtrait que des scènes fort vives éclatèrent à ce propos entre lui et les membres du Directoire. On aurait imposé au général son départ. Au premier mot de contrainte, il aurait offert sa démission. Rewbel lui tendit froidement une plume en disant : « Écrivez, général, la République a encore des enfants qui ne l'abandonneront pas. » Cette fermeté déconcerta Bonaparte. Il déclara qu'il obéirait, et partit en effet pour Toulon, où l'attendaient le gros de ses forces, presque toute la flotte et l'innombrable cortège des vaisseaux de transport.

Le 19 mai 1798 tout était prêt. Bonaparte et son état-major s'embarquaient sur l'*Orient* et l'amiral Brueys donnait le signal du départ. Les Anglais n'avaient pas voulu se rendre à l'évidence, et, jusqu'au dernier moment, avaient cru que ces préparatifs cachaient une descente dans leur île. Ils s'étaient donc contentés de garder à Gibraltar le débouché de la Méditerranée et avaient concentré leurs forces dans la Manche. La mer était donc libre. Notre flotte sortit sans être signalée. Elle comprenait treize vaisseaux de ligne, quatorze frégates, soixante et douze corvettes et près de cinq cents embarcations de tout bord. C'était un énorme encombrement. Quelques vaisseaux anglais auraient suffi pour détruire le convoi, en sorte que le succès de l'expédition dépendait du hasard d'une traversée sans rencontre fâcheuse. Or, non seulement aucun vaisseau anglais ne fut aperçu, mais encore une île imprenable, une position militaire de premier ordre, Malte, tomba entre nos mains à la première sommation, et presque sans tirer un coup de fusil. La Fortune veillait alors sur Bonaparte avec un empressement singulier.

Ce fut le 9 juin que notre flotte arriva devant Malte. Cette île ainsi que ses dépendances, Gozzo et Cumino, appartenaient depuis le XVIe siècle aux chevaliers de Saint-Jean de Jérusalem. L'ordre de Malte était depuis un siècle en pleine décadence. Il ne se soutenait que par la tradition. Bonaparte, qui avait des intelligences dans la place et qui voulait à tout prix s'assurer d'une station intermédiaire entre Alexandrie et Toulon, se présenta donc inopinément devant Lavalette, la capitale de l'île; et, après un simulacre de résistance, imposa au grand maître Hompesch et à ses chevaliers une honteuse capitulation, en vertu de laquelle toutes les possessions de l'ordre furent cédées aux Français.

C'était un coup de fortune pour Bonaparte, mais la flotte anglaise pouvait arriver d'un moment à l'autre. Il fallait se hâter de profiter de ce répit inespéré. Le général laissa donc dans sa nouvelle conquête Vaubois avec une forte garnison et reprit la mer.

Le 30 juin, la flotte parut devant Alexandrie. Bonaparte ordonna le débarquement immédiat. Cette opération fut très mal conduite, avec une précipitation qui ressemblait plutôt à une déroute qu'à une prise de possession. Certes, si quelques vaisseaux anglais avaient été présents, si seulement les mamelucks avaient été prévenus de notre arrivée, ils auraient facilement rejeté à la mer nos bandes désordonnées. A Alexandrie, pas plus qu'à Malte, personne n'attendait les Français. Quelques milliers de soldats furent donc rassemblés, et, à leur tête, Kléber, le brave des braves, courut sur la ville, dont il fallait à tout prix s'emparer pour assurer le salut de l'expédition. Il ne prit pas même la précaution d'ouvrir une brèche dans les remparts, fit appliquer les échelles sur les murs, et entra dans la place par surprise. Le coup de main avait réussi. La clef de l'Égypte nous appartenait. Nous pouvions désormais avancer en toute sécurité, et Bonaparte, qui se retrouvait sur son élément, bravait désormais les menaces anglaises.

Il s'agissait avant tout de s'emparer du Caire. On était déjà en juillet. Le Nil allait bientôt inonder les campagnes et rendre impossible toute marche militaire. Bonaparte, qui n'avait pas oublié que saint Louis, lors de la septième croisade, avait été longtemps arrêté par les eaux, ne voulut pas commettre la même faute que son illustre devancier. Afin d'assurer ses derrières, il laissa Kléber à Alexandrie; et, sous ses ordres, un jeune officier d'avenir, le colonel Crétin, exécuta de magnifiques travaux de fortification qui rendirent bientôt la place imprenable. Restait la flotte. Bonaparte ordonna aux bâtiments de transport d'entrer dans la rade, et de

MALTE. — VUE DE LA VALETTE.

procéder au débarquement immédiat des chevaux, des munitions, et de tous les objets dont ils étaient chargés. Quant aux vaisseaux de guerre, il leur fit prendre position dans la rade d'Aboukir, où ils seraient protégés par un fort et à portée de recevoir les secours du continent. Dès que les grosses pièces d'artillerie seraient débarquées, la flotte essayerait d'entrer à Alexandrie, ou se réfugierait à Corfou. Par malheur ces sages prescriptions ne furent pas exécutées avec assez de rapidité.

Trois chemins se présentaient pour conduire d'Alexandrie au Caire : le premier, le plus direct et le plus commode, c'est le Nil, mais il n'était pas facile d'improviser une flottille capable de transporter 30 000 hommes. Le second, parallèle au précédent, part de Rosette et suit le cours du fleuve; mais Rosette n'était pas encore en notre pouvoir. Le troisième chemin va directement d'Alexandrie au Caire par Damanhour ; mais il faut traverser le désert, et, pour des soldats qui n'étaient pas encore habitués au soleil d'Orient, surtout à cette saison de l'année, une pareille marche était bien dangereuse. Bonaparte courut au plus pressé. Il négligea la route de Rosette, ordonna à l'amiral Perrée de remonter le Nil avec les bateaux disponibles, et lui-même, avec le gros des troupes, s'engagea dans le désert de Damanhour.

Les premiers jours de marche, sous un ciel de feu, à travers d'immenses plaines de sable, dont les ondulations formaient çà et là de petits monticules derrière lesquels s'embusquaient les Arabes pour assassiner nos traînards, furent extrêmement pénibles. Un profond découragement s'empara de nos soldats. Les officiers eux-mêmes ne cachaient pas leur mauvaise humeur. L'eau surtout manquait. Au fond des puits détruits par les Arabes on ne trouvait plus que de l'humidité saumâtre. Écrite en partie sous cette première impression, la *Correspondance interceptée*, qui fut publiée à peu de temps de là par les Anglais, n'est qu'un long cri de colère et de déception. Pourtant les soldats et les officiers avaient une si grande confiance en leur chef et ils le voyaient d'ailleurs partager avec tant de facilité les fatigues de tous, que peu à peu ils reprirent courage. Ils ne se vengèrent que par des chansons et des épigrammes. Les savants surtout furent par eux tournés en ridicule, à cause de leur costume et de leur tournure peu militaires. Ils firent aussi des couplets contre le général Caffarelli, qui passait, à tort ou à raison, pour avoir été le promoteur de l'expédition.

Enfin, après quatre jours de souffrance, le 10 juillet, l'armée aperçut le Nil et y courut. Un bain salutaire fit disparaître la fatigue et releva les courages. D'ailleurs, l'ennemi était signalé, et tout indiquait un prochain engagement.

Deux beys, Ibrahim et Mourad, se partageaient alors le pouvoir en Égypte. Le premier était un homme de conseil et le second un homme d'action. Ibrahim s'était chargé d'organiser la résistance au Caire, et Mourad conduisait contre les Français son incomparable cavalerie. Le 13 juillet un premier engagement eut lieu à Chébreiss. Les mamelucks s'élancèrent avec fureur contre nos fantassins, mais Bonaparte avait, par instinct militaire, deviné la seule tactique qui pût nous assurer la victoire. Il avait formé son armée en bataillons carrés, avec artillerie aux angles, équipages et cavalerie au centre, grenadiers sur les flancs. Les sapeurs et les dépôts d'artillerie s'étaient barricadés dans deux villages en arrière, afin d'assurer la retraite en cas d'insuccès. L'armée n'était plus qu'à une demi-lieue des mamelucks, quand tout à coup ils s'ébranlent par masses, sans ordre de formation, et caracolent sur les flancs et derrières des carrés. D'autres masses fondent avec impétuosité sur la droite et le front de l'armée. On les laisse approcher jusqu'à portée de mitraille. Alors l'artillerie se démasque et son feu les met en fuite. Quelques cavaliers plus intrépides continuent la marche, mais on les attend de pied ferme et presque tous sont tués par le feu de la mousqueterie ou par la baïonnette. Animés par ce premier succès, nos fantassins s'ébranlent au pas de charge et emportent Chébreiss. Les mamelucks éperdus s'enfuient dans la direction du Caire.

Cette victoire non seulement nous ouvrait la route de la capitale et nous apprenait la seule tactique à suivre avec cette cavalerie intrépide, mais encore dégageait notre flottille du Nil, qui, attaquée par des canonnières turques, courait de grands dangers. Le 20 juillet, l'armée se trouva en vue des Pyramides de Gizeh, et le 21 aperçut les minarets et les coupoles du Caire, dont elle n'était plus séparée que par le camp retranché d'Embabeh, où les mamelucks avaient concentré toutes leurs forces. Il était impossible de rêver un cadre plus grandiose à une action qui devait être décisive. C'était dans une plaine fameuse entre toutes, celle de Memphis, au pied de monuments célèbres et en vue d'une capitale, que la grande bataille allait s'engager.

Mourad-Bey avait fait quelques préparatifs pour la défense du Caire. Cette capitale est située sur la rive droite du Nil ; il s'était établi sur la rive gauche, au village d'Embabeh, et y avait abrité, derrière un retranchement en terre, 20 à 25 000 fantassins. Sur le fleuve, quelques chaloupes canonnières chargées des richesses des mamelucks, se disposaient à appuyer de leurs feux les manœuvres de Mourad. Dans la plaine, Mourad en personne, avec 10 à 12 000 cavaliers, s'apprêtait à fondre sur nos colonnes en marche. Il était soutenu par quelques milliers de cavaliers arabes, déplorables auxiliaires, bons tout au plus dans une déroute pour poursuivre et piller les fuyards. Bonaparte prit ses dispositions en conséquence. Il forma son armée en cinq colonnes, deux à droite, commandées par Desaix et Reynier, une au centre, par Dugua, deux à gauche, par Bon et Menou. Chaque division formait un carré, et chaque côté du carré avait six rangs de profondeur. Au centre, étaient les généraux et des compagnies de réserve, aux angles l'artillerie. Les carrés étaient mouvants. En cas d'attaque ils faisaient face de quatre côtés à la fois, mais ne devaient tirer qu'à bout portant.

Alors s'engagea la fameuse bataille des Pyramides ; ce fut plutôt une boucherie qu'une lutte sérieuse. Bonaparte voulait jeter les mamelucks dans le Nil et les séparer du camp retranché d'Embabeh. Desaix et Reynier reçoivent l'ordre de marcher contre eux. Mourad comprit l'intention de Bonaparte, et comme il avait, à défaut d'instruction, de l'instinct et un coup d'œil pénétrant, il ordonne à toute sa cavalerie de charger le premier de ces carrés, celui de Desaix. Le moment était solennel : d'un côté 8 à 10 000 chevaux s'ébranlant à la fois, de splendides cavaliers, chamarrés d'or et de broderies, brandissant leurs sabres et poussant des cris féroces ; de l'autre 3 à 4000 fantassins, serrés les uns contre les autres, la main à la détente de leur fusil et n'attendant qu'un signal pour faire feu. La première décharge fut terrible, il y eut autour du carré comme un rempart de cadavres ; mais ces braves mamelucks s'acharnèrent. Retournant leurs chevaux et les renversant sur nos fantassins, ils

BATAILLE DES PYRAMIDES.

parviennent à faire brèche, et une quarantaine d'entre eux viennent expirer au milieu du carré, tout près de Desaix. Mourad dirige alors une seconde charge contre le carré de Reynier. Accueilli par un feu épouvantable, il est obligé de rebrousser chemin. Le carré de Dugua s'ébranle à son tour et le pousse dans la direction du Nil. A cette vue, un extrême désordre se manifeste dans le camp d'Embabeh. Bonaparte, qui s'en aperçoit, ordonne aux deux autres carrés, Bon et Menou, de commencer l'attaque. Mourad tente alors un dernier effort. Il réunit pour la troisième fois sa cavalerie, et, pris en flanc par les feux de Desaix, de Reynier et de Dugua, vient se heurter contre Bon et Menou; mais il ne réussit pas dans cette attaque et s'enfuit dans le désert, où l'accompagnent tous ceux des mamelucks qui n'ont pas été ou jetés dans le Nil ou refoulés dans Embabeh.

La victoire était gagnée, il ne restait plus qu'à en assurer les résultats. Nos cinq carrés marchent alors concentriquement sur Embabeh. Les Égyptiens et les janissaires n'essayent pas de défendre leurs positions, et courent au Nil, où ils parviennent à s'échapper. D'après le rapport officiel, nous n'eûmes que 30 tués et 120 blessés. L'ennemi perdit à peu près 2000 hommes, dont la plus grande partie se noya dans le Nil.

Nos soldats, après la bataille, ne songèrent qu'à dépouiller les cadavres pour leur enlever leurs armes, leurs costumes et leurs pièces d'or. Quelques-uns d'entre eux eurent même l'idée de se servir de leurs baïonnettes en guise d'hameçons pour repêcher les cadavres. Ce n'étaient plus là les soldats de nos premières armées républicaines.

Après la victoire des Pyramides, la possession du Caire nous était assurée ; mais, comme la flotille n'était pas encore arrivée pour nous y transporter, nos soldats l'attendirent dans les délicieuses oasis de Gizeh et d'Embabeh. En notre absence, la populace commençait à se livrer à tous les excès; Bonaparte se procura quelques bateaux légers et envoya des soldats pour prendre possession de la capitale et y rétablir l'ordre. Lui-même y fit son entrée le 25 juillet. Son premier soin fut d'assembler les principaux négociants et de les assurer de ses bonnes intentions. Comme gage de sa bienveillance, il les constitua en municipalité centrale, sous le nom de divan. Chaque ville aurait un divan local et enverrait ses délégués à celui du Caire. Il affecta le plus grand respect pour la religion, se montra dans les fêtes, dans les cérémonies, et, par cette conduite habile et prudente, obtint de ces populations autant de sympathies que peuvent en accorder des hommes habitués depuis des siècles à se courber sous le bâton d'un maître.

Bonaparte prit aussi d'excellentes mesures pour consolider sa conquête. Il s'occupa d'abord du bien-être de ses soldats. Il les logea dans les belles maisons des mamelucks. L'Égypte commençait à leur plaire. Ils y trouvaient le repos, l'abondance, un admirable climat. Comprenant à demi-mot la politique de leur général, ils affectaient le plus grand respect pour la religion et les coutumes des vaincus, mais ils en riaient entre eux. Quant aux savants et aux artistes, Bonaparte les réunit à quelques-uns de ses officiers les plus instruits et fonda le célèbre Institut d'Égypte, auquel il consacra des revenus et un des plus beaux palais du Caire. Aussitôt commencèrent d'admirables travaux sur les ruines, les productions, la géographie, les améliorations à introduire, travaux dont on ne pouvait nous enlever la gloire, et qui furent en effet la seule de nos conquêtes que nous ayons conservée.

Bonaparte s'occupa ensuite de poursuivre les débris des mamelucks que Mourad réunissait dans la Haute-Égypte, et à la tête desquels il tenait encore la campagne. Ibrahim-Bey, de son côté, avait rassemblé quelques janissaires sur la frontière de Syrie, et inquiétait nos avant-postes. Bonaparte envoya Desaix contre Mourad, et marcha lui-même contre Ibrahim. Quelques escarmouches suffirent pour repousser les deux beys; mais, au moment où le général en chef revenait au Caire, il reçut la nouvelle d'un affreux désastre. La flotte française venait d'être détruite. Lui et son armée étaient prisonniers en Égypte.

Nelson et la flotte anglaise avaient été chassés par la tempête quand les Français quittèrent Toulon. Lorsqu'il revint à son poste d'observation, trompé par le nom d'armée d'Angleterre que portait encore le corps expéditionnaire, il s'imagina que Bonaparte était en route pour l'Angleterre et courut aussitôt à Gibraltar pour nous livrer une bataille décisive. Arrivé à Gibraltar, il apprend que pas un navire français n'a été signalé. Sans perdre un instant, l'infatigable amiral remet à la voile et touche à Naples, au moment même où nous quittions Malte. Devinant alors, avec la pénétration du génie, que le but de l'expédition est l'Égypte, il se dirige sur Alexandrie. La flotte anglaise et l'immense armement français naviguèrent de conserve sans s'apercevoir. Nelson, pendant la nuit, nous devança près de l'île de Candie, et nous précéda de deux jours à Alexandrie, où personne ne lui donna de renseignements sur nous. Il suppose alors que Bonaparte a l'intention de débarquer en Syrie, et, ne trouvant toujours personne, remonte jusqu'à Constantinople. C'est ainsi que, dans cette mer fermée, et avec un bonheur extraordinaire, notre flotte échappa à la poursuite de Nelson devant Toulon, à Malte, dans les eaux de Candie et à Alexandrie; elle ne devait pas échapper aux Anglais une cinquième fois dans la rade d'Aboukir.

L'amiral Brueys, malgré les ordres de Bonaparte qui lui avait enjoint d'entrer à Alexandrie ou de chercher un refuge à Corfou, n'avait pas voulu s'éloigner d'Aboukir avant d'avoir reçu la nouvelle de notre entrée au Caire. Ce funeste retard le perdit. Il avait pourtant pris toutes ses précautions. Ses treize vaisseaux et ses frégates étaient rangés dans la baie d'Aboukir parallèlement au rivage. Il avait appuyé sa gauche à une petite île, nommée îlot d'Aboukir, et, persuadé que l'ennemi ne pouvait passer entre cette île et sa ligne d'embossage, il s'était contenté d'y installer une batterie de douze canons. Les plus mauvais ou les plus vieux de ses vaisseaux, *Guerrier*, *Conquérant*, *Spartiate*, *Aquilon*, *Peuple souverain* occupaient la gauche de sa ligne, les meilleurs étaient à sa droite, *Timoléon*, *Généreux*, *Guillaume Tell*, *Mercure*, *Heureux*. Il se tenait au centre sur l'*Orient*, flanqué du *Tonnant* et du *Franklin*. Ce qui achevait de lui donner de la sécurité, c'est que, pour entrer dans la rade, le vent du nord était nécessaire. Il espérait donc que l'ennemi ne s'exposerait pas à combattre avec le vent contraire.

Nelson arriva en vue d'Aboukir le 1er août à six heures du soir. Brueys s'attendait si peu à combattre que, sur aucun vaisseau, le branle-bas de combat n'avait été opéré. La plus grande partie des équipages était même descendue à terre pour la provision d'eau. L'amiral ordonna néanmoins aux équipages de revenir sur-le-champ et fit ses préparatifs de défense. Nelson avait tellement couru après la flotte française que, craignant sans doute qu'elle ne lui échappât encore, il donna sur-le-champ le signal du combat. Il avait résolu de passer avec une moitié de sa flotte entre l'îlot d'Aboukir et notre escadre, malgré le danger des bas-fonds, et de se placer ainsi entre le rivage et notre ligne d'embossage. Avec l'autre moitié de la flotte, il attaquerait directement notre gauche, qui de la sorte se trouverait prise entre deux feux. La manœuvre était audacieuse. Non seulement ses vaisseaux pouvaient échouer, mais encore être accablés par des feux supérieurs; mais il comptait sur la solidité de ses équipages et l'inexpérience des Français. D'ailleurs il voyait la rade se couvrir de chaloupes : c'étaient les matelots qui regagnaient leur poste en toute hâte. On ne l'attendait donc pas. Plus d'hésitation : il divise sa flotte en deux colonnes et donne le signal de l'attaque.

Il était alors huit heures du soir. La manœuvre ne réussit pas d'abord. Un des vaisseaux anglais, le *Culloden*, échoua sur un bas-fond. Le *Goliath* qui le suivait fut plus heureux et parvint à dépasser notre premier vaisseau. Il fut bientôt suivi par le *Theseus*, l'*Orion*, l'*Audacious* et le *Zealous* qui engagèrent aussitôt le feu contre le *Guerrier*, le *Conquérant*, le *Spartiate*, l'*Aquilon* et le *Peuple souverain*, que le *Vanguard* monté par Nelson, le *Minotaure* et la *Défense* attaquèrent en face, de sorte que cinq de nos vaisseaux soutenaient un combat inégal contre huit anglais. Au centre était Brueys monté sur l'*Orient*. Le premier vaisseau anglais qui s'aventura sous sa volée, le *Bellérophon*, perdit 200 hommes en quelques minutes et fut mis hors de combat. Le *Majestic* et la *Défense* volèrent à son secours, bientôt suivis par le *Swiftsure*, le *Leander* et l'*Alexander*. Contre ces six vaisseaux anglais, l'*Orient*, le *Tonnant* et le *Franklin* luttèrent avec acharnement. Brueys eût mérité de vaincre ce jour-là, si la victoire devait appartenir au plus brave. Atteint d'une double blessure, « c'est sur son banc de quart, dit-il, qu'un amiral doit mourir ». En effet, quelques minutes plus tard un boulet de canon lui épargna la douleur d'assister à la ruine de sa flotte. Le feu se déclara bientôt à bord de l'*Orient* et se propagea avec une rapidité que rien ne pouvait maîtriser. Sur les dix heures du soir, une formidable explosion vint apprendre aux deux armées que ce vaisseau venait de sauter, entraînant avec lui dans le gouffre ses blessés, son équipage et la fortune de la journée.

Une seule manœuvre pouvait sauver la flotte, celle qui aurait consisté à amener sur les derrières de l'ennemi les cinq vaisseaux de notre droite. Si l'amiral Villeneuve qui les commandait avait, à son tour, pris entre deux feux la flotte anglaise, non seulement il rétablissait le combat, mais encore nous assurait la victoire, car la défense de nos marins était si formidable, que, malgré leur incontestable supériorité, les Anglais avaient beaucoup souffert. Certes, Villeneuve avait de la bravoure, mais il était irrésolu. L'explosion de l'*Orient* lui persuada qu'il n'était pas assez fort pour lutter contre les Anglais. Nullement par lâcheté, mais dans l'espoir de conserver à la France une dernière flotte, il donna donc à ses cinq vaisseaux l'ordre d'appareiller, non point pour tomber sur les Anglais comme le redoutait Nelson, mais pour s'enfuir à Corfou.

Pendant ce temps notre gauche et notre centre continuaient une lutte dont on connaissait à l'avance la déplorable issue. Notre gauche succomba la première. Sur 400 hommes d'équipage le *Conquérant* en a perdu 200, l'*Aquilon* et le *Spartiate* ont perdu avec leurs capitaines 150 tués et 360 blessés, le *Guerrier* est rasé comme un ponton, le *Peuple souverain* a coupé ses câbles. Ces cinq navires sont obligés d'amener leur pavillon. Ils avaient tellement souffert qu'on aurait pu, comme l'écrivit Nelson, passer au travers d'eux dans un carrosse à quatre chevaux. Au centre, le *Franklin* et le *Tonnant* tenaient encore. Le *Tonnant*, démâté de tous ses mâts, privé de son capitaine, le brave Dupetit-Thouars, de 110 tués et de 150 blessés, n'amena son pavillon que le lendemain, lorsqu'il fut assailli à la fois par cinq vaisseaux. Quant au *Franklin*, il ne présentait plus qu'une masse informe de débris. Comme le sort s'acharnait après nous, un des cinq vaisseaux de Villeneuve, le *Timoléon*, fut jeté à la côte. L'escadre française était donc anéantie.

La nouvelle du désastre fut accueillie par une véritable explosion de désespoir. L'armée se sentait prisonnière, privée de toute communication avec la France, exposée aux attaques combinées des Turcs et des Anglais et au soulèvement des Égyptiens. Quelques soldats pris de nostalgie se suicidèrent. Bonaparte affecta un calme qu'il ne ressentait pas. Il essaya de montrer à ses compagnons d'armes que l'Égypte entre leurs mains pouvait devenir comme une île inaccessible, où ils braveraient toutes les attaques et se créeraient en peu de temps des ressources inépuisables. Il exalta surtout leur imagination en leur faisant entrevoir de futures conquêtes en Orient. Déjà il avait envoyé aux Bédouins de l'Arabie quelques émissaires pour entrer en relations avec eux. Déjà il avait écrit à l'ennemi le plus acharné de l'Angleterre dans l'Hindoustan, au sultan de Mysore, Tippoo-Sahib, et lui avait promis d'arriver à son aide. Enfin, il s'é-

BATAILLE D'ABOUKIR.

tait mis en rapport avec les tribus syriennes et songeait à reconstituer l'empire des Ptolémées. Peu à peu l'armée reprit courage. Les généraux se répétaient à l'envi les belles paroles de Bonaparte quand il apprit le désastre d'Aboukir. « Il faut mourir ici ou en sortir grands comme les anciens. » Peu à peu le moral se rétablit. Les savants donnaient l'exemple de la résignation. Ils s'étaient mis à la besogne avec un calme imperturbable. Les uns dessinaient les ruines, les autres copiaient des inscriptions; ceux-ci cherchaient le moyen de clarifier les eaux du Nil ou d'utiliser les décombres qui embarrassaient le Caire; ceux-là creusaient des puits dans le désert, ou bien apprenaient aux indigènes à cultiver la vigne et à fabriquer de la bière. Personne ne restait inactif. Les soldats, avec leur industrie

MUR EXTÉRIEUR DE KARNAK.

ordinaire, cherchaient à se rendre utiles. Quelques-uns d'entre eux songeaient même à s'établir à titre définitif dans le pays, et l'exemple leur était donné par le général Menou qui, non sans exciter les risées, embrassait publiquement le mahométisme et se faisait appeler Abd-dallah-Menou.

Quant aux indigènes, malgré les avances de Bonaparte, ils n'étaient soumis qu'en apparence. Mourad, poursuivi dans la Haute-Égypte par Desaix et battu par lui à Sédiman, tenait encore la campagne. Un évènement inattendu vint tout à coup prouver à Bonaparte qu'il ne pouvait se maintenir en Égypte qu'à titre de conquérant.

Le 21 octobre, une formidable insurrection éclata au Caire. Les insurgés parcoururent les rues, massacrant blessés, malades ou isolés. Le gouverneur de la place, le général Dupuy, fut une des premières victimes. Le général Caffarelli faillit avoir le même sort. Il réussit à s'échapper, mais on brisa tout chez lui. Si les Arabes du voisinage, si surtout les débris des Mamelucks se mettaient de la partie, la bataille devenait dangereuse dans ces rues étroites, surchauffées par un soleil ardent. Bonaparte recourut tout de suite aux grands moyens. Il fit balayer à coups de fusil les voies principales et refoula la masse dans le quartier de la grande Mosquée. Les insurgés ne se rendirent qu'après avoir longtemps résisté et lorsque l'arrivée de Kléber, venu d'Alexandrie au Caire pendant l'action, leur eut prouvé que nous étions toujours les maîtres de la situation. Nos soldats, qui avaient perdu beaucoup des leurs, les Coptes, les Syriens et les Juifs dont on avait pillé les maisons et outragé les familles, réclamaient une punition exemplaire. Bonaparte accorda très peu aux vengeances, même les plus légitimes, et fut modéré autant qu'on pouvait l'être dans ce pays. Il voulait à tout prix gagner les Égyptiens, et de l'Égypte se faire un point d'appui pour ses entreprises ultérieures.

Grâce à la répression de la révolte, un calme relatif s'établit et l'hiver s'écoula paisiblement. Nous n'en étions pas moins prisonniers dans notre propre conquête. Peu à peu les illusions se dissipaient. On apprenait que la Turquie s'apprêtait à débarquer en Égypte une ou deux armées ; on savait que l'Angleterre appuierait cette descente avec sa flotte. Mourad était toujours en Haute-Égypte et les indigènes se tenaient sur la réserve. En apparence, nous étions les maîtres ; en réalité le pays n'était qu'occupé, mais pas encore soumis. Bonaparte le comprenait si bien, qu'il résolut de frapper les imaginations par de nouvelles victoires, et, fidèle à la tactique qui lui avait jusqu'alors réussi, de prendre les devants et de porter en Syrie les hostilités qui menaçaient l'Égypte.

CHAPITRE XVII

CAMPAGNE DE SYRIE

Le désastre d'Aboukir avait eu pour conséquence immédiate d'enfermer les Français en Égypte, ou plutôt de les y tenir comme assiégés. De plus, un nouvel ennemi venait de se déclarer contre nous et ce n'était pas le moins redoutable : le sultan.

Depuis plusieurs siècles, la bonne intelligence n'avait pas cessé de régner entre Paris et Constantinople. Elle n'avait, pour ainsi dire, jamais été rompue. Aussi, grâce à notre alliance avec le sultan, jouissions-nous dans tout l'Orient d'une grande et légitime influence. Notre pavillon était respecté, nos négociants protégés, nous exercions même une sorte de suzeraineté sur tous les sujets catholiques de la Turquie. Lorsque éclata la Révolution de 1789, le sultan ne s'était pas départi des habitudes de sa famille, et, même après la mort de Louis XVI, il continua sa bienveillance à la République française. Tout à coup, sans motif apparent et sans déclaration de guerre, la France jeta une armée en Égypte et s'en empara. Or le souverain légitime de l'Égypte était le sultan. Battre les Mamelucks et conquérir le pays, c'était lui déclarer la guerre.

Sélim III régnait à Constantinople depuis 1789. C'était un homme d'esprit, de cœur même et aussi d'intelligence. Il aurait voulu prévenir la décadence de l'empire. Ses sympathies et les traditions ottomanes le portaient à s'appuyer sur la France. Il lui avait demandé, pour relever la puissance d'une vieille alliée, comme une colonie d'ouvriers, d'ingénieurs et d'officiers. Il aimait donc sincèrement la France, et avait repoussé toutes les offres de l'Angleterre pour se joindre à la coalition; mais la nouvelle de l'expédition d'Égypte le frappa de stupeur et d'indignation. C'était donc là le fruit d'une amitié constante, et de bons offices prolongés! Il hésitait néanmoins à nous déclarer la guerre, pour ne pas être forcé de se jeter dans les bras de l'Angleterre et de la Russie, c'est-à-dire des deux puissances qui complotaient sa ruine. L'Angleterre se chargea de détruire ses scrupules. Les ministres du sultan, circonvenus et achetés par les agent sanglais, lui représentèrent la conquête de l'Égypte comme le plus sanglant des outrages. La guerre fut déclarée à la France.

La situation devenait grave pour l'armée française : bloquée en Égypte par les Anglais, menacée d'une insurrection générale au premier échec, elle allait encore avoir sur les bras toutes les forces de la Turquie, et elle ne pouvait ni recevoir des renforts, ni réparer les vides incessants. Pour la seconde fois, le découragement régna dans les esprits, mais Bonaparte retrouvait dans le danger une incomparable énergie. Apprenant que deux armées turques étaient en voie de formation, la première à Rhodes et la seconde en Syrie, et comprenant que l'arrivée en Égypte de l'une ou l'autre de ces deux armées provoquerait un soulèvement général, il résolut de prévenir leur attaque et de prendre l'offensive.

Il ne pouvait songer à attaquer l'armée qui se formait à Rhodes, puisqu'elle était protégée par les escadres anglaises, mais l'armée de Syrie s'offrait à ses coups, et ce fut contre elle qu'il se décida à marcher.

D'ailleurs il était toujours entré dans son plan de s'emparer de la Syrie, car, sans la Syrie, la possession de l'Égypte sera toujours précaire. De plus, la Syrie devait être comme la base indispensable de nos futures opérations contre l'Inde anglaise. Emporté par son imagination dans le monde des chimères, Bonaparte songeait à bien d'autres conquêtes encore. Tantôt il voulait soulever les Arabes et les Persans, et marcher à leur tête contre l'Inde anglaise ; tantôt, entraînant à sa suite les Syriens et les Grecs, détruisant sur son passage Turquie et Autriche, il méditait la rentrée triomphale en France la plus merveilleuse dont les hommes eussent gardé le souvenir. C'est là ce qu'il appelait ses rêves d'Orient, mais ce ne devaient être que des rêves!

La Syrie obéissait alors à un certain nombre de pachas, dont le plus célèbre était celui de Saint-Jean d'Acre, Djezzar-Pacha, bon capitaine, excellent administrateur, mais emporté, incapable de maîtriser ses passions, et d'une férocité qui lui avait valu le surnom de Djezzar, le boucher. Djezzar avait pénétré les intentions de Bonaparte : aussi s'était-il depuis longtemps préparé à repousser une attaque de la France. Il avait donné asile à Ibrahim-Bey, et pris à son service tous ses mamelucks. Il avait relevé les fortifications de quelques places syriennes et surtout de sa capitale, Saint-Jean d'Acre. Sélim, pour le récompenser de son activité, le nomma séraskier, c'est-à-dire général en chef de l'armée turque qui se réunissait à Damas, et l'investit de ses pleins pouvoirs pour résister aux Français.

Bonaparte, de son côté, n'était pas resté inactif. Il avait employé une partie de l'hiver à organiser les préparatifs de l'expédition. Il avait formé un nouveau corps de cavalerie, monté sur dromadaires. Il avait fait entourer de fortifications les principales sources qui se trouvaient sur l'itinéraire de l'armée. Il avait enfin embarqué les munitions et l'artillerie de siège sur le reste de sa flotte, qui devait longer les côtes, et appuyer le mouvement parallèle de l'armée. Dans les premiers jours de février 1799, il se mit en marche. Il laissait au Caire Dugua, à Alexandrie Marmont, dans la Haute-Égypte Desaix, et partait avec 12 000 hommes commandés par les cinq généraux Kléber, Bon, Murat, Lannes et Reynier. La division Murat était composée uniquement de cavalerie.

Le 17 février, on arriva devant le fort d'El-Arish. Djezzar s'était emparé de cette petite place qui couvre les approches de la Syrie, et avait chargé un de ses lieutenants, Abdallah, de la défendre avec une des divisions de l'armée turque. Abdallah fut battu, le fort emporté, et les Français se précipitèrent sur la route de Syrie, qui leur était ouverte. Un immense désert s'étendait alors entre la Syrie et l'Égypte. Nos soldats, accablés par un soleil de feu et épuisés par une marche pénible, souffrirent beaucoup en traversant ce désert ; mais Bonaparte et ses officiers leur donnaient l'exemple des privations et des fatigues. Ils supportèrent gaiement leurs souffrances, et arrivèrent enfin en Asie.

Gazah fut la première ville qu'ils rencontrèrent depuis El-Arish. Nos troupes s'en emparèrent à la vue de Djezzar, et y trouvèrent de nombreux approvisionnements. Ils coururent ensuite à Jaffa. Le gouverneur, sommé de capituler, répondit en faisant couper la tête au porteur de la sommation. Nos soldats indignés le vengèrent en prenant d'assaut la ville. Une partie de la garnison, 2000 à 2500 hommes, s'était rendue à discrétion. Que faire de ces prisonniers? Les garder, mais on n'avait pas assez de vivres pour les nourrir. Les renvoyer, c'étaient des recrues pour la résistance. On adopta un troisième moyen, odieux et inexcusable : on les massacra! Cet ordre impitoyable ne fut pas exécuté sans murmures. Il n'en est pas moins vrai que ces prisonniers furent massacrés, uniquement parce qu'ils gênaient. Transporté dans un pays barbare, Bonaparte en adoptait les mœurs, mais de pareils exploits ne sont pas à l'honneur d'un général français! Aussi bien la punition ne tarda pas : ce fut à Jaffa que l'armée contracta les germes de la peste, qui devait bientôt la forcer à suspendre sa marche en avant.

Bonaparte se dirigea ensuite sur Saint-Jean d'Acre. Cette ville est située sur la Méditerrannée, au pied du Carmel, dont les derniers escarpements la protègent au sud. Djezzar s'y était jeté avec ses trésors, ses troupes les plus braves et d'énormes approvisionnements. La population, redoutant le sort des habitants de Jaffa, s'était jointe à lui et l'aidait à défendre la place. Les Anglais enfin, qui croisaient devant le port, lui avaient envoyé des artilleurs et des ingénieurs, entre autres un émigré français, un camarade de Bonaparte à Brienne, le marquis de Phelipeaux. L'amiral Sidney Smith lui prêta même, pour garnir ses remparts, les canons français de siège, qui, par un contre-temps fâcheux, venaient de tomber entre ses mains, avec les vaisseaux qui les transportaient.

Bonaparte ne s'attendait pas à une résistance aussi énergique. Il s'imaginait n'avoir affaire qu'à des Orientaux, braves sans doute, mais incapables de lutter longuement contre une armée aussi exercée que la sienne. Aussi négligea-t-il les précautions ordinaires : le colonel Sanson, chargé de reconnaître la place, fit ce travail à la légère. Il assura que la place n'avait ni contre-escarpe ni fossé. On crut n'avoir qu'à pratiquer une brèche et qu'à monter à l'assaut. Cette erreur fut durement expiée. Le 25 mars, quand nos soldats s'élancèrent contre la place, ils se heurtèrent à des obstacles inattendus, et furent ramenés en arrière, avec des pertes considérables. On eut alors recours à la mine, mais elle ne joua que très imparfaitement, car le 28 mars un second assaut fut encore repoussé. Ce double succès releva le moral de la garnison turque, qui reçut dans l'intervalle plusieurs milliers de soldats de renfort, de nouveaux artilleurs et des munitions immenses. C'était sous les murs de cette place qu'allait s'engager la partie décisive, mais la situation devenait critique pour l'armée française, obligée de poursuivre les travaux d'un grand siège et de protéger cette opération contre toute diversion extérieure, tandis que la garnison, sans cesse renouvelée, et fière de ses succès, attendait d'un instant à l'autre l'arrivée d'une armée de secours. Il est vrai que Bonaparte n'était jamais si redoutable que dans un moment de crise. Il résolut de faire face à tous les dangers à la fois, c'est-à-dire de continuer le siège et de détruire l'armée de secours.

On venait, en effet, d'apprendre qu'Abdallah-Pacha, avec 25 000 hommes dont la moitié de cavaliers, arrivait au secours de Saint-Jean d'Acre. Les belliqueuses tribus du Liban, moitié par fanatisme, moitié par cupidité, s'étaient jointes à lui. Le 4 avril, l'armée turque passait le Jourdain et dessinait son mouvement. Si l'armée française ne prévenait pas cette irruption dans ses lignes, non seulement elle était prise entre deux feux, mais encore réduite à capituler. Bonaparte, dans cet extrême danger, détacha la division Kléber de l'armée de siège et la fit marcher au-devant d'Abdallah-Pacha. Junot, qui était à l'avant-garde, rencontra les Turcs, près de Nazareth, le 8 août. Il n'avait que 500 hommes avec lui. Loin de reculer, il les forma en carré, couvrit de morts le champ de bataille, et ne se replia sur Kléber qu'après avoir enlevé cinq drapeaux. De Saint-Jean d'Acre on avait entendu le canon de Nazareth. Les Turcs s'attendaient à voir l'armée libératrice déboucher d'un moment à l'autre sur les pentes du Carmel. Djezzar, pour hâter la jonction des deux armées turques, ordonne alors une sortie générale, mais il est mitraillé à outrance et forcé de rentrer en toute hâte dans la ville assiégée.

Le double succès de Nazareth et de Saint-Jean d'Acre nous donna quelques jours de répit. Bonaparte profita de l'hésitation des Turcs de Djezzar, et de l'épouvante de ceux d'Abdallah, pour diviser ses forces. Il en laissa une partie devant la place assiégée, pour la tenir en respect, et partit lui-même, avec la division Bon, au secours de Kléber. Il n'était que temps d'arriver. 15 000 fantassins et

SAINT-JEAN D'ACRE.

12 000 cavaliers attaquaient les 3000 soldats de Kléber. Ce dernier avait divisé en carrés sa petite armée et ordonné de ne tirer qu'à bout portant. Les cavaliers turcs avaient essayé de forcer ces carrés, mais, à chacune de leurs charges, ils laissaient devant nos soldats comme un rempart de cadavres. Néanmoins, malgré leurs pertes

NAZARETH.

ils ne renonçaient pas à la victoire, et les Français étaient comme noyés sous le flot des assaillants.

Tout à coup, sur les derrières de l'armée turque, retentit un coup de canon, bientôt suivi d'un autre sur leur flanc droit. C'est Bonaparte qui, arrivé sur le mont Thabor et comprenant le danger de Kléber, a aussitôt formé deux carrés avec la division qu'il amènaît, et les conduit à l'ennemi de façon à former comme un triangle avec la division Kléber. Les Turcs étaient au milieu de ce triangle. Assaillis de tous côtés, ils tourbillonnent sur eux-mêmes et fuient dans toutes les directions. Kléber profite de la panique pour reprendre l'offensive. La cavalerie de Murat, jusqu'alors inactive, s'élance à son tour et fait un affreux carnage. En un instant toute cette multitude s'écoule, laissant le champ de bataille couvert de cadavres. En quelques heures, 6000 hommes avaient détruit une armée dont les Syriens disaient que les soldats étaient aussi nombreux que les étoiles du ciel. Ce beau fait d'armes est connu sous le nom de bataille du Mont-Thabor (16 avril 1799).

Un premier péril était donc écarté, Bonaparte n'avait plus rien à craindre de l'armée d'Abdallah; mais Djezzar tenait encore à Saint-Jean d'Acre. Bonaparte s'acharna au siège de la place. Ce fut un malheur. Mieux aurait valu continuer la conquête du pays et pousser une pointe hardie sur Damas. Beaucoup de Syriens faisaient des vœux pour nous, mais, nous voyant limités sur un espace trop étroit, ils n'osaient se déclarer. C'étaient là les vues du bon sens, celles de Kléber et de son ami Caffarelli. « Nous attaquons à la turque, disait le premier, une ville défendue par des moyens européens. » Le contre-amiral Perée ayant enfin réussi à tromper la croisière anglaise et à amener quelques pièces de siège, une brèche fut ouverte et un troisième assaut tenté. Il ne réussit pas plus que les deux premiers. Il y avait déjà six semaines qu'on était devant la place. On faisait d'irréparables pertes de temps et d'hommes. Il fallait en finir à tout prix, ou lever le siège.

Le 7 mai 1799, on apprit que 12 000 Turcs de renfort allaient débarquer à Saint-Jean d'Acre. Bonaparte ordonne un assaut général. Les grenadiers de Kléber franchissent la première enceinte sous le double feu de la place et des vaisseaux anglais. Ils forcent la seconde enceinte et pénètrent jusqu'au cœur de la ville, mais chaque maison était convertie en forteresse, chaque rue coupée par des barricades, et la garnison, renforcée de minute en minute par des troupes fraîches, opposait une résistance désespérée. Les Turcs parvenaient même à sortir de la ville, prenaient la brèche à revers, et coupaient la retraite aux braves qui étaient entrés dans la place. Les uns parvinrent à ressortir, les autres se défendirent dans une mosquée, jusqu'à leur dernière cartouche, et ne se rendirent que lorsque Sidney Smith, touché de tant de bravoure, leur eut accordé une honorable capitulation.

Trois jours après, le 10 mai, nouvel assaut. On monte avec une égale bravoure, on escalade la brèche, mais on ne peut la dépasser : toute une armée la défendait.

Le siège durait depuis deux mois. La garnison turque avait tenté vingt-six sorties et l'armée française quatorze assauts. Les sorties avaient été ramenées, mais les assauts avaient été repoussés. De part et d'autre les pertes étaient effroyables, mais les Turcs étaient chez eux, tandis que les Français ne recevaient aucun renfort. 4000 d'entre eux étaient ou tués ou mis hors de combat. Aucune perte ne fut plus sensible que celle du brave Caffarelli. Dangereusement atteint au bras, il s'était fait opérer, mais voulut aussitôt reprendre son activité. La fièvre le saisit. Comprenant qu'il allait mourir, il voulut mourir en philosophe, et se fit lire la critique de Voltaire sur l'*Esprit des Lois*. Caffarelli mort, le siège n'était plus possible. La peste était dans le camp. Les munitions commençaient à manquer. On avait aussi reçu la nouvelle que la seconde armée turque, celle qui se rassemblait à Rhodes, était enfin organisée, et que, d'un jour à l'autre, sous la protection de la flotte anglaise, elle s'apprêtait à débarquer aux bouches du Nil. En s'obstinant davantage, on risquait de compromettre les résultats acquis. Sans doute, il fallait renoncer aux vagues et merveilleuses espérances de conquêtes en Asie, mais, puisqu'on avait réussi, du côté de la Syrie, à réduire l'ennemi à l'impuissance, le parti le plus sage était de renoncer au siège et de rentrer en Égypte. Bonaparte s'y résigna, mais à contre-cœur. Plus tard on l'entendit répéter que Sidney Smith lui avait fait manquer sa fortune !

Le 17 mai, la retraite fut décidée. Bonaparte, avant de quitter Saint-Jean d'Acre, accabla la ville de feux, et la laissa presque réduite en cendres, puis il reprit la route du désert. Le tiers au moins du corps expéditionnaire avait succombé, et 1200 blessés ou malades suivaient nos colonnes. L'arrière-garde était commandée par Kléber. Elle reçut l'ordre de tout détruire sur son passage. Ces ordres impitoyables furent exécutés, et la terreur des habitants fut telle, que nous ne rencontrâmes dans cette dangereuse retraite aucun obstacle sérieux. Il est vrai que nos soldats eurent à souffrir de la chaleur et de la peste. Bonaparte fit mettre pied à terre aux cavaliers, et donna l'exemple, en abandonnant ses chevaux et ceux de l'état-major pour le transport des blessés et des malades. Notre retraite fut pourtant désastreuse, et se serait convertie en déroute si l'ennemi, profitant de ses avantages, nous avait sérieusement poursuivis.

Enfin, on arriva à Jaffa. L'armée s'y reposa quelques jours. La peste avait alors atteint sa plus grande intensité. Les hôpitaux étaient encombrés, et on s'efforçait de persuader aux malades, pour remonter leur moral, que le mal n'était pas contagieux. Lorsque l'armée quitta Jaffa, un certain nombre de malades, une vingtaine disent les uns, une soixantaine affirment les autres, restèrent dans les hôpitaux, faute de pouvoir être transportés; c'est-à-dire qu'ils étaient exposés à une mort inévitable, soit par la maladie, soit par la faim, soit par la cruauté de l'ennemi. Bonaparte aurait, paraît-il, dit à Desgenettes, un des médecins en chef de l'armée, qu'il y aurait de l'humanité à administrer de l'opium à ces malheureux : « Mon métier est de les guérir, et non de les tuer, » répondit Desgenettes. Ce propos fut répété. Il servit à propager une indigne calomnie. On prétendit que Bonaparte avait ordonné d'empoisonner tous ses malades. Les ennemis de la France grossirent ce fait outre mesure. Or Sidney Smith, qui arriva à Jaffa aussitôt que notre arrière-garde eût quitté la ville, trouva encore en vie ces prétendues victimes de Bonaparte, et, dans son rapport officiel, bien qu'il enregistre avec soin toutes les circonstances défavorables à la France, il ne dit pas un mot de l'empoisonnement ordonné.

Il était temps que l'armée rentrât en Egypte. Non seulement la flotte turque était signalée, mais encore des insurrections avaient éclaté, qui prouvaient combien nous avions fait peu de progrès dans l'esprit du peuple. Un certain El-Mody s'était donné comme l'ange exterminateur annoncé par le Coran. Pour toute nourriture il trempait ses doigts dans un vase de lait, et les passait sur ses lèvres. Pour toute arme il jetait au ciel une poignée de poussière et assurait qu'elle disperserait nos soldats. Il avait même promis à ses partisans que les fusils des Français n'atteindraient pas les vrais croyants qui marcheraient sous ses drapeaux. Aussi l'espoir d'un triomphe facile entraîna-t-il quelques milliers d'hommes sur les pas de cet imposteur. A leur tête il se jette dans le Delta, surprend et massacre la petite garnison de Damanhour et marche sur Alexandrie. L'illusion des révoltés ne fut pas longue : un simple détachement suffit pour les disperser et pour tuer l'ange invulnérable.

Le trouble s'était communiqué aux autres provinces. Mourad-Bey tenait encore la campagne et échappait aux ardentes poursuites de Desaix. Traqué sur un point, il parvenait à s'échapper et tenait toutes nos forces en échec. Au moment où on le croyait anéanti, il apparaissait sur nos derrières. Un jour même, il s'approcha du Caire, monta sur la plus haute des pyramides, et regarda avec une lunette ses palais et ses jardins. Bonaparte, impatienté contre cet insaisissable ennemi, se laissait aller contre lui à des emportements peu dignes d'un général loyal et victorieux, car il mit à prix la tête du général égyptien et enjoignit à tous ses lieutenants de le prendre mort ou vif.

Un sujet de préoccupation tout autrement grave attristait alors l'armée française. Depuis Aboukir on n'avait pas reçu de nouvelles de France. Aucun navire n'avait réussi à forcer le blocus. On savait seulement que la guerre avait recommencé et que l'Europe entière était de nouveau liguée contre nous. L'armée était tourmentée et mécontente. On apprit tout à coup, le 11 juillet, que la seconde armée turque, celle de Rhodes, montée sur de nombreux transports, et escortée par Sidney Smith, venait de débarquer à Aboukir. Marmont, chargé par Bonaparte de défendre Alexandrie et ses environs, avait négligé de détruire le village d'Aboukir, et l'avait simplement entouré d'une redoute, du côté de la terre. Pour la seconde fois Aboukir nous était fatal. Marmont accourut aussitôt d'Alexandrie, mais il n'avait sous ses ordres que 1200 hommes, et toute une armée, soutenue en arrière par la flotte anglaise, se déployait devant lui. Il n'osa pas essayer de la jeter à la mer, et laissa les Turcs s'établir paisiblement dans la presqu'île.

La situation devenait périlleuse. Si les Turcs, profitant de leur premier succès, s'étaient immédiatement portés en avant, non seulement ils empêchaient Bonaparte de rallier ses corps épars, mais encore ils pouvaient les détruire en détail et assiéger ensuite soit Alexandrie, soit le Caire ; mais l'armée turque, bien que brave, était mal commandée. De plus, elle n'avait pas de cavalerie, car elle comptait sur les renforts de Mourad-Bey. Les Turcs n'osèrent pas s'aventurer sans cavalerie dans les plaines de l'Égypte. Ils donnèrent de la sorte à Bonaparte le temps nécessaire pour refouler Mourad dans la Haute-Égypte, pour concentrer ses forces, et pour les jeter à la mer.

À la première nouvelle du débarquement, Bonaparte, en effet, rassemble aussitôt les divisions Lannes, Murat et Bon, et, sans attendre les autres renforts qui étaient en marche, court à la rencontre de l'ennemi pour l'empêcher de pénétrer dans l'intérieur de la contrée. En même temps, il prescrit à Desaix de s'acharner à la poursuite de Mourad et d'empêcher à tout prix sa jonction avec l'armée principale. Les Turcs n'avaient pas encore quitté Aboukir. Ils s'étaient contentés d'établir dans la presqu'île deux lignes de retranchements à une demi-lieue en avant du village. Ils avaient occupé deux mamelons de sable, appuyés l'un à la mer et l'autre au lac Madieh. Ces deux mamelons étaient défendus par 8000 janissaires environ, soldats braves et énergiques, armés de fusils sans baïonnettes, qu'ils rejetaient sur leurs épaules après les avoir déchargés, pour s'élancer, le sabre à la main, contre les ennemis. La seconde ligne était au village même d'Aboukir. Elle se composait de la redoute construite par Marmont et se reliait à la mer par deux boyaux. 800 à 1000 janissaires, commandés par Mustapha-Pacha, défendaient cette seconde ligne. L'une et l'autre étaient garnies d'une nombreuse artillerie ; à droite et à gauche de la presqu'île, de nombreuses canonnières étaient disposées pour battre de leurs feux croisés les colonnes qui tenteraient l'assaut des fortifications. Certes, toutes les précautions avaient été bien prises, et les Turcs croyaient pouvoir braver l'attaque des Français, et attendre l'arrivée de Mourad et le débarquement de nouveaux auxiliaires.

Bonaparte n'avait sous ses ordres que 6000 hommes environ, mais c'étaient les plus braves soldats de l'armée. Sans attendre que ses renforts l'eussent rejoint, il ordonne à Lannes et à Destaing de marcher contre les mamelons de droite et de gauche. Murat au centre reçoit l'ordre de faire filer sa cavalerie sur les derrières des deux mamelons. L'opération fut conduite avec ensemble et précision. Les Turcs sont repoussés par Lannes et Destaing, et tournés par Murat. Ils veulent s'enfuir, mais Murat les empêche de gagner la seconde ligne, et ils sont attaqués en face par toute l'armée française. Alors commence une scène affreuse. Plutôt que de se rendre, cette multitude jette ses armes, et se précipite, d'un côté dans la mer, de l'autre dans le lac Madieh. Murat s'élance à leur poursuite. Lannes et Destaing continuent leur marche en avant. Bientôt les eaux de la mer et du lac sont couvertes de cadavres, et plusieurs milliers d'hommes se noient sous les yeux de l'armée éperdue et stupéfiée de son triomphe.

C'était un premier et formidable succès. Bonaparte pouvait désormais resserrer à Aboukir le reste de l'armée turque, la bombarder en attendant les divisions Kléber et Reynier, et l'obliger à se rendre. La chute rapide de la première ligne l'encouragea à forcer la seconde. Après avoir laissé reposer ses troupes quelques instants, il les mène de nouveau à l'ennemi. Cette fois les Turcs résistèrent avec acharnement et nous causèrent des pertes sensibles; mais ils commirent la faute de sortir de leurs retranchements pour couper la tête à nos blessés et gagner l'aigrette d'argent que donnait le sultan à tout militaire qui apportait la tête d'un ennemi. Lannes fait alors attaquer de nouveau la redoute, et trois bataillons entrent à la fois dans les retranchements. Murat, de son côté, ordonne une charge nouvelle, parvient à franchir avec ses escadrons l'espace compris entre les retranchements et le lac, et pénètre dans le village d'Aboukir. Bientôt il entre dans le camp de Mustapha, qui lui tire un coup de pistolet et le blesse légèrement. Murat riposte, lui coupe deux doigts d'un coup de sabre, et le fait lui-même prisonnier. Dès lors la déroute est complète. L'ennemi en désordre, frappé de terreur, ne croit avoir de ressource que dans la mer, et s'y précipite. 10 000 hommes sont fusillés ou noyés. Aucun d'eux ne se sauve. Jamais spectacle aussi terrible ne s'était présenté. 2000 Turcs restaient sur le champ de bataille, 12 à 14 000 s'étaient noyés, puelques centaines seulement parvinrent à s'enfermer dans le château d'Aboukir, mais ils durent se rendre quelques jours après. Ce furent nos seuls prisonniers. Jamais triomphe ne fut aussi complet. Pour la seconde fois, depuis un an, une armée entière disparaissait à Aboukir. Nous remportions ainsi sur le continent la revanche de notre désastre maritime.

Cette victoire rétablissait à notre profit l'équilibre des forces. Nous n'avions plus à craindre, du moins momentanément, les attaques de la Turquie. Les Anglais, réduits à leurs propres forces, ne tenteraient pas un débarquement. Mourad-Bey, découragé par ses défaites répétées, était à la veille d'entrer en composition. Les Égyptiens enfin, épouvantés par la rapidité et la vigueur des coups portés par celui qu'ils appelaient dans leur langage imagé le *Sultan de Feu*, ne demandaient qu'à rester tranquilles. L'armée française comptait encore plus de 20 000 hommes. Rien donc n'était désespéré, et tout, au contraire, annonçait le succès prochain et définitif de l'expédition.

Ce fut à ce moment que Bonaparte prit une résolution contre laquelle, au nom de l'honneur militaire, on ne saurait trop s'élever. Depuis longtemps, il ignorait ce qui se passait en Europe et en France. Aucune des dépêches du Directoire, aucune des lettres de ses frères ou de ses amis ne lui était parvenue. Après la bataille d'Aboukir, il envoya un parlementaire à la flotte anglo-turque, sous prétexte de négocier l'échange des prisonniers, mais en réalité pour avoir des nouvelles. Sidney Smith se fit un malin plaisir de donner au parlementaire une liasse de journaux. Bonaparte passa la nuit à parcourir ces gazettes. Il y lut la triste histoire de nos revers, et comprit que le Directoire était déconsidéré et, qu'à tort ou à raison, on lui attribuait toutes nos défaites. Il songea aussitôt à revenir en France, afin d'y devenir, par la force des choses, le maître de la situation. Au risque d'être pris en route par les croisières anglaises, il résolut de s'embarquer secrètement. Il s'ouvrit donc de ses projets à l'amiral Ganteaume et le pria de mettre deux frégates, la *Muiron* et la *Carrère*, en état de prendre la mer.

Pour donner le change sur ses intentions, Bonaparte revint au Caire et fit semblant de s'occuper de la Haute-Égypte. On le crut dans l'armée, car il ne mit dans sa confidence que quelques officiers, Berthier, Lannes, Murat, Marmont, Duroc, et quelques savants, Monge, Berthollet, Denon, qu'il voulait associer à sa fortune. Les Anglais le crurent aussi. Sidney Smith, après Aboukir, avait envoyé un de ses officiers à Bonaparte, pour lui proposer secrètement l'évacuation de l'Égypte. Bonaparte avait accepté ces ouvertures et feint d'être ébranlé, mais il avait ajourné sa réponse définitive jusqu'au retour d'un voyage qu'il était obligé de faire dans la Haute-Égypte. L'officier anglais s'empressa d'avertir Sidney Smith du voyage projeté, et ce dernier, qui avait besoin de renouveler ses provisions et de réparer quelques-uns de ses navires, endommagés par cette longue croisière, crut le moment bien choisi pour s'éloigner de l'Égypte, et, en effet, il quitta la rade d'Aboukir.

Ganteaume, qui était aux aguets, expédie aussitôt un courrier à Bonaparte. Celui-ci quitte le Caire, mais, au lieu de remonter le Nil comme on le croyait dans l'armée française et sur la flotte anglaise, il court à Alexandrie, y rencontre Menou auquel il expose son projet, et, le 22 août, s'embarque sur la *Muiron*. Les frégates l'attendaient sur une plage écartée. Tout avait été disposé comme pour une fuite. C'en était une, en effet, ou plutôt c'était une désertion!

Le mot paraîtra dur : il n'est que juste. On a prétendu que Bonaparte était nécessaire à la France en péril. Il l'était si peu, que la France était non seulement sauvée, mais encore victorieuse, lorsque Bonaparte débarqua à Fréjus, et d'ailleurs, depuis quand un général, quel que soit son mérite, a-t-il le droit de s'ériger en sauveur de son pays? On a fait remarquer que Bonaparte laissait l'Égypte en pleine voie de prospérité : certes il avait remporté de brillantes victoires, mais l'Égypte était si peu hors de danger que, quelques mois à peine après son départ, nous ne possédions plus dans tout le pays que les deux villes du Caire et d'Alexandrie, et que nous étions attaqués par une armée anglaise et une troisième armée turque. Bonaparte était donc forcé de partager jusqu'au bout les périls de l'armée qu'il avait entraînée dans la plus téméraire des entreprises. Aussi bien il sentait lui-même qu'il agissait contrairement aux lois de l'honneur, car il n'osa pas avoir une entrevue avec le général qu'il avait désigné pour le remplacer, avec Kléber. Il connaissait le ferme bon sens, la présence d'esprit, mais aussi la loyauté de son successeur, et, tout en lui rendant justice, puisqu'il le nommait pour le remplacer, il ne voulut pas affronter sa colère, et lui assigna un rendez-vous auquel il savait bien ne pas pouvoir le rencontrer. Bonaparte comprit encore la nécessité de s'excuser auprès des Égyptiens. Il leur adressa une proclamation pour leur annoncer son prochain retour avec d'imposants renforts. Personne ne fut la dupe de ces protestations. Les Égyptiens, qui ne redoutaient plus le *Sultan de Feu*, organisèrent une insurrection générale, et Kléber, indigné de l'adroite manœuvre par laquelle on se déchargeait sur lui d'une responsabilité dangereuse, rédigea un véritable acte d'accusation contre Bonaparte. Par une ironie du sort, cette dépêche tomba entre les mains du premier consul, qui dut être d'autant moins flatté des critiques de son ancien collègue qu'elles étaient pour la plupart d'une irréfutable justesse.

A peine la petite escadre avait-elle appareillé, que survint un calme plat. Du haut des mâts de la frégate, on apercevait au loin les vaisseaux anglais. On proposa de rentrer à Alexandrie. Bonaparte s'y opposa. La traversée fut longue et pénible. Elle dura quarante-sept jours, car on était obligé de louvoyer, dès qu'on apercevait à l'horizon quelque voile suspecte. Bonaparte affectait une grande tranquillité, et passait son temps à lire la Bible et le Coran. Il voulait aborder en Languedoc, vers Collioure ou Port-Vendres : un coup de vent le rabattit sur la Corse, où on eut enfin des nouvelles sûres. Quand on remit à la voile dans la direction de Toulon ou de Marseille, de nouveau on crut tout perdu, car sur le flanc gauche du vaisseau paraissaient une trentaine de voiles, qui arrivaient vent arrière. Ganteaume, effrayé, proposa d'armer le grand canot et d'essayer à la faveur de la nuit de se jeter à terre, mais l'ennemi ne poursuivit pas l'escadre, et Bonaparte réussit à prendre terre près de Fréjus. Aussitôt les Provençaux, sans seulement se soucier des lois sanitaires qui prescrivaient une quarantaine à tout navire venant des mers orientales, l'accueillirent comme un sauveur. Encouragé par cette réception enthousiaste, l'heureux général partit immédiatement pour Paris. Il allait y renverser le gouvernement et détruire le Directoire à son profit, par le coup d'État tristement célèbre du 18 Brumaire.

CHAPITRE XVIII

GUERRE DE LA SECONDE COALITION. — CAMPAGNE DE HOLLANDE.

Au moment où éclata la guerre de la seconde coalition, la France, à ne considérer que les apparences, n'avait jamais été plus redoutable. Nous possédions alors nos frontières naturelles : nous les avions même dépassées au delà des Alpes, puisque le Piémont avait été divisé en cinq départements. Corfou nous donnait les clefs de l'Adriatique; Malte résistait depuis plusieurs mois aux flottes anglaises, et nous assurait la domination de la Méditerranée; l'Égypte enfin nous appartenait encore, et déjà se répandait le bruit de la conquête de la Syrie. De plus, nous étions comme entourés d'une ceinture d'États alliés et de républiques vassales. L'Espagne protégeait notre frontière du midi, et le concours de ses flottes nous permettait de lutter encore contre l'Angleterre. Au nord, la République Batave, avec ses vaisseaux, ses places fortes, ses colonies et ses richesses inépuisables, était pour nous la plus précieuse des alliées. La République Helvétique couvrait notre centre, et même nous permettait de prendre l'offensive en débouchant de tous les côtés à la fois, sur le Rhin, le Danube ou l'Adige. En Italie, nous étions les maîtres, ou plutôt personne n'essayait même de nous disputer la prééminence, car les quatre Républiques Cisalpine, Ligurienne, Romaine et Parthénopéenne, trop faibles pour se soutenir ou se défendre elles-mêmes, étaient à notre dévotion. Donc, soit par elle-même, soit par ses alliés, soit par ses vassaux, la France était la maîtresse incontestée de l'Europe occidentale.

Cette grandeur n'était qu'apparente, car le Directoire n'inspirait aucune confiance à la masse de la nation. Les royalistes n'avaient pas renoncé à leurs espérances, les républicains exaltés n'avaient pas oublié que le pouvoir leur avait un instant appartenu, et la masse du peuple français flottait encore irrésolue entre le souci du présent et la crainte du lendemain. Finances déplorables, administration sans conscience, magistrature sans considération! Nulle sécurité pour le commerce! Stagnation absolue dans les affaires! L'armée elle-même participait à la décadence, à l'affaiblissement général. Comme elle n'avait jamais été recrutée jusqu'alors que par la grande levée de 1793, elle était, depuis la paix, singulièrement diminuée par les congés et par la désertion. Quant à nos alliés, l'Espagne seule était sincère; mais les républiques, fondées par nous, nous détestaient déjà. Foulées par les agents du Directoire, menacées dans leurs privilèges, dans leur religion, dans l'exercice même de leur souveraineté, elles commençaient à ne voir en nous que des oppresseurs.

Les coalisés étaient mieux organisés. Ils ne songeaient plus uniquement, comme en 1793, à démembrer la France. L'expérience leur avait appris à sacrifier leurs mesquines rivalités. Ils obéissaient alors à une pensée commune. Monarchies d'un côté, républiques de l'autre, qui l'emporterait en Europe des nouveaux ou des anciens principes? L'esprit de propagande du Directoire avait effrayé tous les souverains, et les six rois de la coalition s'étaient promis de renverser à tout prix le système républicain. Aussi, quand Pitt leur avait proposé des subsides et l'alliance anglaise, ni le sultan, ni le czar, ni l'empereur, ni les rois de Sardaigne et de Sicile n'avaient hésité. En 1793, nous avions été seuls contre l'Europe entière. Mais alors une pensée unique, la défense nationale, animait nos pères, et les coalisés, excités chacun par des mobiles différents, ne concertaient pas leur attaque. En 1799, au contraire, Espagnols, Hollandais, Suisses, Italiens, combattaient à nos côtés; mais nous étions moins redoutables, car une grande partie de la nation accusait avec amertume le Directoire d'avoir compromis la Révolution par sa déplorable politique, tandis que les coalisés, quoique moins nombreux, étaient plus dangereux parce qu'ils agissaient de concert.

De plus, au lieu d'avoir à repousser l'invasion sur deux lignes courtes et isolées, le Rhin et les Alpes, on avait à défendre une base d'opérations qui s'étendait du Zuyderzée au golfe de Tarente, et que, par conséquent, on pouvait déborder sur presque tous les points. On parlait de 400 000 hommes mis sur pied par la coalition, et le Directoire pouvait à peine leur en opposer 80 000. Déjà les régiments autrichiens se massaient sur l'Adige et le Danube, et les Russes étaient en marche pour les rejoindre. Ils s'étaient joints aux Turcs dans la Méditerranée, aux Siciliens dans l'Italie méridionale, aux Anglais en Hanovre. Les armées turques se préparaient de leur côté à descendre en Égypte et en Syrie. Enfin, les Anglais surveillaient nos côtes, et s'apprêtaient à jeter sur tous les points non défendus des corps de débarquement. L'opinion publique commençait à s'émouvoir en France. Il fallait à tout prix adopter de grands moyens, ou sinon la confiance disparaissait et tout était perdu, avant même que les hostilités fussent engagées.

Il s'agissait avant tout d'avoir des hommes. La levée en masse avait jusqu'alors suffi à tous les besoins, mais le feu, les maladies, les congés, les désertions, la paix enfin avaient singulièrement réduit le nombre de nos soldats. Ce fut alors qu'on inventa la conscription, institution féconde en résultats, dont on a sans doute abusé, mais qui n'en a pas moins sauvé la France. Le général Jourdan eut l'honneur d'attacher son nom à cette loi célèbre, qui fut rendue le 5 septembre 1798. Tout Français, sans exception, devait être soldat de 20 à 25 ans; les jeunes gens étaient divisés en classes d'après leur âge, et appelés à servir au fur et à mesure des besoins. En temps de guerre, la durée de service était illimitée. En cas de danger, toutes les classes étaient appelées à la fois. La loi de 1798 adoptait donc le principe du service obligatoire et même du service universel. Elle fut adoptée sans opposition, tellement elle répondait à une des nécessités de l'époque et, sur-le-champ, le Directoire appela aux armes 200 000 conscrits, qui comblèrent les vides de nos armées et nous permirent de répondre aux menaces de l'Europe. Ce fut aussi à cette époque que, pour subvenir aux besoins des nouveaux défenseurs de la France, on augmenta les impôts; on en créa même de nouveaux, qui subsistent encore. On autorisa de plus la vente de 125 millions de biens nationaux. En un mot on s'efforça de trouver les moyens de résister à la coalition.

Ce n'était pas tout que de réunir des soldats et de trouver de l'argent pour les entretenir. Il fallait de plus leur donner de bons généraux et les distribuer d'après un plan convenable. Or ce n'était point facile; non pas que les généraux manquassent, mais on se défiait d'eux. Moreau était compromis depuis la découverte de la trahison de Pichegru; Augereau était suspect à cause de l'exagération de ses doctrines démocratiques; Joubert et Bernadotte, fort irrités des tendances du gouvernement, se tenaient à l'écart. Championnet

MASSÉNA.

venait d'être destitué. Restait, il est vrai, Masséna, le meilleur de tous, mais il ne pouvait être partout à la fois, car la ligne à défendre était immense. On lui confia le poste dangereux, la Suisse, qui formait comme le point central de cette énorme base d'opérations : on espérait que, suivant les circonstances, il déboucherait à son gré ou en Bavière, ou en Tyrol, ou en Italie. A gauche de l'armée de Masséna, qui fut décorée du nom d'armée d'Helvétie, Jourdan fut chargé de conduire l'armée dite du Danube. Il comptait prendre sa revanche de ses glorieux échecs de 1797 et prouver à la France qu'il était toujours le vainqueur de Wattignies et de Fleurus ; à la gauche de Jourdan, à l'extrême gauche par conséquent de Masséna, Brune occupait la Hollande, et la défendait contre les attaques des Anglais et des Russes. A la droite de Masséna, dans la vallée du Pô, la vieille armée d'Italie, fière de ses victoires passées, était pleine d'ardeur et ne demandait qu'à courir à de nouveaux dangers. Un seul général, Moreau, était digne de la commander en l'absence de Bonaparte. Les soldats le réclamaient, les officiers attendaient sa nomination ; le Directoire eut un instant la pensée de le désigner, mais Barras s'y opposa, au nom de la patrie, et sous prétexte de la conspiration de Pichegru. Ses collègues eurent le tort de l'écouter, et on se contenta de l'envoyer comme simple divisionnaire à l'armée qu'il aurait dû commander en chef. Moreau obéit avec sa modestie accoutumée et se rendit à son nouveau poste. Il allait se trouver sous les ordres d'un général estimable, mais cassé par l'âge, se défiant de lui-même, et qui n'avait accepté qu'à contre-cœur le périlleux honneur de succéder à Bonaparte. C'était le vieux Schérer, qui vivait sur sa réputation, et s'était attiré bien des inimitiés en essayant de réprimer la licence militaire. A la droite de Schérer, à l'extrême droite de Masséna, l'armée qui venait de fonder les deux Républiques Romaine et Parthénopéenne, et qui occupait encore toute la péninsule italienne, était commandée par Macdonald, ferme et solide officier, qui s'était distingué à plusieurs reprises par sa bravoure et sa ténacité.

Cinq armées françaises occupaient donc la frontière : au nord, l'armée de Hollande avec Brune ; puis, en descendant, l'armée du Danube avec Jourdan ; celle d'Helvétie avec Masséna ; celle d'Italie avec Schérer ; celle de Naples avec Macdonald. De ces cinq généraux, un seul, Schérer, n'était pas à la hauteur de ses fonctions : les quatre autres étaient au contraire l'honneur et l'espoir de la République française.

Le plan du Directoire était de prendre partout l'offensive, sauf aux deux extrémités, en Hollande et à Naples. L'armée du Danube devait envahir la Bavière, celle d'Italie rejeter les Autrichiens au-delà de l'Isonzo, et celle d'Helvétie appuyer tour à tour, et suivant les évènements, ou la marche en avant de l'armée du Danube, ou la marche en avant de l'armée d'Italie. On avait raison de prendre l'offensive, qui convenait à notre caractère national, mais en ce cas il faut agir par grandes masses : or la loi de la conscription était trop récente pour avoir déjà produit de bons résultats, et, d'ailleurs, on ne saurait trop le répéter, car de récents désastres confirment encore cette vérité, des conscrits ne peuvent être menés au combat qu'après avoir été suffisamment exercés, et nous ne pouvions encore mettre en ligne que 160 à 170 000 hommes. L'armée de Hollande comptait à peine 10 000 hommes, celle du Danube 40 000, celle d'Helvétie 30 000, celle d'Italie 50 000, celle de Naples 30 000. Puisqu'on voulait prendre l'offensive, il fallait ne pas disséminer ses forces et ne pas vouloir combattre partout à la fois. Si on s'était contenté ou bien de concentrer sur l'Adige une masse irrésistible, ou plutôt de former sur le Danube une armée considérable qui aurait marché droit sur Vienne, on ne se serait pas exposé aux désastres que nous essuyâmes. Ce qui excuse les fautes du Directoire, c'est qu'on n'avait pas encore combattu sur des champs de bataille aussi étendus et que le seul homme capable d'embrasser d'un coup d'œil l'ensemble des opérations, et de négliger les détails pour frapper un coup décisif, était alors en Égypte.

Passons maintenant dans le camp des coalisés, et exposons leur plan et leurs manœuvres.

Les Autrichiens formaient la masse principale de nos ennemis. L'Autriche, en effet, n'avait jamais considéré la paix de Campo-Formio que comme une trêve passagère. Elle n'y avait même consenti que parce que, contre toute attente, on lui avait proposé Venise et son territoire. Aussi avait-elle employé les deux années écoulées depuis Léoben à lever des troupes, à les équiper, à leur donner de bons généraux. Elle pouvait alors mettre en ligne 225 000 hommes bien exercés, sans compter les recrues qui se préparaient encore. Tous, officiers ou soldats, étaient animés du meilleur esprit, et désireux de faire oublier les défaites de la campagne précédente. Assurément, si les Autrichiens avaient été bien conduits, si, comme le demandait le meilleur de leurs généraux, l'archiduc Charles, ils se fussent tous portés sur l'Adige pour nous arracher l'Italie, ou sur le Rhin pour envahir l'Alsace, nous n'aurions pu leur résister. Par bonheur pour nous, le Conseil aulique avait imaginé un plan pédantesque.

Il avait chargé deux armées de manœuvrer contre Masséna, pour lui arracher à tout prix la Suisse et les Alpes. La première armée, forte de 26 000 hommes et commandée par Hotze, devait opérer dans le Voralberg, le long du Rhin et du lac de Constance. La seconde, forte de 46 000 hommes, et commandée par Bellegarde, devait opérer dans le Tyrol. 72 000 Autrichiens contre 30 000 Français allaient donc se disputer la possession de ces glaciers et de ces crêtes presque inaccessibles.

A l'armée de Jourdan, les Autrichiens avaient opposé l'armée de l'archiduc Charles, forte de 54 000 fantassins et de 24 000 cavaliers. Là encore l'avantage du nombre était pour eux, puisque nous ne pouvions opposer à ces 78 000 combattants que 40 000 soldats. Certes, s'ils avaient compris leurs véritables intérêts, c'est sur ce théâtre d'opérations qu'ils auraient dû concentrer leurs ressources; mais ce qui leur tenait le plus à cœur était d'arracher l'Italie aux Français. Aussi avaient-ils envoyé le long de l'Adige leur meilleure armée, les vétérans des guerres précédentes, 75 000 excellents soldats, commandés par un bon général, de Kray.

Les Autrichiens, à eux seuls, avaient donc mis sous les armes plus de soldats que nous n'en avions ; et leurs quatre armées du Danube, du Voralberg, du Tyrol et de l'Adige étaient capables de soutenir la guerre contre nous. Pour notre malheur, elles devaient être soutenues par d'imposants renforts, et, en première ligne, par les Russes.

Le czar Paul 1er, qui voulait faire figurer ses troupes avec honneur sur les champs de bataille de l'Europe occidentale, avait choisi avec grand soin, dans sa nombreuse armée, le contingent qu'il envoyait contre les Français. C'étaient d'abord 60 000 vétérans des guerres de Pologne et de Turquie, rompus à toutes les fatigues par plusieurs années de campagnes, et commandés par un général de grande réputation, Souvoroff. Ce dernier, maigre et maladif dans sa jeunesse, avait tellement endurci son corps, qu'il jouit toute sa vie d'une excellente santé. Il couchait à terre et se nourrissait des mets les plus simples. Sa garde-robe se composait d'un uniforme et d'une robe de chambre en fourrure. Sévère observateur de sa religion, il exigeait que ses subordonnés en pratiquassent les moindres prescriptions. La rudesse de ses manières et son mépris pour le luxe l'avaient rendu l'idole de ses soldats. Ses officiers, au contraire, le détestaient à cause de sa sévérité. Toute sa tactique, disait-il, consistait en trois mots : En avant, frappe! En effet, il avait habitué ses hommes à marcher au feu sans broncher, et à faire usage presque exclusivement de la baïonnette. Malgré son mépris affecté pour ce qu'il appelait les finasseries militaires, Souvoroff en réalité possédait toutes les connaissances militaires indispensables,

PAUL Ier.

et avait déjà rendu de grands services à son pays. Les Russes arrivaient à marches forcées. Quand s'ouvrirent les hostilités, ils n'avaient pas encore rejoint les Autrichiens. On les destinait à opérer en Italie de concert avec l'armée de Kray.

Ce n'était pas la seule armée russe qui dût entrer en campagne. Le czar en avait envoyé trois autres, destinées à agir, la première à Naples, de concert avec les Anglais et les Siciliens, la seconde en

Hollande de concert avec les Anglais, et la troisième en Suisse pour renforcer Hotze et Bellegarde. Enfin une flotte russe était partie de Sébastopol, avait rallié la flotte turque, et était allée assiéger les îles Ioniennes, et une seconde flotte russe était sortie de la Baltique, avait rallié la flotte anglaise et opérait dans les mers du Nord. Dans son premier effort, pour sa première apparition dans l'Europe occidentale, la Russie avait donc montré ce dont elle était capable.

Les Autrichiens et les Russes réunis étaient déjà bien plus nombreux que les Français. L'Angleterre, de son côté, se disposait à intervenir sérieusement. Elle avait préparé une armée de débarquement, commandée par le duc d'York, et la destinait à la Hollande, mais attendait pour agir la présence des Russes. De plus, sur toutes les mers, les flottes anglaises interceptaient nos communications et confisquaient nos bâtiments de commerce. En Égypte, elles bloquaient notre armée; dans la mer Ionienne, elles assiégeaient Corfou avec les Turcs et les Russes; dans la Méditerranée, elles entouraient Malte et encourageaient dans leur résistance les rois de Sicile et de Sardaigne. Sur nos côtes enfin, elles répandaient la terreur parmi nos populations maritimes. Les Anglais étaient donc pour nous un ennemi d'autant plus redoutable qu'il était pour ainsi dire insaisissable, et que nous étions constamment sur le qui-vive à leur égard.

Autrichiens, Russes et Anglais étaient nos plus redoutables ennemis. Quant aux rois de Sicile et de Sardaigne, leur adhésion à la seconde coalition était plutôt théorique qu'efficace, car nous possédions leurs États de terre ferme, et ils ne vivaient que par la protection de l'Angleterre. Le sultan, qui comprenait fort bien qu'en combattant la France il compromettait la sécurité de son propre empire, n'avait voulu intervenir que pour enlever l'Égypte et les îles Ioniennes à leurs nouveaux possesseurs, mais il n'envoya pas sur le continent ses soldats contre les nôtres.

Telles étaient les forces énormes dont disposait la coalition. A l'exception de la Prusse et des États du Nord, toute l'Europe allait se trouver engagée dans cette lutte gigantesque. Tracer un tableau d'ensemble de cette guerre, en suivant l'ordre chronologique, nous forcerait à négliger des détails intéressants. L'ordre géographique nous a paru préférable. La Hollande est le plus septentrional des pays qui furent alors ravagés par la guerre. C'est par les campagnes dont la Hollande fut le théâtre en 1799 que nous commencerons le récit de ces opérations compliquées.

L'Angleterre avait depuis longtemps formé le projet de nous enlever la Hollande. Elle mettait en avant deux prétextes : le premier, celui de rétablir sur le trône la maison d'Orange; le second, celui de faire une diversion redoutable, qui diviserait nos forces au moment critique, et faciliterait d'autant l'attaque des Autrichiens et des Russes. En réalité, le ministère anglais ne cherchait qu'à anéantir les débris de la marine hollandaise alors concentrée au Texel. Si les Anglais parvenaient à détruire ou du moins à neutraliser cette flotte, non seulement ils n'étaient plus obligés d'entretenir une croisière sur les côtes bataves, mais encore ils n'avaient plus à redouter une descente sur leurs propres côtes, en Irlande surtout. Aussi le ministère anglais organisa-t-il avec ardeur cette expédition. Rien ne fut négligé pour assurer le triomphe définitif. C'étaient les vaisseaux les plus solides qui devaient transporter le corps de débarquement, et ce corps était composé de vétérans et de troupes exercées. Il comptait 30 000 hommes. Le général Abercromby en avait le commandement nominal. Pour mieux assurer le succès de l'expédition, le czar Paul Ier avait été prié de fournir quelques milliers d'auxiliaires, que la flotte anglaise se chargea d'aller chercher et de débarquer. C'étaient donc environ 50 000 hommes, soutenus par une escadre imposante, qui allaient envahir la Hollande.

A cette masse accablante, nous ne pouvions opposer qu'une vingtaine de mille hommes, dont 12 000 Français seulement. C'était bien peu pour garder une telle étendue de côtes et pour repousser l'invasion. Il est vrai que ces soldats étaient excellents et commandés par Brune, qui leur inspirait une grande confiance par sa ténacité et la raideur de ses opinions. Il est encore vrai qu'à l'approche du danger les Hollandais renoncèrent à leurs dissensions intestines, et oublièrent leur mécontentement, la perte de leurs colonies, la ruine de leur commerce pour ne plus voir dans les Anglais que des ennemis, et se serrer autour du général qui leur promettait de défendre leur indépendance nationale. D'eux-mêmes, ils offrirent à Brune de tenir garnison dans les places fortes, ce qui permit au général français de concentrer ses soldats et d'attendre de pied ferme l'invasion anglo-russe.

Ce n'était pas une petite affaire que de débarquer 50 000 hommes en pays ennemi, surtout lorsqu'une partie de ces hommes arrivent de l'ouest comme les Anglais, et les autres de l'est comme les Russes ; car il fallait, pour que le débarquement réussît, que les alliés le combinassent de façon à l'exécuter ensemble. Le général Abercromby avait bien préparé son plan d'invasion : ce ne fut pas à l'embouchure de la Meuse, comme Brune s'y attendait, mais tout près du Texel, sur une langue de terre, bordée d'un côté par la mer, de l'autre par le Zuyderzée, et terminée par la ville du Helder, qu'il résolut de débarquer. En se présentant aux bouches de la Meuse, il pouvait, il est vrai, marcher droit sur la capitale et couper l'armée franco-batave de ses communications ; mais l'opération était difficile, parce qu'elle était prévue, sans compter qu'on s'éloignait de l'escadre et qu'on ne pouvait opérer sa jonction avec le corps auxiliaire russe. Au contraire, en occupant la presqu'île du Helder, on courait la chance de s'emparer d'un point mal défendu, et, dans tous les cas, on conservait ses communications avec la flotte, et on pouvait, d'un moment à l'autre, donner la main aux Russes.

La manœuvre était bien combinée, elle réussit à merveille. Le 26 août, Abercromby descendit au Helder, et, malgré une affreuse tempête, réussit à débarquer son armée et son matériel. Le général Daendels qui commandait une division hollandaise, accourut aussitôt, mais il fut battu par les Anglais et dut se retirer avec une perte de 1400 hommes. Au bruit du canon du Helder, la flotte hollandaise aurait dû accourir et prendre part à la bataille, mais l'amiral Story n'avait pas reçu d'ordres positifs. D'ailleurs ses équipages, secrètement travaillés par des émissaires anglais ou orangistes, étaient inquiets. Les officiers se défiaient de lui. Tous restèrent dans l'inaction. Le surlendemain, lorsque Abercromby, avec une audace incroyable, somma la flotte hollandaise de se rendre et l'avertit qu'en cas de refus il donnerait le signal de l'attaque, les équipages se mutinèrent aux cris de vive Orange ! Les officiers les imitèrent, et l'amiral Story, sans même essayer de rappeler les rebelles aux sentiments de leur devoir, signa une honteuse capitulation. Ce n'est pas ainsi que jadis les amiraux Trump et Ruyter rentraient au Zuyderzée, avec un balai attaché au sommet de leur grand mât, pour indiquer qu'ils avaient balayé des mers les escadres anglaises !

Le double succès du Helder et du Texel affermissait les Anglais en Hollande. Toute autre armée et tout autre général n'auraient pas hésité à poursuivre une campagne si heureusement commencée.

A Amsterdam et à Rotterdam on s'attendait à voir la flotte anglaise déboucher par le Zuyderzée et l'armée par Alkmaar et Harlem. Déjà l'on parlait de couper les digues et d'inonder le pays, mais les Anglais ne bougèrent pas. En pénétrant plus avant dans l'intérieur du pays, ils pouvaient, il est vrai, remporter d'autres succès, mais qui ne rapporteraient que de la gloire, et les Anglais préféraient leurs intérêts. En outre les Russes n'étaient pas encore arrivés, et on savait les Français capables de reprendre l'offensive par un effort vigoureux. Abercromby résolut donc d'attendre patiemment les renforts promis, et, malgré son double succès, se contenta de garder une bonne position défensive. Il s'établit sur un terrain desséché, nommé la Zyp, coupé de canaux et de digues derrière lesquelles on pouvait prolonger la résistance. Les Anglais, en effet, ont toujours aimé à se couvrir, surtout quand ils ont en tête des Français, parce qu'ils espèrent que notre élan se brisera contre leur froide obstination. Cette tactique, qui leur avait réussi à Crécy, à Poitiers, à Azincourt, faillit assurer leur triomphe définitif en Hollande.

Brune s'était rendu compte de l'immobilité anglaise. Il comprenait qu'Abercromby ne cherchait qu'à gagner du temps, afin d'être rejoint par les Russes. Aussi résolut-il de les débusquer de leur camp retranché de la Zyp avant que la jonction des Russes n'eût doublé leurs forces ; mais il commit la faute de diviser son armée en trois colonnes. La routine était tellement invétérée que, malgré les leçons d'Hondschoote, de Wattignies, de Fleurus et des campagnes d'Italie, nos généraux, même les meilleurs, croyaient faire preuve de science en multipliant les attaques. Mais, à force de prendre des précautions inutiles, ils omettaient le point essentiel. Brune divisa donc son armée en trois corps, qui assaillirent séparément le camp de la Zyp, et furent battus : Dumonceau à Krabbendham, Vandamme à Slaperdyck et Daendels à Saint-Martens (1er septembre).

Notre position devenait désastreuse. Les Anglais auraient dû profiter de leur triple victoire et de leur supériorité numérique pour achever la dispersion de nos divisions ébranlées ; mais Abercromby resta fidèle à son système et ne se décida à sortir de la Zyp que le 19 septembre, lorsque les Russes, commandés par le général Herman, eurent enfin débarqué au Helder. Ces retards sauvèrent Brune et la Hollande. Brune avait concentré ses soldats à Alkmaar, non loin de la Zyp, dans une bonne position, qui lui permettait à la fois de tenir tête aux assaillants, de couvrir les capitales hollandaises et d'attendre des renforts. Ces renforts ne lui firent pas défaut. Quelques milliers de Français tirés des garnisons du Nord le rejoignirent en toute hâte. Les Hollandais de leur côté, surexcités par le danger et honteux de la défection de leur flotte, prirent les armes avec empressement. Toutes les nuances d'opinion disparurent. Il n'y eut plus que des Hollandais enfiévrés par le désir de sauver la patrie. Brune profita de ces dispositions pour enrégimenter les gardes nationales et pour appeler à lui toutes les garnisons. De part et d'autre on se préparait à une action décisive.

La grande bataille ne fut livrée que le 19 octobre. Elle est connue sous le nom de bataille de Bergen. Le duc d'York, qui avait pris le commandement en chef, avait, sans tenir compte des leçons de l'expérience, divisé son armée en quatre corps. Sous le prétexte de ne négliger aucun des points de la ligne d'attaque, il les affaiblissait tous, car ses adversaires, qui connaissaient le fort et le faible de leurs positions, s'étaient contentés de lui opposer un rideau de troupes sur les points d'importance médiocre, et avaient massé leur élite entre Alkmaar et la mer, non loin de Bergen. Les Russes avaient été chargés de prendre Bergen : malgré leur acharnement, ils furent repoussés avec des pertes effroyables. Le duc d'York, comprenant sa faute, accourut avec des renforts, mais Vandamme le chargea à la baïonnette, et le força à battre en retraite, laissant sur le champ de bataille 5000 hommes, 7 drapeaux, 26 canons et tous ses équipages. Les Anglais accusèrent, il est vrai, les Russes d'avoir mollement attaqué, et les Russes accusèrent les Anglais de ne pas les avoir soutenus. En réalité les Russes s'étaient vaillamment comportés et les Anglais n'avaient nullement, cette fois, laissé peser sur leurs alliés le poids de la bataille. La véritable faute avait été de diviser

les forces, et de s'exposer de la sorte à être battus séparément.
Arrêtés dans leur offensive, les Anglo-Russes rentrèrent dans leurs cantonnements de la Zyp. Le duc d'York, découragé par son

BRUNE.

échec de Bergen, n'osait pas quitter ses lignes, en sorte qu'on avait alors le curieux spectacle d'une armée d'invasion bloquée pour ainsi dire par un ennemi inférieur en force. Le ridicule de sa position, les plaintes et les railleries des officiers russes le déterminèrent enfin à sortir de son inaction. Le 2 octobre, les alliés entrèrent de nouveau en campagne. L'attaque était cette fois mieux combinée, et York avait massé ses troupes en une seule colonne. Des pluies diluviennes avaient détrempé le terrain. Les canons s'embourbaient, les hommes avançaient avec peine : aussi n'y eût-il, le 2 octobre, qu'une forte affaire d'avant-garde, à Egmont. Elle ne fut pas décisive, mais arrêta la marche des Anglo-Russes. Quatre jours durant, les deux armées restèrent en présence, attendant la fin des pluies. Le 6 octobre, York profita d'une éclaircie pour essayer une pointe dans la direction de Harlem, mais il se heurta à Castricum contre les meilleurs soldats de Brune. Ce fut la seconde grande bataille de la guerre. Cette fois encore, malgré l'impétuosité des Russes et l'acharnement des Anglais qui tenaient à se prouver réciproquement combien étaient peu fondées les accusations respectives de leurs états-majors, la victoire se déclara en notre faveur. Pour la seconde fois, les alliés battirent en retraite, et rentrèrent au camp de la Zyp.

La guerre menaçait de s'éterniser, mais resserrés sur cette étroite langue de terre, dans un pays marécageux, mal nourris, mal vêtus, abrités et chauffés plus mal encore, les alliés commençaient à se décourager. D'ailleurs ils se jalousaient et se défiaient même les uns des autres. Or les Anglais savent calculer : ils n'aiment pas les entreprises inutiles, et l'amour-propre les attache rarement à la continuation d'une œuvre qui ne leur rapportera rien. En s'acharnant à conquérir la Hollande, on tentait peut-être l'impossible, et on s'exposait à un terrible mécompte, car une troisième défaite, après celles de Bergen et de Castricum, entraînerait ou une capitulation ou une fuite précipitée. York réunit donc un conseil de guerre, et il fut résolu, à l'unanimité, qu'on entamerait des négociations pour l'évacuation avec le général français.

Brune, heureux de la tournure que prenaient les affaires, ne se souciait pas de réduire au désespoir une armée aussi brave. Il proposa donc des conditions fort douces. Il aurait désiré la restitution des vaisseaux hollandais, mais, plutôt que de les rendre, les Anglais auraient recommencé la guerre. Puisque ce malheur était irréparable, mieux valait se contenter de l'évacuation immédiate du pays et de la certitude de ne plus être inquiété sur ce point. Brune le comprit ainsi, et, par la convention d'Alkmaar, consentit à laisser aux Anglais la flotte hollandaise, à condition que les alliés évacueraient sur-le-champ tout le territoire occupé, et rendraient, sans réciprocité, tous leurs prisonniers. De part et d'autre la convention fut scrupuleusement exécutée.

Ainsi disparut cette armée anglo-russe sur les succès de laquelle on avait bâti tant de chimériques espérances : ne devait-elle pas, après la conquête de la Hollande, s'emparer des Pays-Bas et envahir la France du nord? L'amour-propre anglais fut vivement froissé du malheureux résultat de cette expédition, et les défaites de Bergen et de Castricum eurent dans tout le pays un sinistre retentissement. En France, au contraire, et c'est une injustice, ces glorieuses journées sont trop peu connues. Elles nous ont pourtant sauvé de l'invasion. Il est vrai que, sur un autre théâtre, se frappaient alors des coups bien plus retentissants : c'est sans doute ce qui explique l'oubli peu mérité dans lequel est tombée cette campagne de Hollande.

CHAPITRE XIX

CAMPAGNE D'HELVÉTIE. — BATAILLE DE ZURICH

La campagne d'Helvétie, en 1799, ne ressemble à aucune autre. Il ne s'y frappe point de ces coups retentissants qui suffisent à immortaliser un général victorieux, mais chaque jour est marqué par un engagement, chaque pas en avant ou en arrière coûte des torrents de sang. La Suisse ressemble alors à une immense ville assiégée, qu'on peut ravitailler, mais que plusieurs armées attaquent à la fois et de différents côtés. La garnison fait de fréquentes sorties, elle est ramenée dans le corps de la place et supporte de furieux assauts, mais parvient à triompher de l'obstination des assiégeants. On peut distinguer trois périodes dans ce siège. La première s'étend de mars à mai 1799; la garnison assiégée fait alors de lointaines sorties. Dans la seconde, de mai à septembre, la garnison, rejetée dans la place, est forcée d'abandonner les ouvrages extérieurs. Dans la troisième, de septembre à octobre, elle repousse un triple assaut, et la victoire se déclare en sa faveur.

I

En vertu d'un prétendu axiome militaire fort à la mode dans les dernières années du XVIIIe siècle : « Qui a la source a les embouchures, » on croyait, dans les deux camps, que l'armée qui occuperait la Suisse pourrait déboucher à son gré par l'une des vallées qui commencent dans cette région; la Suisse en effet possède les sources des plus grands fleuves de l'Europe centrale (Rhin, Rhône), ou de leurs affluents (Inn, Tessin). La France avait pris les devants. Sous prétexte de protéger la nouvelle République Helvétique, le Directoire y avait envoyé 30 000 hommes commandés par Masséna. Le nouveau général en chef inspirait à ses troupes une confiance extraordinaire. A l'armée d'Italie, il avait été le meilleur et le plus heureux des lieutenants de Bonaparte : aussi ce dernier, jaloux de toute supériorité, l'avait-il laissé à l'écart sans lui proposer de l'emmener en Égypte. Par malheur, Masséna considérait toujours comme des vaincus les peuples au milieu desquels il vivait, et il n'apportait pas dans ses relations avec eux la délicatesse qu'aurait dû lui commander son grade. Ses pillages et ses rapines lui avaient valu une demi-disgrâce qui ressemblait à une destitution ; mais, quand éclata la guerre, le Directoire oublia les torts de l'homme privé pour ne plus se souvenir que des talents du général, et lui confia l'honorable et périlleuse mission de résister, avec 30 000 hommes, aux armées qui le menaçaient.

Les coalisés, en effet, qui attachaient un grand prix à la possession de la Suisse, avaient dirigé contre ce pays deux armées autrichiennes : la première, commandée par Hotze, forte d'environ 26 000 hommes, devait opérer dans le Voralberg et débusquer les Français de la vallée du Rhin et du lac de Constance; la seconde, commandée par Bellegarde, forte de 46 000 hommes, devait opérer en Tyrol et débusquer les Français des Alpes centrales. Une troisième armée autrichienne, commandée par l'archiduc Charles et opérant sur le Danube, et une quatrième armée autrichienne, commandée par Kray, et manœuvrant dans la Haute Italie, pouvaient, en cas de besoin, donner la main à Hotze et Bellegarde, c'est-à-dire que, à un moment donné, quatre armées autrichiennes concerteraient leur attaque pour arracher la Suisse à Masséna. Enfin, une cinquième armée russe, commandée par Khorsakoff, accourait à marches forcées, et joindrait bientôt aux vieilles bandes autrichiennes ses régiments éprouvés par les longues et sanglantes guerres de Pologne et de Turquie.

Certes le danger était grave : tout autre que Masséna n'aurait peut-être pas eu la hardiesse d'accepter un poste aussi dangereux, mais le sentiment de sa responsabilité, au lieu de l'écraser, le surexcitait. D'ailleurs il comptait sur ses soldats, et il était secondé par d'admirables lieutenants : Soult, Oudinot, Mortier, Molitor, qui s'étaient déjà distingués par leur froide intrépidité aux armées du

Rhin; Dessoles et Lecourbe, que Bonaparte laissa de côté, et qui pourtant étaient capables de diriger de grandes armées. Avec de pareils lieutenants, Masséna croyait n'avoir rien à craindre et l'avenir justifia ses prévisions.

Le Directoire avait prescrit à Masséna de prendre l'offensive, car nos soldats étaient fort inférieurs en nombre aux Autrichiens, et, s'ils parvenaient, au début de la campagne, à frapper quelque coup décisif, leur infériorité serait compensée par ce succès. Masséna somma donc les Autrichiens d'évacuer les hautes vallées de l'Inn et du Rhin, ce qu'on nomme le pays des Grisons, et, sur leur refus, ouvrit les hostilités (6 mars 1799). Il se porta lui-même sur le Rhin, le franchit, en jetant des charrettes dans le lit du fleuve, et fit 5000 prisonniers. A sa droite, Lecourbe, général accompli pour la guerre des montagnes, traversa les Alpes Grises, encore couvertes de neige, pénétra dans l'Engadine, et s'en empara en livrant chaque jour des combats acharnés sur ces âpres sommets. Tous les défilés du Tyrol tombèrent bientôt en son pouvoir, mais un échec de Masséna l'arrêta dans son triomphe et le força à rebrousser chemin. Masséna, pour lier ses opérations à celles de Lecourbe, aurait voulu s'emparer de la vallée de l'Ill, et pénétrer dans le Tyrol proprement dit. La place de Feldkirk l'arrêtait sur son passage. Il essaya de s'en emparer. Les Autrichiens, qui connaissaient l'importance de la position, se défendirent avec acharnement et nous tuèrent plus de 2000 hommes. Au même moment, l'archiduc Charles, en Allemagne, battait Jourdan à Stokack, et le rejetait sur le Rhin (25 mars), et Kray, en Italie, battait Schérer à Magnano et le rejetait au delà du Mincio (5 avril). Les deux armées autrichiennes du Danube et d'Italie étaient donc disponibles, et si leurs généraux voulaient se donner la main sur les Alpes en écrasant sur leur passage l'armée d'Helvétie, ils le pouvaient d'autant plus aisément que cette armée était alors comme coupée en deux tronçons, manœuvrant à part dans des vallées différentes : celles de l'Inn et du Haut-Rhin. Masséna comprit le danger. Aussi donna-t-il l'ordre à Lecourbe de reprendre ses anciennes positions, et battit lui-même en retraite. Il n'avait pas été vaincu, mais il craignait avec raison la concentration des quatre armées assiégeantes, et ne voulait pas risquer une bataille d'où dépendait le sort du pays.

Le Directoire, qui connaissait la gravité de la situation, envoya tout de suite à Masséna des renforts imposants, et l'investit du commandement en chef de toutes les troupes cantonnées sur le Rhin, du Saint-Gothard à Dusseldorf : à droite, Lecourbe couvrit le fleuve depuis sa source jusqu'au lac de Constance; au centre Masséna, depuis le lac jusqu'à Bâle, et à gauche Bernadotte, de Bâle à Dusseldorf. Mais tout l'effort des coalisés devait se porter contre Lecourbe et Masséna; c'est alors que commence la seconde période, pendant laquelle notre armée d'Helvétie, renonçant à l'offensive, se borne à repousser les assauts et à se maintenir dans le corps de la place.

II

Masséna se trouvait alors dans une situation critique : toutes les forces de la coalition étaient dirigées contre lui. Si les généraux ennemis avaient combiné leurs mouvements, l'armée française était bien compromise. L'archiduc Charles, qui avait du coup-d'œil et saisissait aisément le point essentiel, aurait voulu franchir le Rhin entre le lac de Constance et l'Aar, et pénétrer dans les vallées de la Reuss et de la Linth-Limmat. Il espérait de la sorte couper les communications de Masséna avec la France et l'anéantir. Le conseil aulique, qui voulait agir avec méthode, ne goûta pas ce projet. Il refusa donc à l'archiduc l'autorisation demandée ; il refusa également de lui subordonner Hotze et Bellegarde : aussi y eut-il entre les trois généraux autrichiens des tiraillements continuels, qui les empêchèrent de se concerter pour une action décisive.

Masséna, au contraire, était le chef unique, et ses lieutenants lui obéissaient volontiers. Menacé par trois armées, il ordonna un grand mouvement de concentration. La Suisse est parcourue par plusieurs cours d'eau, parallèles entre eux, qui la traversent du sud-est au nord-ouest pour se jeter dans le Rhin. Ce sont autant de lignes défensives, appuyées par d'énormes montagnes. La plus étendue est celle du Rhin, qui embrasse la Suisse entière; la seconde, celle de la Linth-Limmat, est inscrite dans la précédente; la troisième et la quatrième sont celles de la Reuss et de l'Aar. Une armée, débusquée de la première ligne, peut se réfugier successivement derrière les trois autres et y continuer la défense; plus elle reculera, plus elle aura de chances de succès, la ligne de défense devenant de moins en moins étendue. Masséna, qui ne pouvait opposer aux ennemis que des forces insuffisantes, prit le sage parti de renoncer à la première de ces lignes, celle du Rhin, et de se retrancher derrière la seconde, celle de la Linth-Limmat. Lecourbe à sa droite occupa le Saint-Gothard ; à sa gauche, les débris de l'armée de Jourdan, battue à Stokak, refluèrent en Suisse et vinrent occuper les positions qu'elles auraient mieux fait de prendre dès le début. Au centre, Masséna, couvert par les Alpes de Zurich, protégé par les lacs de Wallenstadt et de Zurich, à portée de secourir ses deux ailes, attendit, pour fondre sur l'ennemi, qu'il eût dessiné son mouvement offensif.

L'archiduc Charles, forcé de renoncer à l'attaque qu'il avait méditée sur les derrières de Masséna, voulut du moins lui enlever la ligne de la Linth-Limmat. Il était séparé de Hotze par le lac de Constance. Les deux généraux convinrent de partir des deux extrémités du lac pour se rejoindre au delà et attaquer ensemble les Français. Afin de prévenir leur jonction, Masséna leur livra bataille à Frauenfeld (24 mai). Bien qu'il ait eu partout l'avantage, il se replia pourtant sur sa ligne de défense, car il venait d'apprendre que les petits cantons suisses se révoltaient sur ses derrières, et que Lecourbe, accablé par Bellegarde, avait abandonné le Saint-Gothard. S'il se retira sur la Linth-Limmat, c'est qu'il pensait avoir à combattre à la fois l'archiduc et Hotze, désormais réunis, donner la main à Lecourbe, et comprimer l'insurrection des cantons. Il avait donc trois fois raison de se tenir sur la stricte défensive.

Les coalisés, qui s'abusaient sur la portée réelle de cette manœuvre, voulurent alors profiter de leurs prétendus succès pour acculer l'armée d'Helvétie dans le labyrinthe des montagnes qui couvrent le pays entre le Saint-Gothard et le Rhin, c'est-à-dire qu'ils cherchèrent à pénétrer dans la troisième ligne de défense, celle de la Reuss. En face, l'archiduc et Hotze devaient assaillir les Alpes de Zurich, puis la chaîne de l'Albis ; à droite, Bellegarde poursuivant son offensive, devait descendre la vallée de la Reuss, et rejeter en désordre Lecourbe sur Masséna. Le 4 juin, l'archiduc Charles commença l'attaque des hauteurs qui couvrent à la fois la Linth-Limmat et le lac de Zurich. Malgré l'opiniâtreté autrichienne, ses soldats furent partout repoussés; il revint à la charge dès le lendemain, et fut encore battu. Masséna, malgré ce double succès, ne crut pas néanmoins ses positions assez solides. Il voulait d'ailleurs se donner le temps de recevoir des renforts. Il opéra donc sa retraite, et se replia sur sa troisième ligne de défense, celle de la Reuss. L'archiduc Charles occupa aussitôt le lac de Zurich, et Hotze celui de Wallenstadt.

A droite de l'armée française s'exécutait une semblable manœuvre. Lecourbe, attaqué par les forces supérieures de Bellegarde, avait descendu la vallée de la Reuss pour se rapprocher de Masséna, mais il ne cédait le terrain que pied à pied, et faisait subir aux Autrichiens des pertes énormes. A peine avait-il rétabli les communications avec l'armée principale, qu'il faisait face à l'ennemi et arrêtait net le mouvement de Bellegarde.

Dès lors les opérations restèrent suspendues pendant trois mois. Les Autrichiens comprenaient l'inutilité de leurs efforts contre le demi-cercle de hauteurs qui s'étendent de la source de la Reuss au confluent de l'Aar. Les Français, de leur côté, ne voulaient reprendre l'offensive qu'après avoir reçu les renforts qu'on leur avait promis. Les belligérants restèrent donc en présence sur leurs positions respectives : Masséna et Lecourbe sur la Reuss, l'archiduc à Zurich, Hotze à Wallenstadt et Bellegarde sur le Saint-Gothard. Les ouvrages extérieurs sont donc tombés au pouvoir de l'ennemi, mais la garnison va se dégager par de formidables sorties et reprendre les positions perdues.

III

L'union ne fut pas de longue durée entre l'Autriche et la Russie. En Italie, l'armée de Souvoroff avait gagné presque toutes les grandes batailles, Cassano, la Trebbia, Novi, non sans avoir essuyé des pertes cruelles, mais l'Autriche en profitait seule. Paul Ier n'était entré en campagne que pour restaurer les souverains ; mais à Parme, à Modène, à Turin, dans chacune des capitales dont les armées russes lui ouvraient les portes, l'Autriche au lieu des princes dépossédés installait des commissaires autrichiens. D'un autre côté, les hauteurs de Souvoroff avaient indisposé contre lui bon nombre d'officiers autrichiens. Les soldats épousaient les querelles de leurs chefs et des rixes journalières éclataient entre ces deux armées, que séparait encore la différence des langues, des usages et de la religion. En face de l'ennemi, le sentiment du danger commun unissait bien les coalisés, mais leurs antipathies commençaient à se traduire par des paroles et par des faits regrettables.

Le conseil aulique, sous prétexte qu'il fallait faire combattre ensemble les troupes de chaque nation, et que les Russes trouveraient en Suisse une température plus analogue à leur climat, proposa alors au czar de charger exclusivement l'Autriche des opérations militaires en Italie et sur le Danube, et de confier à Souvoroff la direction de toutes les armées russes qui opèreraient en Suisse. Paul Ier accepta avec empressement ces propositions, mais ce n'était pas une manœuvre aisée que de modifier la position des armées coalisées, en face d'un ennemi aussi entreprenant que Masséna, et dans un pays affreux, sillonné par des sentiers plutôt que par des routes.

A ce moment, l'archiduc occupait la Limmat de Bruck à Zurich, et Hotze la Linth aux alentours du lac de Wallenstadt. Une première armée russe de 3000 hommes, commandée par Khorsakoff, venait d'arriver sur les derrières de l'archiduc. L'opération, de ce côté, était facile, puisque Khorsakoff n'avait qu'à se substituer à l'archiduc. Le difficile était de transporter d'Italie en Suisse la seconde armée russe, celle de Souvoroff. Si l'on voulait opérer à coup sûr, Souvoroff n'avait qu'à traverser le Splugen qui était libre, se rendre par Coire sur le Rhin supérieur, et donner la main à Hotze, qui lui aurait servi comme de trait d'union avec Khorsakoff. Souvoroff, habitué à ne tenir aucun compte des difficultés, préféra franchir directement le Saint-Gothard, pénétrer dans la vallée de la Reuss, et déboucher sur le flanc des Français. Sans doute cette marche le conduisait au cœur même des positions ennemies, mais à condition de manœuvrer avec un ensemble et une précision bien difficiles à obtenir, quand on opère à de grandes distances, dans une région difficile, et en face d'un ennemi intelligent et actif. L'impétueux Souvoroff avait hâte de se mesurer avec Masséna, le seul rival qu'il jugeât digne de lui. Il annonça donc qu'il allait entrer en Suisse par le Saint-Gothard, enjoignit à Hotze de détacher une de ses divisions, pour lui donner la main entre Schwitz et Glaris, et à Khorsakoff d'opérer une puissante diversion contre Masséna. Si la jonction s'opérait, les 30 000 hommes de Khorsakoff, les 25 000 de Hotze et les 20 000 de Souvoroff formeraient une masse accablante qui écraserait Masséna, envahirait la France par Bâle, et filerait sur Paris à travers la Bourgogne. Tel était le plan des coalisés.

Masséna avait aussi le sien. Il avait reçu d'importants renforts qui portaient son armée à 75 000 hommes environ. Le moment de prendre l'offensive, alors que les ennemis manœuvraient encore pour se concentrer, lui parut favorable, et il voulut en profiter. Comme il avait sur ses ennemis l'avantage de pouvoir réunir sa masse principale sur le point essentiel, il résolut de tomber avec cette masse sur l'armée de Khorsakoff, puis de se rabattre sur Hotze, puis enfin sur Souvoroff. Lecourbe, avec 12 000 hommes, reçut la mission de prévenir l'irruption de Souvoroff; Soult, avec 15 000 hommes, se porta sur la Linth, pour empêcher Hotze de se porter au secours des deux généraux russes, et lui-même, à la tête de 37 000 hommes, se chargea de Khorsakoff, qu'il voulait rejeter et enfermer dans Zurich. Donc triple attaque et triple champ de bataille : Lecourbe contre Souvoroff sur le Saint-Gothard, Soult contre Hotze sur la Linth, Masséna contre Khorsakoff sur la Limmat.

Khorsakoff n'avait sous ses ordres immédiats que 26 000 hommes. Il avait détaché une de ses divisions, sous Durasoff, en avant de la Limmat, et gardait avec divers corps détachés les passages de la rivière. Masséna aurait voulu conduire la masse principale de ses troupes à Klosterfahr, sur la Limmat, se porter sur les derrières de Khorsakoff retenu à Zurich par une feinte attaque, le prendre de la sorte entre deux feux, et le forcer à capituler. Ses dispositions furent admirables de simplicité. Mortier, avec 8000 soldats, marchera sur Zurich; Oùdinot, avec 15 000 hommes, forcera le passage de la Limmat à Klosterfahr; Klein, avec 10 000 hommes, se postera à Alstetten, entre Mortier et Oudinot, tout prêt à se porter à leur secours, soit à Zurich, soit à Klosterfahr.

Le 25 septembre 1799, les divisions françaises s'ébranlèrent. Des barques et de gros radeaux avaient été construits en secret, et portés à bras à travers les forêts; on les jeta en quelques minutes sur la Limmat, et le passage commença. Nos soldats, protégés par une artillerie formidable, exterminèrent les grenadiers russes qui s'opposaient au passage, et franchirent la rivière. Enlevés par Oudinot, ils coururent au pas de charge sur les derrières de l'armée russe, afin d'exécuter la manœuvre indiquée. Au même moment, Masséna lançait Mortier, puis Klein, contre Khorsakoff, et le repoussait jusqu'à Zurich. Tout à coup le canon retentit sur le derrière des Russes. C'est Oudinot qui accourt, coupe toutes les routes, surtout celle de Winterthur, la seule qui assurât la ligne de retraite de Khorsakoff. La nuit tombait alors sur le champ de bataille, mais d'énormes résultats étaient préparés pour le lendemain.

Les Russes en effet étaient comme cernés à Zurich : 15 000 Français sur leurs derrières, 18 000 en face, et sur les côtés le lac infranchissable de Zurich. Le lendemain, 26 septembre, la bataille recommença âpre et furieuse. Les Russes combattaient pour avoir la vie sauve, et les Français avec l'espoir de briser la seconde coalition par une victoire décisive. Aussi, de part et d'autre, la lutte prit un caractère d'acharnement extraordinaire. Mortier et Klein parvinrent à entrer dans la ville, et alors commença dans les rues un combat affreux, qui coûta la vie à l'illustre Lavater, tué par un soldat, au moment où il sortait de sa maison pour ramasser et soigner les blessés. Quant aux divisions Oudinot, elles avançaient de leur côté, et Khorsakoff semblait perdu, mais il forma de toute son armée une immense colonne, et fit sonner la charge. La brave infanterie russe réussit à passer, mais les cavaliers, les artilleurs et les bagages furent rejetés en ville dans un affreux désordre, et saisis par les troupes de Mortier et de Klein, qui entraient au même moment. 100 pièces de canon, le trésor de l'armée et 6000 prisonniers tombèrent entre nos mains; 8000 Russes étendus sur le champ de bataille témoignaient de l'acharnement de la lutte. Plus de la moitié de l'armée russe était donc anéantie, et l'autre moitié battue, démoralisée, rejetée en désordre au delà du Rhin, ne pouvait de longtemps reprendre la campagne.

Pendant que Masséna mettait le comble à sa réputation par cette brillante victoire, ses lieutenants remportaient de grands succès. Soult, chargé d'opérer contre Hotze sur la Linth, avait forcé le

BATAILLE DE ZURICH.

passage de la rivière le jour même de la bataille de Zurich, balayé les tirailleurs ennemis, et tué Hotze, dont le successeur, incapable de résister à la furie de nos troupes, se retira précipitamment sur Saint-Gall et le Rhin, en nous laissant 3000 prisonniers et des canons. A cette nouvelle, la division autrichienne, détachée pour donner la main à Souvoroff, avait brusquement battu en retraite avec des pertes immenses. Les deux armées de Khorsakoff et de Hotze, près de 60000 hommes, étaient donc rejetées hors de Suisse, et Souvoroff, qui croyait trouver ses lieutenants rabattant sur lui les Français vaincus, allait tomber au contraire au milieu de soldats exaltés par leurs victoires.

Souvoroff était parti d'Italie avec 18000 hommes. Il arriva au pied du Saint-Gothard le 21 septembre. Lorsque aux plaines riantes de la Lombardie et du Piémont succédèrent les neiges et les glaces des Alpes, l'ardeur des soldats russes s'éteignit tout à coup. Bientôt même quelques-uns d'entre eux jetèrent leurs armes et refusèrent de marcher en avant. On recourut d'abord aux punitions : elles furent inutiles. Souvoroff accourt : on ne l'écoute plus. Il fait alors creuser une fosse au bord de la route, s'y étend, et s'adressant aux mutins : « Couvrez-moi de terre, leur dit-il, vous n'êtes plus mes enfants, je n'ai plus qu'à mourir. » Cette scène mélodramatique obtint un succès complet. Les grenadiers l'arrachent à cette tombe anticipée, et lui jurent, en poussant des cris, qu'il n'a qu'à les conduire à l'ennemi. Souvoroff, voulant mettre à profit l'enthousiasme de ses troupes, attaque le jour même le poste d'Airolo, pendant que son lieutenant Rosemberg essaye de tourner le Saint-Gothard par Dissentis. Les Français se défendirent avec opiniâtreté. Ils étaient bons tireurs, et tous leurs coups portaient dans la masse des Russes. Lecourbe ordonna d'évacuer le Saint-Gothard, car il ne pouvait prolonger outre mesure la résistance, et battit en retraite, mais sans se laisser entamer, dans la vallée de la Reuss. Ses soldats, habitués à la guerre des montagnes, ne laissèrent avancer les Russes que pas à pas. Le plus célèbre de ces combats est celui du pont du Diable. On appelle ainsi un pont suspendu sur la Reuss à une hauteur de 70 mètres. On n'y arrive qu'en traversant une caverne de 80 mètres de longueur, nommée le trou d'Uri. Lecourbe fit sauter le pont, tua une multitude de Russes avant qu'ils eussent descendu le précipice,

PONT DU DIABLE.

passé la Reuss et gravi la hauteur opposée. Il fallut aux ennemis, pour arriver à Altorf, au sud du lac des Quatre-Cantons, plusieurs jours de combats acharnés, et encore n'arrivèrent-ils qu'exténués de fatigue, décimés, sans chevaux, sans bagages, presque sans munitions. Ils espéraient trouver à Altorf, d'après le plan convenu, non seulement une flottille qui les transporterait au nord du lac, mais aussi une des divisions autrichiennes de Hotze. On était au 26 septembre. C'était le jour de la bataille générale et du double désastre de Khorsakoff et de Hotze. La résistance de Lecourbe avait sauvé l'armée française, puisque le général en chef n'avait pu opérer sa jonction avec ses deux lieutenants.

Souvoroff croyait d'abord à une trahison. Il apprit bientôt la triste vérité. Il sut que Soult par l'est, Masséna par le nord se dirigeaient contre lui, pendant que Lecourbe reprenait l'offensive; et il était comme enfermé dans la vallée de la Reuss. Remonter cette vallée et rentrer en Italie eût été le parti le plus sage, mais, dans son orgueil, celui qui s'intitulait lui-même Souvoroff l'Invincible ne savait et ne voulait marcher qu'en avant. Il ordonna donc à ses troupes de se jeter à droite dans le Schachental, afin de gagner Schwitz et de rejoindre ses lieutenants débandés : « J'arrive, leur écrivait-il, vous répondez sur votre tête d'un pas de plus que vous feriez en arrière. Tenez ferme comme des murailles, car je serai inexorable. » Or, pour franchir le Schachenthal, il n'y a qu'un sentier où l'on ne peut passer qu'homme par homme. L'armée fit en deux jours ce trajet de quelques lieues, et, quand elle arriva à Schwitz, elle y rencontra Masséna et les soldats victorieux à Zurich. Malgré sa jactance, Souvoroff n'osa pas l'attaquer, mais, persistant dans son idée de rejoindre à tout prix ses lieutenants, il voulut alors passer dans la vallée de la Linth et marcher sur Glaris. La route de Glaris est coupée par le mont Bragel, et Molitor, un des lieutenants de Soult, occupait déjà la route et la montagne. Souvoroff se rua contre lui et parvint à s'ouvrir un passage, mais il perdit ses canons, ses bagages, et 1600 prisonniers. Arrivé à Glaris, il apprend que Soult lui barre en face le passage, que Molitor attaque son flanc gauche, que Masséna le poursuit en queue, et que Lecourbe vient de tourner sa droite. Il n'avait plus qu'un chemin pour s'échapper, la vallée d'Engi, à travers le massif du Crispalt. Avec une décision et une hardiesse qui l'honorent, il se décida à franchir le Crispalt, et, après quatre jours de souffrances inouïes, harcelé par les divisions françaises, laissant à chaque pas des prisonniers, il arrive enfin, le 6 octobre, dans la vallée du Rhin, à Coire ; mais il n'avait plus un cheval, plus un canon, plus un fourgon de bagages, et, des 18 000 hommes qu'il avait conduits à la conquête de la Suisse, la moitié avait succombé dans cette marche extraordinaire et, n'hésitons pas à le reconnaître, admirable à travers les crêtes les plus étroites et les glaciers les plus élevés de l'Europe. C'était la troisième armée qui disparaissait en deux semaines : celle de Khorsakoff battue par Masséna à Zurich, celle de Hotze par Soult sur la Linth, celle de Souvoroff par Lecourbe et surtout par la nature.

Ainsi se terminèrent les opérations mémorables qui portent le nom général de bataille de Zurich. Le Rhin était délivré, la Suisse libre, la France sauvée ; 30 000 alliés avaient succombé, et la seconde coalition était dissoute. Souvoroff, en effet, indigné de sa défaite, l'attribua à l'Autriche, et jura de ne plus rien entreprendre pour la coalition avant d'en avoir reçu l'ordre formel du czar. Invité par l'archiduc Charles à prendre part à un conseil de guerre, il refusa, et écrivit au jeune prince une lettre fort dure, où il déclarait qu'il ne voulait plus se battre à côté de généraux qui s'étaient laissés vaincre pour lui infliger l'humiliation de fuir devant les Français, et il tint parole. Il rassembla ses troupes, rappela Khorsakoff, et annonça qu'il ramenait en Russie les débris de ces armées destinées à conquérir l'Occident. Son maître lui donna raison, et, jusqu'à la paix générale, les Russes ne parurent plus sur les champs de bataille. Ce n'étaient pourtant pas les Autrichiens que Souvoroff aurait dû accuser. En Suisse, comme ailleurs, les Autrichiens s'étaient vaillamment comportés, mais ils avaient été accablés, eux et leurs alliés, par la supériorité des manœuvres françaises. Le véritable auteur du désastre était Masséna. Lui seul, par son calme, son intrépidité et l'excellence de sa tactique, avait décidé la victoire en notre faveur, et jamais victoire ne fut plus décisive. Ainsi qu'on l'a remarqué, il faut admirer les victoires glorieuses, mais plus encore les victoires qui sauvent, et Zurich est au nombre de ces dernières

CHAPITRE XX

CONQUÊTE DE L'ITALIE PAR LES AUSTRO-RUSSES

En Hollande et en Suisse, malgré notre infériorité numérique, nous avions fini par triompher des coalisés ; en Italie, au contraire, où nous étions les plus forts à ne consulter que les apparences, nous n'éprouvâmes que des désastres. Certes l'armée française n'avait rien perdu de sa bravoure, et ses victoires passées la remplissaient d'orgueil et d'espérance ; mais en étendant notre domination nous l'avions affaiblie. Forcés de disséminer nos troupes pour garder un territoire qui s'étendait alors des Alpes au golfe de Tarente et au détroit de Messine, nous ne pouvions désormais opposer aux masses ennemies qu'une résistance insuffisante. De plus, les Italiens se montraient à notre égard ou bien indifférents, ou bien hostiles. Un sourd mécontentement régnait dans toutes les classes de la société. La bourgeoisie, qui nous avait naguère accueillis avec tant d'enthousiasme, était vite revenue de ses illusions. Elle croyait jadis à nos promesses, mais nous ne lui avions apporté que des humiliations, et elle nous détestait avec toute l'énergie de ses déceptions. Quant au peuple, il n'avait fait que changer de maîtres. Français au lieu d'Autrichiens, le nom de ses tyrans était modifié, mais la tyrannie subsistait. Les princes dépossédés avaient conservé des partisans, qui naturellement ne rêvaient que leur restauration. Enfin le clergé, si puissant en Italie, s'était prononcé contre nous depuis l'expulsion du pape, et entretenait dans les esprits une agitation continue. Inférieurs en nombre, mal soutenus par la population, nous entrions donc en lutte dans de déplorables conditions.

Si du moins nos soldats avaient été bien commandés, ils auraient peut-être compensé leur infériorité numérique, mais ils n'avaient pas confiance dans leur général, et ce dernier n'avait accepté qu'à contre-cœur le dangereux honneur de succéder à Bonaparte. C'était le vieux Schérer. On rendait justice à ses qualités d'administrateur, à sa fermeté, à son bon sens; mais pour lutter en Italie contre les Austro-Russes, il fallait du génie, et Schérer en était totalement dépourvu.

Comme les Autrichiens et les Russes n'avaient pas encore opéré leur jonction, Schérer prit la résolution de marcher contre les Autrichiens, alors postés derrière l'Adige. Il espérait les refouler dans le Vénitien, ou du moins les forcer à se jeter dans les montagnes du Tyrol; mais les Autrichiens occupaient sur l'Adige une excellente position défensive. Ce fleuve est profond, très encaissé, nullement guéable, et jeter un pont sur quelque point que ce fût était très dangereux, car les Autrichiens étaient en face, sur la rive opposée, qu'ils commandaient par les deux forteresses de Vérone et de Legnago, et ils pouvaient déboucher sur le flanc de l'armée qui tenterait ce passage. Schérer hésita longtemps avant de se décider. Il résolut enfin de porter son effort principal sur la gauche, non loin de l'endroit où l'Adige sort des montagnes du Tyrol pour entrer dans le Vénitien. Les Autrichiens avaient fortifié cette position, et y avaient établi un camp retranché, à Pastrengo. Schérer espérait forcer cette position, empêcher par conséquent les communications des armées autrichiennes de Kray et de Bellegarde, et se rabattre, à son choix, ou sur l'une ou sur l'autre. Certes l'intention était excellente; mais, pour exécuter une manœuvre aussi difficile, Schérer aurait dû concentrer toutes ses forces, et il les éparpilla. Des six divisions qui lui obéissaient, il ne prend avec lui que les trois que commandaient Sérurier, Delmas et Grenier, il ordonne à Moreau avec les deux divisions Hatry et Victor d'inquiéter Vérone, et à la sixième, commandée par Montrichard, de faire une démonstration sur Legnago. Cette distribution de nos forces indiquait les tâtonnements du général en chef. On aurait pu remporter un beau succès; on n'eut qu'une bataille indécise.

Le 26 mars 1799 nos six divisions dessinèrent leur mouvement. A gauche Schérer s'empara de Pastrengo et refoula les Autrichiens au delà de l'Adige; au centre, Moreau s'avança sur Vérone après un sanglant combat ; à gauche, Montrichard, accablé à Legnago par des forces supérieures, battit en retraite et se replia sur Moreau. En somme, la journée nous avait été favorable. Nous avions perdu 4000 hommes, mais les Autrichiens au moins le double, et, pour peu que nous eussions profité du désordre dans lequel la prise du camp de Pastrengo avait jeté les ennemis, nous les aurions poursuivis jusqu'à Vérone, et, à leur suite, nous serions peut-être entrés dans cette importante forteresse. C'est ce que réclamait l'armée, impatiente d'agir et de profiter des avantages si chèrement remportés dans la journée du 26 mai. Mais Schérer perdit trois jours à chercher une route qui lui permettrait d'éviter Vérone. Comme il ne la trouva pas, il forma le singulier projet de descendre l'Adige pour forcer le passage du fleuve entre Vérone et Legnago ; seulement, sous le prétexte d'assurer ses communications sur les deux rives du fleuve, il laissa la division Sérurier sur la rive gauche, et avec les cinq autres longea la rive droite. Le sort de cette division Sérurier était facile à prévoir. Engagée sur une route fermée par Vérone et qui formait comme un cul-de-sac, elle courait de grands hasards. En effet Kray dirigea contre elle des masses accablantes et la battit complètement (30 mars) après lui avoir enlevé 1500 prisonniers. Sérurier fut obligé de repasser l'Adige très en désordre et de rejoindre le gros de l'armée. Aussitôt les Autrichiens reprirent la position de Pastrengo, et occupèrent de nouveau toute la rive gauche du fleuve. On s'était donc battu depuis dix jours sans arriver à un résultat appréciable. Sans doute on n'avait pas éprouvé d'échec sérieux, puisque les Autrichiens étaient encore sur la défensive, mais, au début d'une campagne, n'est-ce pas un échec pour une armée qui attaque que de ne pas avancer d'un pas ? et c'est ce qui nous était arrivé par l'impéritie et les hésitations de Schérer.

Le général autrichien le jugea ainsi, car il se décida à passer l'Adige à son tour pour se porter sur le flanc de Schérer et l'acculer entre le bas Adige et la mer. Peut-être aurait-il réussi dans cette manœuvre, que personne ne prévoyait dans l'état-major français ; mais un ordre intercepté instruisit Moreau du plan de Kray. Il en avertit aussitôt Schérer, en le priant d'arrêter le mouvement de nos divisions et de faire face du côté de Vérone, par où débouchait l'ennemi. Les deux armées exécutaient ce mouvement en sens inverse, lorsqu'elles se rencontrèrent (5 avril) aux environs de Magnano. A notre droite, les deux divisions Grenier et Victor remontèrent l'Adige par San-Giovanni et Tomba, afin de marcher sur Vérone et de fermer la retraite aux Autrichiens. Ce mouvement réussit. Une division ennemie fut anéantie, et les deux généraux poussèrent leur pointe sur Vérone. Au centre, Delmas et Montrichard soutinrent énergiquement la lutte contre Kray. A gauche enfin, Moreau avec Hatry et Sérurier s'avança victorieusement. La bataille semblait s'annoncer en notre faveur, mais Kray avait un avantage sur nous. Toutes ses divisions étaient ramassées et concentrées, ce qui lui permettait de les déplacer facilement, tandis que les six divisions françaises manœuvraient à de grandes distances les unes des autres, et sur un terrain coupé par de nombreux enclos. Kray jugeant avec raison qu'il fallait porter toutes ses forces sur notre droite afin de conserver ses communications avec Vérone, se jeta sur Grenier qu'il anéantit, puis sur Victor qu'il mit en déroute, puis contre Delmas et Montrichard qu'il enfonça. Moreau n'arriva que pour empêcher la défaite de se convertir en déroute.

La bataille était perdue. De part et d'autre 3000 hommes étaient restés sur le champ de bataille, mais les Autrichiens nous avaient fait 4000 prisonniers, et nous avaient battus. Ils allaient certainement poursuivre leur avantage et continuer leur offensive. La retraite fut donc décidée : elle fut désastreuse. Le lendemain 6 avril, Schérer avait déjà passé la Molinella, le surlendemain 7 il était sur le Mincio. On aurait cru qu'il s'arrêterait derrière cette excellente ligne défensive. Appuyé sur les deux places de Peschiera et de Mantoue, il pouvait réunir derrière le Mincio ses divisions, rappeler à lui les armées qui gardaient les Républiques Romaine et Parthénopéenne, et regagner ainsi, par une rapide concentration de forces, la supériorité perdue à Magnano. Mais Schérer n'avait plus sa tête. Les reproches de son armée le navraient, la contenance froide et peu bienveillante de ses officiers l'attristait. Croyant ne pouvoir tenir derrière le Mincio, il se retira sur l'Oglio, puis sur l'Adda, où il arriva le 12 avril. On ne savait où s'arrêterait ce mouvement rétrograde. Certes il arrive à une armée, même brave, de perdre une bataille, mais une seule bataille ne décide ordinairement pas une campagne, et cette défaite de Magnano, à cause de la panique de Schérer, avait eu pour nous des conséquences déplorables, puisque nous abandonnions sans combat cette ligne du Mincio, que Bonaparte lui-même n'avait conquise qu'après dix mois de luttes acharnées, l'Oglio et l'Adda derrière lesquels on aurait pu organiser la résistance. C'était un déplorable début. La moitié de l'Italie du Nord était ainsi perdue pour nous, et les Russes n'avaient pas encore opéré leur jonction avec les Autrichiens.

La seconde période de la campagne ne devait pas nous être moins funeste. Schérer avait perdu près de 10 000 hommes, morts ou prisonniers, il avait été obligé d'en laisser 7 à 8000 en garnison à Peschiera et à Mantoue; il n'avait donc plus sous ses ordres que 25 000 soldats environ, découragés et fatigués. Il aurait pu néanmoins, s'il avait habilement manœuvré, donner aux armées de Rome et de Naples le temps de le rejoindre et éviter de nouveaux désastres. Il ne sut que disperser ses troupes. Puis, comme pour couronner cette campagne, au moment même où les hostilités recommençaient, il donna sa démission et remit ses pouvoirs à Moreau. Avec un dévouement patriotique qu'on ne saurait trop louer, ce brave général qui avait tant de raisons pour refuser ce périlleux honneur, l'accepta néanmoins, et cela avec la perspective d'une prochaine défaite. Depuis Magnano en effet les dangers avaient été singulièrement augmentés pour l'armée française. Nous n'avions reçu aucun renfort, et l'armée autrichienne au contraire avait été doublée par l'arrivée de 60 000 Russes, commandés par Souvoroff. Ce dernier prit aussitôt la direction des deux armées. Il avait alors près de 90 000 hommes sous ses ordres, et l'armée française n'en comptait que 25 000! On allait donc se battre dans la proportion de deux contre sept, et cela dans un pays hostile, au milieu de populations que transportait d'aise la pensée de nos prochains désastres, et que travaillaient sourdement les partisans des régimes déchus. Assurément la partie n'était pas égale, et ce sera l'honneur de Moreau de l'avoir pourtant acceptée.

Souvoroff avait formé le projet de s'emparer de la ligne de l'Adda. Nos troupes gardaient cette rivière sur plusieurs points. Lorsque le premier régiment russe se présenta à Lecco pour forcer le passage, nos soldats fondirent sur eux à la baïonnette et en firent un horrible carnage. Ils voulaient punir ces barbares de leur intervention, et aussi leur montrer que l'armée d'Italie valait bien l'armée victorieuse des Polonais et des Turcs; mais Souvoroff accourut avec des renforts et un furieux combat s'engagea sur toute la ligne. A gauche, la division Sérurier, attaquée par des forces quintuples, lutta toute la journée du 28 avril; mais, enveloppée par toute une armée, elle dut mettre bas les armes. Quelques régiments parvinrent cependant à s'enfuir par les montagnes, et se rallièrent en Piémont. Au centre, Moreau, avec la division Grenier, essaya, mais en vain, d'opérer sa jonction avec Sérurier. Ses soldats, animés par son exemple, firent des prodiges de valeur, mais ne purent rejeter l'ennemi au delà de l'Adda. A droite, enfin, Victor parvenait à se maintenir dans ses positions. Ce triple combat est connu sous le nom de bataille de Cassano. Il nous coûtait 8000 hommes environ, mais les alliés en avaient perdu le triple.

Une armée défaite, 20000 soldats seulement contre des ennemis dont le nombre augmentait d'heure en heure, un pays hostile à traverser, certes, pour tout autre général que pour Moreau, la situation eût été désespérée; mais Moreau était l'homme des retraites. En 1796, il avait déjà réussi, à travers trois armées ennemies, à ramener ses soldats du Danube au Rhin. En 1799, il allait rendre à son pays un service égal; et pourtant, comme le hasard influe toujours sur le jugement des contemporains, ses habiles manœuvres en Italie ont moins attiré l'attention que sa retraite de 1797.

Le problème à résoudre était triple. Il s'agissait : 1° de ne pas se laisser entamer par Souvoroff; 2° de conserver ses communications avec la France; 3° de donner la main à l'armée de Naples, commandée par Macdonald, qui accourait à marches forcées. Moreau comprit tout de suite qu'il fallait faire la part du feu, c'est-à-dire renoncer à défendre des provinces qu'il ne pourrait conserver, mais en se réservant de choisir une position centrale, qui lui permettrait à la fois et de ne pas être entamé et de correspondre avec la France et avec l'armée de Naples. Il abandonna donc le Milanais, repoussant avec énergie les avant-gardes austro-russes qui inquiétaient sa marche, arriva à Turin, achemina vers la France tout le matériel de guerre qui devenait inutile, et alla se poster dans l'angle formé par le Pô et le Tanaro, sous la protection des canons de Casale, Valenza et Alexandrie. Cette position était heureusement choisie. Moreau ne craignait plus une attaque de vive force. De plus, il avait toutes les routes qui conduisent vers Gênes, et, par conséquent, pouvait communiquer avec la France. Enfin, il avait établi une chaîne de postes sur le Tanaro, ce qui lui permettait d'attendre la jonction de l'armée de Naples. Il était difficile de combiner avec plus d'habileté ses mouvements et de mieux tirer parti d'une situation désespérée.

Souvoroff, après sa victoire de Cassano, aurait dû, avec les masses dont il disposait, écraser son faible ennemi, mais il craignait quelque retour offensif, et ne voulait s'avancer qu'en toute sécurité. Il ne poursuivit donc Moreau que pour la forme. Il se contenta d'occuper le Milanais, et de recevoir à Milan les honneurs d'un triomphe que lui décernèrent les partisans de l'ancien régime, rentrés en foule à la suite des coalisés. Comme il ne voulait laisser en arrière aucune ville au pouvoir des Français, et qu'il avait détaché de nombreux corps pour assiéger Mantoue, Peschiera, Pizzighetone et d'autres places, il obtint que l'armée autrichienne du Tyrol, commandée par Bellegarde, descendît en Italie pour y combler les vides des dernières batailles : ce qui porta le chiffre de son armée à près de 120 000 combattants. Ces diverses opérations le conduisirent jusqu'au 11 mai. Ce fut alors seulement qu'il rouvrit les hostilités.

Souvoroff, dans l'espoir de prévenir la jonction de Macdonald et de Moreau, avait porté son quartier général à Tortone. Il aurait dû s'y maintenir à tout prix, mais il s'imagina, pour débusquer Moreau, de diviser son armée pour l'attaquer de tous les côtés à la fois : ce qui le força à dégarnir Tortone et à laisser à peu près libre le point de jonction des deux armées françaises. Si Moreau avait eu un peu plus de hardiesse, il aurait profité de la dispersion des coalisés pour les écraser les uns après les autres, mais la faute de Souvoroff était si grossière, qu'il ne la soupçonna seulement pas. Il crut avoir en tête l'armée austro-russe tout entière, et se contenta de repousser les diverses attaques tentées pour le débusquer de son triangle. Pendant ce temps Souvoroff le tournait, entrait à Turin, révolutionnait le Piémont, et lançait sur les derrières de Moreau des nuées d'insurgés, qui s'emparaient des routes conduisant à Gênes, et menaçaient ses communications avec la France. Le danger devenait grave, mais Moreau ne perdit pas courage. Il ordonna la retraite, et, après avoir laissé une forte garnison à Alexandrie, se porta dans la direction de Gênes, afin de se rapprocher de Macdonald. En face d'un ennemi aussi nombreux, et dans un pays

SOUVOROFF.

montagneux et occupé par des insurgés, la manœuvre était difficile; d'autant plus que la seule route accessible à l'artillerie, celle de Céva, était au pouvoir de l'ennemi; mais Moreau détacha la division Victor, sans artillerie ni bagages, et ces braves fantassins coururent s'emparer des défilés de l'Apennin. Lui-même fit, en quatre jours, et après d'incroyables efforts, creuser une route par ses soldats au milieu des montagnes, et de la sorte se trouva transporté aux environs de Novi, tout prêt à donner la main à Macdonald et à déboucher avec lui dans l'Italie centrale. Moreau, dans cette belle campagne, n'avait pas frappé de coup décisif, mais il avait tenu tête à des forces quintuples, il ne s'était pas laissé entamer un seul moment, au contraire, il avait toujours repoussé les assaillants. Il occupait une belle position militaire, et, si cette jonction tant désirée s'effectuait, il pensait de nouveau prendre l'offensive, et peut-être changer la destinée de la campagne.

Suivons maintenant cette armée de Naples à laquelle se rattachent tant d'espérances. Le général Macdonald avait rallié sur sa route la division Garnier à Rome, la division Gauthier en Toscane et la division Montrichard dans le Modénais. Ses forces réunies s'élevaient au chiffre de 30000 hommes environ. C'étaient de bons soldats, ceux-là mêmes qui, sous la direction de Berthier et de Championnet, avaient fondé les Républiques Romaine et Parthénopéenne. La retraite s'était opérée en bon ordre. Par malheur Macdonald perdit un temps précieux à s'organiser en Toscane. Grave faute, car, s'il avait tout de suite opéré sa jonction avec Moreau, les deux généraux auraient surpris les coalisés dans un singulier état de dispersion. Souvoroff était à Turin, Bellegarde observait Moreau à Novi, Kray assiégeait Mantoue, Ott observait Macdonald. Nulle part il n'y avait plus de 20 à 25000 alliés réunis. Souvoroff profita de cette inaction de Macdonald pour réparer ses fautes. Il quitta Turin et reprit à Tortone, entre Macdonald et Moreau, la position qu'il n'aurait jamais dû quitter, puis, tout en prescrivant à Bellegarde de continuer à maintenir Moreau, ordonna à Kray et à Ott de le rejoindre à tout prix. Il espérait réunir des forces suffisantes pour écraser Macdonald, à la rencontre duquel il se précipita.

Macdonald s'était enfin mis en marche. Moreau, toujours généreux, lui avait envoyé, pour le renforcer, la division Victor. Il comptait profiter lui-même de la marche de Souvoroff contre l'armée de Naples pour tomber sur son flanc et opérer enfin sa jonction. Les montagnes étaient en notre pouvoir : c'est en suivant les chemins des montagnes que les deux armées devaient se rencontrer, mais Macdonald eut l'imprudence de s'engager dans la plaine. Alors commencent les sanglantes opérations connues sous le nom de bataille de la Trebbia.

Trois torrents parallèles, le Tidone, la Trebbia et la Nura, sortent de l'Apennin pour se jeter dans le Pô. Le général autrichien Ott était en observation sur le Tidone : Macdonald résolut de l'accabler avant que Souvoroff l'eût rejoint. Bien que le gros de son armée fût encore en arrière sur la Nura, il donna l'ordre aux trois divisions Rusca, Victor et Dombrowski de franchir la Trebbia et d'attaquer Ott. La bataille s'engagea le 17 juin. Nous fûmes d'abord vainqueurs sur toute la ligne. Ott battait en retraite, et nous étions sur le point de l'enlever, mais, au bruit du canon, Souvoroff était arrivé. Une attaque impétueuse des Austro-Russes nous refoula du Tidone sur la Trebbia, que nous dûmes repasser en désordre. Cette première journée n'avait pas été heureuse. Il est vrai que le tiers à peine de l'armée française avait combattu. Macdonald résolut d'attendre ses autres divisions sur la Trebbia et d'y réparer son échec. Par malheur ces divisions étaient encore en arrière sur la Nura, et Souvoroff n'allait pas lui laisser le temps de les rallier.

Le lendemain 18 juin la bataille s'engagea de nouveau. Cette fois nous gardions la défensive. Les trois divisions Victor, Rusca et Dombrowski firent des prodiges de valeur, elles causèrent aux coalisés des pertes effroyables, mais, sans l'arrivée de nos troupes en retard, elles étaient néanmoins enfoncées et mises en déroute.

Dans la nuit du 18 au 19 eut lieu une horrible échauffourée. Un détachement français venait de traverser la Trebbia pour prendre position. Les Russes se crurent attaqués et coururent aux armes. Nos troupes engagèrent aussitôt le feu, et, pendant plusieurs heures, on s'égorgea au hasard. Les généraux arrêtèrent à grand'peine ce carnage inutile, mais les deux armées étaient tellement fatiguées par ces trois jours de lutte continuelle, que l'action ne commença le lendemain 19 qu'à dix heures du matin.

Ce devait être la bataille décisive. Cette fois toute l'armée française était sous les ordres de Macdonald. Il voulut franchir la Trebbia sur tous les points et, en même temps, déborder l'ennemi aux ailes. Dombrowski à l'extrême gauche par Rivalta, Watrin à l'extrême droite près du confluent de la Trebbia et du Pô, lui au centre avec Rusca, Victor, Olivier et Montrichard devait prendre l'offensive. Il espérait que Moreau, dont il attendait l'arrivée, entrerait en ligne pendant la bataille. L'action s'engagea d'une façon brillante. Nous passâmes la Trebbia sur tous les points indiqués, mais, au lieu de Moreau, ce furent les réserves autrichiennes qui survinrent inopinément, et, après une lutte d'un acharnement inouï, nous forcèrent à repasser la rivière. De part et d'autre 12 à 15 000 hommes avaient été mis hors de combat. Presque tous les généraux avaient été blessés. Certains corps, surtout dans l'armée russe, n'existaient plus; mais les Austro-Russes recevaient incessamment des renforts, et Macdonald avait épuisé ses ressources. Aussi se décida-t-il à ramener son armée sur la Nura, pour regagner Gênes par l'Apennin. Par malheur la division Victor, épuisée par cette effroyable lutte, fut rompue et dispersée dans la retraite. Macdonald réussit néanmoins à ramener les débris de son armée par delà les montagnes.

Pendant ce temps Moreau, parti de Novi avec 12 000 hommes, s'était jeté sur Bellegarde, l'avait battu à Cassina Grossa et lui avait enlevé 3000 hommes. Il se dirigeait sur Plaisance, quand il apprit le résultat de la triple bataille de la Trebbia. Aussitôt il s'arrêta. Souvoroff, abandonnant la poursuite de Macdonald, se retournait en effet contre lui. Moreau ne s'acharna pas à une lutte inutile. Il regagna Novi et l'Apennin, et fit enfin sa jonction avec l'armée de Naples (27 juin).

La défaite de la Trebbia donnait l'Italie aux Austro-Russes. Certes les fautes de nos généraux, l'ineptie de Schérer, la lenteur de Macdonald, peut-être même la trop grande prudence de Moreau étaient les principales causes de ces désastres, et pourtant, sans Moreau, Souvoroff eût anéanti l'armée d'Italie. Aussi bien le courage de nos soldats avait été inébranlable. Bien que vaincus, ils ne tenaient pas la partie comme désespérée, et voulaient retourner au combat. Le gouvernement français rendit justice à leur ardeur en promettant de les réorganiser et de les renforcer. Il crut néanmoins nécessaire de donner satisfaction à l'opinion publique en destituant Macdonald, en appelant Moreau en Allemagne sur le théâtre de ses anciens exploits, et en nommant un nouveau général en chef de l'armée d'Italie, Joubert.

Lorsque Joubert prit le commandement, nous ne possédions plus en Italie que la rivière de Gênes et quelques places fortes, Mantoue, Peschiera, Alexandrie, Pizzighetone, Ancône. Souvoroff s'était contenté de laisser un rideau de troupes devant notre armée, et avait vivement poussé le siège des places qui tenaient encore. Dès lors notre plan d'attaque était tout indiqué. Il s'agissait de porter au delà des Apennins l'armée d'Italie réorganisée, de refouler les corps d'observation ennemis, et de débloquer successivement les places assiégées, en battant les unes après les autres les armées qui les assiégeaient. Par malheur, on perdit un temps précieux, et, pendant ce temps, les villes assiégées tombèrent entre les mains de l'ennemi : Peschiera, Pizzighetone, et les deux citadelles de Turin et de Milan capitulèrent les premières, mais Mantoue et Alexandrie tenaient encore, et ces deux places nous assuraient la possession des vallées moyenne et supérieure du Pô. Comme il était pour Souvoroff d'un intérêt capital de s'en emparer avant que l'armée française n'arrivât à leur secours, il en pressa vivement le siège. Le général Latour Foissac commandait à Mantoue. Découragé par le mauvais état des fortifications, et d'ailleurs n'étant soutenu que par une garnison insuffisante, il laissa voir, après quelques assauts, qu'il ne demandait qu'à se rendre, et en effet, le 30 juillet, il ouvrit à Kray les portes de la ville. Quelques jours auparavant, le 22 juillet, le commandant français d'Alexandrie, général Gardanne, avait également signé une capitulation. Les deux armées assiégeantes rejoignirent aussitôt l'armée principale, et Souvoroff se trouva de la sorte à la tête d'une masse accablante de 70 000 combattants d'élite.

On ignorait encore dans l'armée française la chute de ces deux places et la concentration des armées alliées, lorsque Joubert entra en campagne. La nouvelle armée d'Italie comptait à peine 40 000 hommes. C'étaient les débris des armées de Moreau et de Macdonald, auxquels on avait joint des renforts venant de l'intérieur. Jamais soldats ne furent plus disciplinés, ni animés de sentiments plus héroïques. Aucune armée républicaine n'a mieux réfuté l'injuste reproche qu'on nous adresse, celui de ne pouvoir supporter les revers. Quant à son jeune général, on fondait sur lui les plus vives espérances, car il n'avait encore remporté que des succès. En arrivant en Italie, il eut le bon goût de prier Moreau de rester auprès de lui pour le conseiller. Celui-ci, tout aussi généreux que son jeune collègue, consentit à assister à la première bataille et les deux généraux combinèrent leurs opérations dans l'espoir d'arriver à temps pour débloquer Mantoue et Alexandrie.

Lorsque les Français, en marche vers Alexandrie, arrivèrent à Novi, ils apprirent la chute de cette place et la prochaine arrivée de Souvoroff à la tête de toutes ses forces. Joubert assembla aussitôt un conseil de guerre, et proposa de rester sur la défensive; mais il était déjà trop tard. Les Austro-Russes étaient arrivés et nous offraient la bataille. Joubert ne crut pas devoir la refuser, d'autant plus que Souvoroff, en apprenant sa nomination, avait dit : « C'est un jouvenceau! nous lui donnerons une leçon. » L'action s'engagea le 15 août 1799 : c'est la célèbre bataille de Novi.

Novi est à peu près à égale distance de deux torrents qui se jettent, l'un la Scrivia, directement dans le Pô, l'autre l'Orba, dans le Tanaro. Derrière Novi, coule un affluent de l'Orba, la Lemme, grossi lui-même par trois torrents, le Riasco, la Barachera et la Fornova, sortant de deux montagnes, le Monte-Rotondo et le Monte-Rosso. La position défensive était donc excellente, et l'armée qui occupait Novi, appuyée par derrière sur deux montagnes et plusieurs torrents, protégée sur ses flancs par deux fortes rivières, ne pouvait être débusquée de sa position que par une attaque directe ou une marche tournante. Comme, de plus, le terrain sur lequel allait s'engager la bataille est très accidenté, couvert de villas isolées et de petits bois derrière lesquels on pouvait disposer des tirailleurs ou établir des batteries, Joubert espérait pouvoir compenser par ses habiles dispositions son infériorité numérique. A droite, sur les pentes du Monte-Rotondo et couvert par la Scrivia, était Gouvion Saint-Cyr; au centre, à Novi même, Moreau; à gauche et couvert par le Riasco, Pérignon.

Souvoroff avait adopté un plan de bataille fort simple. Kray et Bellegarde devaient attaquer l'aile gauche; Mélas l'aile droite, et lui-même se chargeait, avec ses Russes, d'enfoncer le centre. Ces attaques, au lieu d'être simultanées, furent successives. Kray ouvrit le feu à cinq heures du matin. Il avait à peine dessiné son mouvement contre Pérignon, que Joubert, qui s'était avancé au milieu des tirailleurs pour les encourager, tomba mortellement frappé d'une balle. Moreau prit aussitôt le commandement, et la bataille continua. Nos soldats étaient pleins d'ardeur. Ils repoussèrent l'attaque de Kray et attendirent de pied ferme un choc nouveau. Les Russes s'ébranlèrent alors au centre. Accueillis par un feu épouvantable, ils couvrirent la plaine de morts, et ne purent s'approcher de Novi. Une troisième attaque est ordonnée, et, cette fois, les Autrichiens de Kray et les Russes de Souvoroff s'ébranlent à la fois. La canonnade est alors effroyable, et les Austro-Russes, exposés au feu meurtrier de nos batteries, font des pertes cruelles. La bataille semble gagnée. Tout à coup, sur notre droite, se manifeste un certain désordre et les pentes du Monte-Rotondo se couvrent de fuyards. Mélas, avec les réserves autrichiennes, venait en effet de déboucher par la Scrivia. Il menace nos derrières, enfonce la division Dombrowski et force Gouvion Saint-Cyr à reculer. Souvoroff, qui s'aperçoit du désordre de nos lignes, ordonne une quatrième attaque sur Novi, et cette fois parvient à s'emparer des hauteurs qui dominent la ville.

Moreau, toujours prudent, se décide à donner le signal de la retraite, et cette retraite s'opérait en bon ordre dans la direction de Gavi, quand un funeste incident vint la compromettre. Un bataillon d'Autrichiens avait pénétré dans le ravin du Riasco, derrière Pasturana. Son feu jette le désordre dans la division Lemoine qui se débande. Souvoroff lance sur nos colonnes sa réserve de cavalerie, et bientôt toute notre gauche, saisie de terreur panique, s'enfuit en jetant ses armes. Pérignon, Grouchy, Colli essayent de rallier les fuyards. Pérignon reçoit sept coups de sabre, Grouchy six, Colli tombe tout mutilé aux mains des Russes. Par bonheur, la fatigue des Austro-Russes les empêcha de poursuivre leur succès, et l'armée put se reformer en avant de Gavi et regagner sans être inquiétée la crête des Apennins.

Des deux côtés les pertes étaient énormes. Les Austro-Russes avaient 10 000 tués, 7000 blessés et 2000 prisonniers. Nous perdîmes plus de 12 000 hommes. Il est vrai que ce furent surtout des prisonniers, car, presque toute la journée, nous nous étions maintenus sur nos positions, tandis que les Austro-Russes avaient été continuellement exposés à nos batteries. Nos soldats s'étaient bien conduits, et, malgré leur défaite, méritaient des éloges : aussi le Directoire s'honora-t-il en ordonnant qu'on rendrait à la mémoire de Joubert des honneurs extraordinaires, et qu'on enverrait à l'armée d'Italie des félicitations et des remerciements.

La défaite de Novi n'en était pas moins une grande défaite, et ses conséquences furent graves. Non seulement l'Italie tout entière était au pouvoir des coalisés, mais les dernières citadelles qui tenaient encore, désormais isolées, durent se rendre les unes après les autres. Ancône résista longtemps sous le brave Monnier, mais, entourée par des forces supérieures, elle capitula à son tour. Il ne resta bientôt plus aux Français que la rivière de Gênes, où ils avaient été rejetés après une nouvelle défaite essuyée à Genola, en avant de Novi, par Championnet, le successeur de Joubert (4 novembre). Comme aux mauvais jours de 1793, notre frontière du Var allait être insultée et la Provence menacée. Nos désastres de 1799 étaient la contre-partie de nos triomphes de 1796-1797.

Ainsi fut perdue l'Italie, en six mois, et après quatre défaites! Nos soldats avaient été pourtant à la hauteur de leur réputation, et jamais ils n'avaient déployé autant de ténacité et de persévérance; mais, à Magnano, Schérer commit fautes sur fautes; à Cassano, Moreau ne se battait que pour l'honneur; à la Trebbia, Macdonald ne put résister à un ennemi trop supérieur en nombre; à Novi enfin la mort imprévue de Joubert et une habile manœuvre de l'ennemi causèrent son triomphe. Aussi les quatre républiques créées par nous disparurent dans la tourmente, les princes dépossédés rentrèrent dans leurs capitales et les partisans de l'ancien régime se vengèrent à loisir de leurs humiliations. Aussi bien n'était-ce pas la punition de nos fautes? Nous avions abusé de la victoire, et les Italiens nous avaient abandonnés au moment critique. Il est vrai que, quelques mois plus tard, après une marche hardie et en une seule bataille, l'Italie redeviendra française.

A ce moment s'ouvre une période nouvelle dans l'histoire des campagnes de la Révolution. Au gouvernement de la nation par la nation succède le pouvoir despotique d'un général heureux. Bonaparte va faire oublier son usurpation par d'éclatants services. La France le suivra, comme enivrée de gloire militaire, et tout enfiévrée par de prodigieux succès. Mais ce ne seront plus les nécessités de la défense nationale qui pousseront nos soldats sur de nouveaux champs de bataille, et, après avoir connu les éblouissements de la victoire, nous subirons à notre tour l'amertume de la défaite. C'est cette alternative de conquêtes et de désastres sans précédents dans l'histoire que nous avons l'intention de raconter dans un prochain volume.

FIN

TABLE DES MATIÈRES

	Pages.
Préface	5
I. — La campagne de 1792	1
II. — La grande coalition de 1793	32
III. — Les désastres de 1793	48
IV. — Hondschoote et Wattignies	63
V. — Reprise des frontières	77
VI. — Bataille de Fleurus	94
VII. — Conquête de la Hollande	109
VIII. — Les traités de Bâle	126
IX. — Conquête du Piémont	144
X. — Conquête de la Lombardie	162
XI. — Arcole et Rivoli	177
XII. — Campagnes d'Allemagne en 1795 et 1796	197
XIII. — Paix de Campo-Formio	213
XIV. — La seconde coalition	232
XV. — Campagnes maritimes	252
XVI. — Expédition d'Égypte	269
XVII. — Campagne de Syrie	290
XVIII. — Guerre de la seconde coalition. — Guerre de Hollande	307
XIX. — Campagne d'Helvétie. — Bataille de Zurich	322
XX. — Conquête de l'Italie par les Austro-Russes	336

MOTTEROZ, Adm.-Direct. des Imprimeries réunies B, Puteaux

www.ingramcontent.com/pod-product-compliance
Lightning Source LLC
Chambersburg PA
CBHW060331170426
43202CB00014B/2742